本书出版由北京大学法学院贾俊玲社会法学术发展基金资助

Labour, Sovereignty and the Rule of Law
China's Proposal for the Labour Clauses of FTAs

劳工、主权与法治
自贸协定劳工条款中国方案

罗凯天 著

图书在版编目(CIP)数据

劳工、主权与法治：自贸协定劳工条款中国方案／罗凯天著.—北京：北京大学出版社，2023.5

（劳动法与社会保障法论丛）

ISBN 978-7-301-34082-0

Ⅰ.①劳… Ⅱ.①罗… Ⅲ.①自由贸易—贸易协定—研究—中国②国际合作—劳动保护—劳动法—研究 Ⅳ.①F752.4②D912.504

中国国家版本馆 CIP 数据核字（2023）第 095665 号

书　　　名	劳工、主权与法治：自贸协定劳工条款中国方案 LAOGONG、ZHUQUAN YU FAZHI：ZIMAO XIEDING LAOGONG TIAOKUAN ZHONGGUO FANG'AN
著作责任者	罗凯天　著
责任编辑	陈　康
标准书号	ISBN 978-7-301-34082-0
出版发行	北京大学出版社
地　　　址	北京市海淀区成府路 205 号　100871
网　　　址	http://www.pup.cn　http://www.yandayuanzhao.com
电子信箱	yandayuanzhao@163.com
新浪微博	@北京大学出版社　@北大出版社燕大元照法律图书
电　　　话	邮购部 010-62752015　发行部 010-62750672 编辑部 010-62117788
印　刷　者	大厂回族自治县彩虹印刷有限公司
经　销　者	新华书店
	965 毫米×1300 毫米　16 开本　16.25 印张　220 千字 2023 年 5 月第 1 版　2023 年 5 月第 1 次印刷
定　　　价	59.00 元

未经许可，不得以任何方式复制或抄袭本书之部分或全部内容。

版权所有，侵权必究

举报电话：010-62752024　电子信箱：fd@pup.pku.edu.cn

图书如有印装质量问题，请与出版部联系，电话：010-62756370

谨以此书献给我的爷爷罗朝发和奶奶易素华

作者简介

罗凯天，北京普然律师事务所创始合伙人、执业律师，法学博士。主要执业和研究领域：劳动法、企业合规与ESG，累计已为上百家世界500强及国内外知名企事业单位提供法律服务。先后在中国劳动关系学院、对外经济贸易大学、美国加州大学伯克利分校获得法学学士、国际法硕士和LL.M.学位，2022年获得中国政法大学第一个社会法学博士学位。目前是中国社会法学研究会、中国仲裁法学研究会、中国社会学会劳动社会学专业委员会、北京市劳动和社会保障法学会、环太平洋律师协会（IPBA）会员，担任"一带一路"律师联盟劳动争议委员会首届委员，并入选北京律师协会涉外律师人才库和律商联讯（LexisNexis）首届大中华区"40 UNDER 40"榜单。

序 一

统筹推进国内法治和涉外法治,是习近平法治思想的核心要义之一,对我们在新的历史条件下建设法治中国、推进全球治理体系变革有重要意义。当前我国正处在加快构建以国内大循环为主体、国内国际双循环相互促进的新发展格局中,劳动关系协调机制的复杂性更加凸显,探索劳动者权益保护与企业发展的平衡点,进一步提升劳动关系协调机制的法治化水平,已成为重要议题。而这其中的关键点之一,恰恰在于统筹推进国内劳动法治和涉外劳动法治。

全球治理体系变革离不开理念的引领,在涉外劳动法治领域,国际经贸合作中的劳工标准问题受到了广泛关注,它在一定程度上关涉我国如何融入并引领国际经济秩序这一重大课题。当前,区域经贸合作中将劳工标准与国际贸易、国际投资挂钩渐成整体性趋势,是每个国家都无可回避的热点问题。

我国已加入《区域全面经济伙伴关系协定》(RCEP),于2020年年底完成《中欧全面投资协定》谈判,并于2021年正式申请加入《全面与进步跨太平洋伙伴关系协定》(CPTPP)。准确解读最新贸易和投资规则中的劳工保护条款,统筹推进各项法律制度,特别是经济贸易和劳动法律制度的"立改废",在经贸与劳工问题方面提出中国方案和中国主张,对于我国加快涉外法治战略布局、积极参与全球治理、赢得国际规则制定主导权、更好地运用法治手段维护我国发展利益具有重要现实意义。

凯天基于其劳动法和国际法的复合学习背景，选择自由贸易投资协定劳工议题为博士学位论文选题方向，结合涉外律师实务和参与相关重大攻关课题研究的实践，开展了深入系统的研究；并在中国政法大学民商经济法学院社会法专业博士生导师组老师们的指导下顺利完成博士学位论文，可喜可贺！凯天以博士学位论文为基础，研究撰写了《劳工、主权与法治：自贸协定劳工条款中国方案》，全书体现了学科交叉融合的特色，学术视野不仅聚焦于社会法和法律技术层面，而且涵盖投资、贸易、国际法等多个领域，从战略和发展角度提出观点，从微观、中观和宏观层面论证分析，具有鲜明的创新性。应该说，这本书理论丰厚、创见独到、聚焦实践、成果显著。不仅有利于促进对国际劳工标准的定位及其作用这一社会法重大基础理论问题的研究，而且"扎根中国大地"，紧跟时代步伐，实实在在地为中国面临的重大现实挑战提供了有效的对策方案。

涉外劳动法治是联系国内劳动法和国际劳动法的纽带，在国内法治和国际法治之间发挥着互动和融通作用。特别期待凯天的著作能够起到抛砖引玉的效果，让更多学者加入本项议题的讨论之中，这既是提高我国法治理论与实践的作用力、影响力的需要，也是助力传播更加立体、全面、真实的中国形象的需要，更是中国劳动法学科发展的需要。我想这也是将本书纳入"劳动法与社会保障法论丛"系列的意义所在。

"物有甘苦，尝之者识；道有夷险，履之者知。"钻研，是打开知识殿堂的唯一钥匙；奋斗，是通往梦想彼岸的唯一桥梁。希望凯天能把本书的出版作为新的起点，不忘"为山九仞"的风险，拿出"愚公移山"的志气，埋头苦干，知难而进，书写人生成长的新篇章，更开辟中国劳动法治未来的新气象。这样，在未来回首过往时,就可以豪迈地说:我们没有错失时代的机遇,也没有辜负历史的使命!

北京大学法学院劳动法与社会保障法研究所所长、教授、博士生导师
中国政法大学民商经济法学院博士生导师(兼职)
中国社会法学研究会副会长兼秘书长

叶静漪

2023年4月8日

序 二

世界正值百年未有之大变局，国际经贸规则及其体系正在重构。中国于2020年年底与欧盟完成《中欧全面投资协定》谈判，并于2021年正式申请加入全球最高标准的自由贸易协定——《全面与进步跨太平洋伙伴关系协定》（CPTPP）。前述双边和区域性自由贸易与投资协定均涉及劳工条款及其适用问题，是我国当前对外开展自贸协定谈判的重点和难点问题。

长期以来，由于各种原因，中国学术界和实务界对自贸协定劳工领域关注较少，相关学术研究成果和实践经验相对缺乏，存在诸多有待解决的重大疑难问题，严重制约了中国参与国际经贸改革和相关谈判，这一局面对于维护我国自身合法权益以及相关企业有效开展跨境经营活动十分不利。

自2020年起，我受邀担任中国加入CPTPP谈判法律咨询组成员，并负责该协定中"劳工标准"专章的研究任务，同时主持中国法学会世界贸易组织法研究会有关CPTPP劳工条款的重大攻关课题研究。罗凯天博士在劳动法和国际劳工标准的理论与实践领域颇有建树，自2013年起即关注并跟踪研究《跨太平洋伙伴协议》（TPP，CPTPP前身）劳工条款，积累了丰富的国内外研究资料与资源。因此，我邀请罗凯天博士直接参与以上工作，为相关咨询意见及课题研究提供了极具价值的建议，研究成果获得相关负责同志的高度肯定，为中国参与CPTPP劳工条款谈判奠定了重要的研究基础。

《劳工、主权与法治：自贸协定劳工条款中国方案》着重研究分析包括《中欧全面投资协定》和 CPTPP 相关劳工条款，积极呼应了我们在前述重大攻关课题研究中遇到的诸多关键疑难问题，系统回答了中国应当如何看待并处理自贸协定劳工条款及其适用的核心问题，围绕其提出的"基于现实与未知的利益动态调整"机制，梳理了自贸协定劳工条款的主要理论争议，深入分析了国际劳工组织以及以《中欧全面投资协定》、CPTPP 等为代表的新一代自由贸易协定中劳工条款的特点与局限，指出了中国在该领域面临的主要法律挑战，提出了自贸协定劳工条款协调适用的创新性理论。在此基础上，提出包含基本法律原则、相关机制和具体规则等不同维度在内的中国方案。

本书内容充实，论证深入、充分，法学理论与应用价值兼具，很大程度上填补了我国在国际劳工领域法学研究的空白。特别是在近期西方国家等以"强迫劳动"和"更具韧性的供应链"等名义试图重构不利于中国的国际经贸规则的现实背景下，为我国政府、研究机构、相关企业和社会各界人士深入了解并研究自贸协定劳工条款及其适用问题提供了重要借鉴，具有突出的现实价值，值得社会各界关注。

中国社会科学院国际法研究所国际经济法室主任、研究员、博士生导师
中国法学会世界贸易组织法研究会副会长
中国仲裁法学研究会副会长
中国加入 CPTPP 谈判法律咨询组成员
最高人民法院国际商事专家委员会专家

2023 年 3 月 28 日

序 三

1998年,我在北京大学法学院攻读劳动法博士学位,对于国际贸易协定中的劳工条款特别感兴趣,但是由于国际贸易和劳工条款挂钩还处于理论形成阶段,没有更多的实践,而遗憾地放弃将其作为博士论文选题。

今天,当我看到罗凯天博士的《劳工、主权与法治:自贸协定劳工条款中国方案》书稿时,格外高兴,我的一个未了的心愿在他身上得以实现,我也看到劳动法事业的传承。更高兴的是,该书的出版正值国际贸易和劳工条款挂钩国际博弈的关键时刻,罗凯天博士提出的"中国方案"如果能够为中国对外谈判提供素材和思路,则不失为博士论文研究成果直接转化为智库成果的佳作,为中国国际贸易谈判作出贡献。

记得中国在2001年刚刚加入世界贸易组织(WTO),时任中华全国律师协会会长的高宗泽律师提议成立了WTO专门委员会。他当时要求重点研究国际贸易和各领域的关系,特别提到国际贸易的发展必然与知识产权挂钩,后来的337调查案件的发展证明了高律师的远见卓识。我作为劳动法律师加入WTO专门委员会就是重点研究国际贸易与劳工条款挂钩方面的问题。我认为,劳工条款挂钩比知识产权挂钩更复杂,因为劳工条款背后是一个国家的政治制度和社会制度,它调整的是社会基础关系,尤为重要。

历史上曾有一个国际贸易组织(International Trade Organization, ITO),设想将国际贸易、投资、关税、劳工都纳入,但是没有成功。这个设想成为关税及贸易总协定(GATT)、WTO、国际劳工组织(ILO)的重要思想来源。究其失败原因就在于,各国社会发展程度不同,劳工条款标准不一、纷繁复杂,与贸易、投资挂钩很难产生积极效果且容易为一些国家所利用。

发达国家与发展中国家由于劳工制度的不同,对于是否挂钩以及如何挂钩有着截然不同的理解。发达国家向来主张贸易自由化,对于影响产品价格的劳工成本及劳工权利也很关注。如果有违反国际劳工组织的核心公约的行为,该国及企业将受到国际贸易制裁。而发展中国家的劳工标准较低、劳工监察不严、劳工权利保障不够等情况容易被发达国家制裁。尤其涉及自由结社的工会权利,更涉及一个国家的政治权利的保障,差异巨大。这些都给贸易博弈增加了难度。

以美国和欧盟为代表的发达国家和地区利用1998年《国际劳工组织关于工作中基本原则和权利宣言及其后续措施》的广泛认可性,将核心劳工标准纳入其主导的区域和双边贸易与投资协定劳工条款,并推动适用强制性争端解决机制。中国于2020年年底完成中欧投资协定谈判,并于2021年宣布申请加入《全面与进步跨太平洋伙伴关系协定》(CPTPP),均涉及美国和欧盟主导的自由贸易与投资协定劳工条款。

中国如何在此背景下以中国国家利益为核心,积极参与国际治理,将中国特色的劳动法律制度与国际贸易相结合,探索中国劳动法改革的新思路,成为重大课题。

罗凯天博士的著作通过历史、实证、比较等研究方法,研究自由贸易与投资协定劳工条款适用问题,包括从应然层面探讨劳工条款具体内容及范围的适用性,以及从国际条约法和国际劳动法的视角分析既有劳工条款的实践及其法律解释与问题。在前述基础上,提出自由贸易与投资协定劳工条款的协调适用论,并结合我国实践,提出对策建议。

世界急需中国方案。罗凯天博士在他的著作中给出了一个方案,它是否会成为中国学者贡献给世界的中国方案,我们拭目以待。

北京普然律师事务所主任、首席合伙人
中国社会法学研究会副会长
中华全国律师协会劳动与社会保障法专业委员会主任
"一带一路"律师联盟劳动争议委员会主任
姜俊禄
2023 年 3 月 29 日

缩略语表

缩略语	全　称
CAFTA-DR	《多米尼加共和国—中美洲自由贸易协定》(Dominican Republic-Central America Free Trade Agreement)
CAI	《中欧全面投资协定》(China-EU Comprehensive Agreement on Investment)
CPTPP	《全面与进步跨太平洋伙伴关系协定》(Comprehensive and Progressive Agreement for Trans-Pacific Partnership)
GATT	《关税及贸易总协定》(General Agreement on Tariffs and Trade)
ILO	国际劳工组织(International Labour Organization)
ITO	国际贸易组织(International Trade Organization)
NAALC	《北美劳工合作协定》(North American Agreement on Labor Cooperation)
OECD	经济合作与发展组织(Organization for Economic Co-operation and Development)
RCEP	《区域全面经济伙伴关系协定》(Regional Comprehensive Economic Partnership)

(续表)

缩略语	全称
TPP	《跨太平洋伙伴关系协定》(Trans-Pacific Partnership Agreement)
USMCA	《美国—墨西哥—加拿大协议》(US-Mexico-Canada Agreement)
VCLT	1969年《维也纳条约法公约》(Vienna Convention on the Law of Treaties)
WTO	世界贸易组织(World Trade Organization)
1944年《费城宣言》	1944年《关于国际劳工组织的目标和宗旨的宣言》
1996年《新加坡部长级会议宣言》	1996年《世界贸易组织新加坡部长级会议宣言》
1998年《基本原则和权利宣言》	1998年《国际劳工组织关于工作中基本原则和权利宣言及其后续措施》
2008年《社会正义宣言》	2008年《国际劳工组织关于争取公平全球化的社会正义宣言》
《凡尔赛和约》	《协约国和参战各国对德合约》(Treaty of Versailles)
第87号公约	1948年《结社自由和保护组织权利公约》
第98号公约	1949年《组织权利和集体谈判权利原则的实施公约》

目 录

导 论 ·· 001
　第一节　问题的提出、研究范围与意义 ······························· 001
　　一、问题的提出 ··· 001
　　二、研究范围与意义 ··· 002
　第二节　研究现状、方法与创新 ·· 007
　　一、研究现状 ··· 007
　　二、研究方法与研究创新 ··· 013

第一章　自贸协定劳工条款的缘起与争论 ····························· 016
　第一节　多边机制纳入劳工权益保护的努力与实践 ··········· 017
　　一、ILO：无权监管贸易与投资的劳工权益保护多边机制 ··· 017
　　二、GATT/WTO：排除劳工权益保护问题的国际贸易
　　　　多边机制 ·· 020
　第二节　自贸协定纳入劳工条款的主要争议及其局限 ········ 024
　　一、支持自贸协定纳入劳工条款的理论及其局限性 ········ 025
　　二、反对自贸协定纳入劳工条款的理论及其局限性 ········ 032

第二章　自贸协定劳工条款的实践与问题 ····························· 039
　第一节　自贸协定劳工条款的内容与特点 ······················· 039

一、自贸协定劳工条款的内容概况……………………039
　　二、劳工标准的主要内容与特点……………………047
　　三、保护水平的主要内容与特点……………………055
　　四、争端解决的主要内容与特点……………………059
　第二节　自贸协定劳工条款适用的争议与问题……………060
　　一、劳工条款争议典型案件概况……………………061
　　二、劳工标准相关适用的争议与问题………………064
　　三、保护水平相关适用的争议与问题………………091
　　四、争端解决相关适用的争议与问题………………099

第三章　自贸协定劳工条款于中国适用的现状与挑战……103
　第一节　自贸协定劳工条款于中国适用的现状……………103
　　一、中国曾长期限于ILO框架并拒绝自贸协定劳工条款……103
　　二、中国近年逐步扩大采纳并适用自贸协定劳工条款……104
　第二节　自贸协定劳工条款于中国适用的主要挑战………108
　　一、结社自由标准于中国适用的挑战………………111
　　二、罢工权标准于中国适用的挑战…………………120

第四章　自贸协定劳工条款协调适用论的立论……………132
　第一节　自贸协定劳工条款协调适用论的理念、内涵与
　　　　　特征…………………………………………………132
　　一、自贸协定劳工条款协调适用的理念……………132
　　二、自贸协定劳工条款协调适用论的内涵与特征……151
　第二节　自贸协定劳工条款协调适用论的核心内容………155
　　一、自贸协定劳工条款协调适用的一般原则………156
　　二、自贸协定劳工条款协调适用的主要规则………166

第五章　自贸协定劳工条款协调适用论于中国的适用 …… 179
第一节　自贸协定劳工条款协调适用论于中国适用的概述 …… 179
一、自贸协定劳工条款协调适用论于中国适用的意义 …… 179
二、自贸协定劳工条款协调适用论于中国适用的改革对策 …… 181
第二节　自贸协定劳工条款协调适用论于中国主要挑战的适用 …… 188
一、中国工会体制对自贸协定劳工条款的协调适用 …… 188
二、中国对罢工权在自贸协定劳工条款中的协调适用 …… 207

结论 …… 212
参考文献 …… 215
后记 …… 233

导　论

第一节　问题的提出、研究范围与意义

一、问题的提出

近年来，随着 WTO 多哈回合谈判陷入僵局，自由贸易和投资领域多边谈判步履维艰。与此同时，在"公平贸易"的口号下，以美国和欧盟为代表的发达国家和地区，开始在全球范围内推行将劳工权益保护问题纳入区域或者双边自由贸易与投资协定，甚至适用与传统经贸议题相同的强制争端解决机制，以单边经贸制裁措施作为后盾，引发了包括中国在内的众多发展中国家和地区的高度关注。与此同时，由于各国和地区之间以及许多国家或地区内部的贫富差距扩大等问题不断凸显，全球经济增长乏力，包括联合国、WTO、ILO 在内的既有政府间国际组织及全球治理机制，未能及时提供更有针对性的国际公共产品，导致民粹主义和保护主义持续增强，经济全球化进一步发展遭受重大挫折。对此，如何"拯救"经济全球化，有效推动国际秩序和全球治理变革，同时维护本国和本地区的合法合理发展利益，成为当前世界各国和各地区共同面临的挑战。

在此背景下，越来越多的国际贸易与投资伙伴加入欧盟和美国主导的区域或双边自由贸易与投资协定，并因此主动或被动地接受劳工权益保护问题与自由贸易和投资协定挂钩。中国基于进一步

对外开放和争取继续享有经济全球化红利等综合因素的考虑,也一改过去反对将劳工权益保护问题与自由贸易和投资协定挂钩的主张。其中,最为重大的突破发生在2020年12月30日,中国和欧盟同时宣布完成CAI谈判,其中就包括由欧盟主导的、具有强制性法律约束力的劳工条款。此后,2021年9月,中国进一步正式提出申请加入CPTPP,同时表明将"通过持续深化改革,努力全面达到CPTPP规则标准"①,其中包含了适用强制性争端解决机制的所谓"高标准"的劳工条款。尽管美国并非CPTPP成员,但其主导了CPTPP的前身TPP的谈判,而CPTPP中的劳工条款则完全保留了TPP的内容。

因此,在完成CAI谈判和申请加入CPTPP的双重背景下,中国需要认真分析由美国和欧盟主导的自由贸易与投资协定劳工条款的内容、法律性质、实践、争议及问题,特别是中国加入该等自由贸易与投资协定可能面临的挑战以及必要的应对措施,而其核心又在于相关劳工条款的适用,重点体现为劳工标准、保护水平和争端解决相关约文的内容及其解释,这是中国当前以及下一步改革发展亟待解决的重大疑难问题。

二、研究范围与意义

(一)主要问题与章节内容

鉴于自由贸易与投资协定劳工条款所涉议题以及观察维度的复杂与广博,同时限于笔者知识背景、研究能力、资料可及度、写作时间等客观条件的限制,本书在前述背景下,首先集中研究分析以下三个方面的内容:

(1)自由贸易与投资协定劳工条款的缘起与争论;
(2)自由贸易与投资协定劳工条款的实践与问题;

---

① 参见《商务部:愿努力全面达到CPTPP规则标准》,载中国新闻网http://www.chinanews.com.cn/cj/2022/10-27/9881272.shtml,访问日期:2022年12月8日。

(3)自由贸易与投资协定劳工条款于中国适用的现状与挑战。

其次,在前述分析基础上,本书针对性地提出自由贸易与投资协定劳工条款的协调适用论,并将其适用于中国,提出相关具体对策与建议。

对此,本书导论部分将主要确定研究对象、文献综述以及研究方法。正文第一章概述自由贸易与投资协定纳入劳工权益保护问题的历史、主要理论并指出其局限性。第二章结合实践案例,研究作为当今自由贸易与投资协定劳工条款"引领者"和"急先锋"的美国和欧盟主导的模式的内容、特点、实践与问题。第三章概括中国适用自由贸易与投资协定劳工条款的现状以及面临的主要挑战。第四章提出自由贸易与投资协定劳工条款协调适用论的理念、内涵、原则与规则。第五章将协调适用论用于中国,提出面对自由贸易与投资协定劳工条款适用的相关改革调整,以及针对前述问题的协调对策。结论部分将对本书核心观点进行归纳总结。

(二)研究范围限定

首先,关于本书的学科视野和资料运用。基于笔者作为专业律师长期从事中国劳动法实务工作的背景与经验,深知"问题意识"和"解决方案"的重要性,坚信任何研究都应该具备实际的应用价值,如果再有一些学术贡献将更为可贵。同时,人们早已普遍认可劳工权益保护问题的复杂性,从"解决问题"的实用主义角度出发,局限于某一特定的学术学科分野是不现实的。在此基础上,又加入别的国家和地区以及国际层面的因素,进一步增加了研究的困难程度。这些判断应该说恰当地反映了本书所涉及的自由贸易与投资协定劳工条款适用的巨大挑战。因此,一方面,从"解决问题"的角度,围绕核心命题,本书没有局限于某一特定学科领域,而是根据回答这一问题的需要,广泛借鉴了国际法、劳动法等法学学科以及国际政治等其他相关学科的有益知识。当然,囿于笔者知识结构的局限,这种借鉴更多是工具意义上的,而非系统全面的分析。另一方面,对于本书涉及的诸多相关问题,比如 ILO 的产生、发展、特点,以及美国和欧盟内部劳动法律的演变等,国内外已经有诸多学者进行了大量论证,本书虽然也会涉及部分重点内容,但仅将其作为本书核心命题的分析材料予以参考,不再对其进行全面介绍或者论述。

其次,关于本书论述的相关核心概念。为了锁定研究焦点,笔者进行了相应限定。本书中,"自由贸易与投资协定"是指两个及以上的国家或者地区之间签署的、事关相互之间贸易与投资的国际条约及其他形式的政府间约定(包括但不限于附加议定书、谅解备忘录以及关于特定问题的换文、公函等),且不论其内容或者目标的价值判断"自由"或者"公平"与否。具体而言:

第一,从所涉内容来看,本书同时涵盖自由贸易协定和投资协定两种类型,但并不刻意对其进行区分,主要将其相关劳工条款约定及实践的具体内容作为分析对象一并使用。如此安排的原因主要有三:其一,众多国家和地区将国际贸易与投资内容一并纳入同一个协定,二者具有大致相当的重要性;其二,即便相关国家或者地区之间分别签订有自由贸易协定或者投资协定,或者仅签署某一种协定,但由于国际贸易与投资在众多方面具有相关性,因此相关自由贸易协定中同样包含了投资内容,投资协定中也体现了自由贸易成分;其三,对本书最为关键的是,不论是自由贸易协定还是投资协定,其所涉及的劳工权益保护问题(体现为劳工条款)本质上是一致的,即经常作为缔约方享有相关自由贸易、投资便利或者利益的条件,其背后体现的是相关国家和地区对于劳工权益保护问题在缔约成员间经济和贸易往来中的态度与主张。但是,考虑到目前已经签订的自由贸易协定和投资协定数量繁多,本书着重选取了其中具有代表性的部分协定作为范本。涉及投资协定的仅有 CAI,因此本书分析又会相对侧重于自由贸易协定。为了表述方便,在本书各级标题中,亦会使用"自贸协定"代称自由贸易与投资协定。

第二,从价值倾向来看,本书不对"自由贸易与投资协定"和"公平贸易与投资协定"进行特别区分。笔者认为,自由贸易与投资协定涉及的劳工权益保护问题,从价值取向上难以避免会涉及到底是强调"自由"还是"公平"的问题。随着国际政治、经济、科技等方面的发展变化,特别是相关国家和地区本身内部情况变更以及彼此互动等,在一定时期内,不同国家和地区对于"自由"或者"公平"的关注程度是存在差异的。从历史的角度来看,这一过程是多种因素影响的复杂动态过程,而非一成不变的。理想的状态下,"自由"与"公平"应该是协调的、并存的。因此,本书尝试从更长的历史维度讨论分析自由贸易与投资协定劳工条款的适用问题,发现将劳工权益保护问题纳入自由贸易和投资协定的一般规律,将"自由"与"公平"作为分析样本予以考虑,但不将其作为预设前提。

此外,本书研究的自由贸易与投资协定劳工条款的适用,是自由贸易与投资协定劳工权益保护问题规则化和法律化的体现,包括劳工条款具体内容及范围的适用性,即什么内容的劳工标准和规则应当纳入并作为国际条约的一部分适用于自由贸易与投资协定的缔约方,这可以视为应然层面的讨论。同时,还包括从国际条约法和国际劳动法的视角,分析既有自由贸易与投资协定劳工条款约文的实践及其法律解释与问题,这可以视为实然层面的讨论。在前述二者的基础上,最终提出自由贸易与投资协定劳工条款的协调适用论,并以中国适用为出发点,进行必要的对策性分析。

最后,为了避免泛化,基于便利性和相关性的考虑,本书研究的"劳工条款"主要以目前实践中影响最大、涉及范围最广的美国和欧盟主导的现有自由贸易与投资协定劳工条款为分析对象。本书主要立足于研究劳工条款在适用中最核心和最具有法律专业性的内容,即劳工标准、保护水平和争端解决,尝试提出新的一般性的理论,未对劳工条款的其他部分(如公众参与、合作与技术援助、机构设置等)进行研究。

(三)研究意义

2020年8月24日,习近平总书记在经济社会领域专家座谈会上指出,新时代学术研究的关键在于:把握"时代课题";基于国情,"把论文写在祖国大地上";"出实招";"坚持马克思主义立场、观点、方法,透过现象看本质,从短期波动中探究长期趋势";以及"从中国和世界的联系互动中探讨人类面临的共同课题,为构建人类命运共同体贡献中国智慧、中国方案"。① 本书不论从研究选题,还是预期成果,都较为充分地体现了习近平总书记的前述要求。具体而言:

首先,本书研究的核心命题是"时代课题"。2013年以来,中国积极推行实施"一带一路"倡议,与欧盟完成CAI谈判,并正式申请加入CPTPP,中国政府、企业、工会及劳动者在参与自由贸易与投资相关安排时,不可避免地要面对劳工条款及其适用问题,需要"统筹推进国内劳动法治和涉外劳动法治"②。2015年5月5日,中共中央、国务院发布《关于构建开放型经济新体制的若干意见》,明确指出:"全面参与国际经济体系变革和规则制定,在全球性议题上,主动提出新主张、新倡议和新行动方案,增强我国在国际经贸规则和标准制定中的话语权。"本研究就是回应前述中国经济社会发展的"时代课题"。

其次,必须认识到,相对于变化万千的政治,法律制度具有相对稳定性,能为相关方的行为提供有效指引,增强国际经济和贸易往来的可预测性,最大限度避免因为预判错误而引发冲突与失序。因此,谈及自由贸易与投资协定劳工条款及其适用,"法治化"应该成为核心。与1949年中华人民共和国成立之初,或是1978年刚刚揭开改革开放序幕时相比,中国融入国际贸易与投资体系的深度和广度已经大为不同。特别是在实施"一带一路"倡议和"人类命运共同体"理念的背景下,中国已经不能回避或仅仅消极应对自由贸易与投资协定劳工条款及其适用问题。一方面,在WTO新一轮改革与谈判陷入僵局的情况下,美国和欧盟等主导的自由贸易与投资协定劳工条款已经得到快速发展,初步建立了系统性机制,积累了丰富

---

① 参见《习近平:在经济社会领域专家座谈会上的讲话》,载新华网 http://www.xinhuanet.com/politics/leaders/2020-08/24/c_1126407772.htm,访问日期:2022年3月10日。

② 叶静漪:《进一步完善社会重要领域立法》,载《学习时报》2021年3月31日,第A2版。

经验。中国目前是全球128个经济体的最大贸易伙伴,其中许多国家和地区已经接受或参与了美国和欧盟主导的自由贸易与投资协定劳工条款体系。在未来的合作中,难免会影响中国与该等国家和地区的国际经济和贸易往来。另一方面,考虑到自由贸易与投资协定劳工条款及其适用相关规则尚不完备的现状,积极参与其发展过程,讨论并主动设置议题,建立并完善相关国际和国内法律规则,也有利于维护中国的发展权益。

最后,从学术研究的角度来看,中国对自由贸易与投资协定劳工条款的既有研究主要集中在论证是否应该将劳工权益保护问题纳入自由贸易与投资协定,以及对以美国和欧盟为代表的相关自由贸易与投资协定劳工条款的文本进行技术性分析;国外的研究则偏重同时从经济学、国际关系和人权的角度,对自由贸易与投资协定纳入劳工条款的影响和价值进行阐述。总体来看,尚且缺乏对自由贸易与投资协定劳工条款产生的根本原因、目前适用的实践与问题以及中国适用的挑战与对策等系统性理论与实务的研究。

在此情形下,为了进一步推动国际贸易和投资发展,亟须对现有自由贸易与投资协定劳工条款及其适用问题进行全面审视,借鉴既有经验,反思其不足,结合中国实际,研究并推行系统的自由贸易和投资协定劳工条款适用的中国理论与实务方案,为中国面对并探索参与包括CAI和CPTPP在内的欧盟与美国主导的自由贸易与投资协定劳工条款谈判与适用提供有益借鉴,这是本书研究的出发点和落脚点。

第二节 研究现状、方法与创新

一、研究现状

(一)国内研究概况

劳工条款纳入自由贸易与投资协定主要是20世纪90年代出现

的现象。国内学者对此问题的研究与讨论可以简单分为三个阶段,其关注重点各有不同,总体呈现出"政策引领性"的特征。具体而言:

第一阶段,2001年中国加入WTO前后,围绕"加入WTO对中国的影响"这一类问题。该阶段的研究重点集中于讨论劳工权益保护问题是否应当与自由贸易与投资协定挂钩,代表学者包括常凯、周长征、佘云霞、傅麟、戴德生等。其中,佘云霞、傅麟介绍了ILO、WTO、OECD关于"社会条款"的争论,指出劳工权益保护问题纳入国际贸易与投资安排与否,主要涉及不公平竞争优势和贸易保护主义的争论。[①] 周长征认为,美国等发达国家主张"社会条款",是变相的贸易保护主义,以便于推行西方的人权观。[②] 常凯提出,在经济全球化的背景下,"国际上关于社会条款和国际劳工标准的提出,其出发点既有贸易保护的目的,也有在工人权利日益被忽视和侵害的情况下推动劳工权益保障的目的"[③]。佘云霞和戴德生分别从国际关系和国际经济法的角度对国际劳工标准的产生及特点等进行了系统阐释。[④] 总体而言,前述研究侧重于情况介绍,梳理了自由贸易与投资协定和劳工权益保护之间的相互关系的来源、争议及当时的发展,奠定了中国在该领域的研究基础。此间,叶静漪、魏倩等学者也开始关注国际人权公约对中国的影响,提出"劳动权的保护应当从国际、国内等多视角分析,并且必须关注全球化对劳动权保护的影响"[⑤]。由于WTO并未将劳工权益保护问题纳入,未对中国参与国际贸易与投资活动产生直接而现实的重大影响,且将劳工权益保护和自由贸易与投资协定紧密挂钩的区域安排尚未形成如火如荼之

[①] 参见佘云霞、傅麟:《国际社会对贸易自由化与国际劳工标准的辩论》,载《工会理论与实践》2001年第6期。

[②] 参见周长征:《WTO的"社会条款"之争与中国的劳动标准》,载《法商研究》2001年第3期。

[③] 常凯:《WTO、劳工标准与劳工权益保障》,载《中国社会科学》2002年第1期。

[④] 参见佘云霞:《国际劳工标准:演变与争议》,外交学院2005年博士研究生学位论文;戴德生:《国际贸易体制中的劳工标准问题研究》,华东政法大学2007年博士研究生学位论文。

[⑤] 叶静漪、魏倩:《〈经济、社会和文化权利国际公约〉与劳动权的保护》,载《北京大学学报(哲学社会科学版)》2004年第2期。

势,因此相关研究未能进一步深入到对理论、政策与制度的创新性建构,更未涉及自由贸易与投资协定劳工条款的适用问题,很快进入了"休眠期"。

第二阶段,2008年国际金融危机爆发,激发了世界范围内对于经济全球化发展及其影响的反思,以及全球经济与政府间国际监管合作的广泛讨论。其中,发达国家和地区的工会、产业工人、消费者群体以及其他认为在经济全球化中遭受损失的群体,纷纷要求进一步关注经济全球化下的社会公平与正义问题。在劳工领域,主要体现为要求在国际经济和贸易活动中加强对劳工权益的保护,不论是通过将劳工权益保护与自由贸易与投资协定挂钩的方式,还是以人权保护的名义。对此,以刘敬东、鄂晓梅等为代表的学者,侧重对人权与国际贸易法的关系以及争端解决机制的适用等进行研究。例如:刘敬东以劳动权为视角,对"人权入世"主张进行分析,认为将劳动权利与国际贸易挂钩的立法和政策受到来自各方的挑战,广大发展中国家大多将其视为贸易保护主义。推动劳动权进入国际贸易法律领域不会成功。[①] 鄂晓梅则对劳工标准与贸易制裁的关系进行了分析。[②] 在劳工条款谈判模式上,佘云霞、汪培总结为多边合作谈判、集团谈判和双边谈判三种方式;在全球反映为南北对立,地区为权力主导下的合作,国家则是不对称条件下的合作。[③] 李凌云以劳务派遣为例,对劳工权益保护的国际标准进行了论述。[④]

第三阶段,2015年10月5日,包括美国在内的TPP的12个创始成员宣布达成协议,这一号称"21世纪下一代"自由贸易协定的达成,伴随着美国主导将中国排除在外并重新建立国际经济和贸易体系的重大战略疑问进入中国各界的视野。其中,被视为"排除"中国最重

[①] 参见刘敬东:《人权保护还是贸易保护——劳动权的视角》,载《国际经济法学刊》2010年第2期。
[②] 参见鄂晓梅:《以劳工标准为基础的单边贸易措施与WTO规则——贸易壁垒的新趋向及发展中国家的对策》,载《环球法律评论》2010年第2期。
[③] 参见佘云霞、汪培:《自由贸易协议谈判中的国际劳工标准问题》,载《国际经贸探索》2009年第2期。
[④] 参见李凌云:《劳动权保障的国际标准及其发展趋势》,华东政法大学2008年博士研究生学位论文。

要的方式和手段即包含适用强制性争端解决机制的所谓"高标准"的劳工条款。对此,包括笔者在内,郑丽珍、李西霞、林燕玲、陈志阳等学者开启了对自由贸易与投资协定劳工条款的新一轮研究热潮。与前两轮研究较为关注宏观的劳工权益保护和自由贸易与投资协定的关系的体系性介绍不同,学者们更加注重对相关劳工条款约文的文本研究,技术性特征突出。最典型的体现为对 TPP 劳工专章的条款及其具体影响因素进行分析,在条约文本研究层面取得了积极进展,并开始注重对相关政策与制度的探讨。例如:笔者认为,各谈判方立场、现有劳工条款实践以及工会态度是影响 TPP 劳工条款正式文本的主要因素,其实施机制将呈现"不减损规则"与"禁止贸易保护"并存的特点,并提出了义务"抵让交易"的建议。[①] 郑丽珍梳理了美国和欧盟劳工标准与自由贸易协定挂钩的演进。[②] 李西霞介绍了加拿大、欧盟等国家和地区自由贸易协定的劳工标准,认为中国应该考虑建立单独的劳工条款争端解决机制。[③] 林燕玲从国际劳工标准在中国的实践角度,分析了劳工条款所涉及的核心劳工标准,以及关于"可接受工作条件"的法律实践。[④] 陈志阳则认为,中国应该通过自由贸易试验区处理贸易与劳工权益保护问题。[⑤] 在政策与制度层面,郑丽珍从跨国劳工监管的视角出发,根据"反思法理论",认为以软法模式将劳工条款纳入自由贸易协定符合中国现实。[⑥]

事实上,由于中国积极推动 RCEP 谈判,以及对主导 TPP 的美国政权更替的观望,在中国政府相关政策倾向尚不明确的情况下,持续至今的最新一轮研究热潮也曾在 2017—2020 年间出现过短

[①] 参见罗凯天:《TPP 劳工条款及其对中国的影响与应对研究》,载《中国劳动关系学院学报》2015 年第 3 期。

[②] 参见郑丽珍:《从 TPP 到 TTIP:美欧 FTA 劳动标准规则的融合趋势及对中国贸易法治的启示》,载《国际经济法学刊》2016 年第 3 期。

[③] 参见李西霞:《自由贸易协定中劳工标准的发展态势》,载《环球法律评论》2015 年第 1 期。

[④] 参见林燕玲:《TPP 中劳工标准对中国劳动关系的影响和对策研究》,载《中国人力资源开发》2016 年第 5 期。

[⑤] 参见陈志阳:《多双边贸易协定中的国际核心劳工标准分析》,载《国际贸易问题》2014 年第 2 期。

[⑥] 参见郑丽珍:《跨国劳动监管制度的重构》,社会科学文献出版社 2014 年版。

暂降温。毫无疑问的是,伴随着中国与欧盟达成包含有劳工条款的 CAI 以及正式申请加入 CPTPP,中国关于自由贸易与投资协定劳工条款的相关研究已经迎来历史最佳时期。

总体而言,截至目前,国内学者的相关研究主要针对国际经济法规则或者劳工条款的某些个别问题展开分析,且多是介绍性研究。从宏观来看,鲜有从自由贸易与投资协定劳工条款适用的理念、政策与制度的角度进行研究,没有探讨该问题背后的根本逻辑、突破口和创新的可能形式;从微观来看,虽然涉及了一些具体文本的分析,但大多局限于国际经济法或者劳动法各自的学科视野,忽略了自由贸易与投资协定劳工条款特别是其适用问题的综合性,更缺乏对国际法律规则适用的具体分析。因此,没有形成系统全面的分析框架与解决建议,不足以构建支撑中国主动应对,甚至倡导自由贸易与投资协定劳工条款及其适用的中国方案。

(二)国外研究概况

自由贸易与投资协定劳工条款的比较法经验对中国具有重要借鉴意义。本质上,这一问题是来自西方发达国家和地区的舶来品。美国和欧盟等发达国家和地区在该问题上已有较丰富的经验,形成了浩如烟海的研究成果。

传统的研究重点在于劳工权益保护与自由贸易与投资协定的关系。例如,金伯利·安·埃利奥特(Kimberly Ann Elliott)、理查德·B. 弗里曼(Richard B. Freeman)以及玛格丽特·麦克米兰(Margaret McMillan)等认为,没有证据显示劳工权益保护与自由贸易与投资协定存在直接关系。[1] 卡罗尔·里格曼(Carol Riegelman)[2]、何塞·M. 萨拉

---

[1] See Kimberly Ann Elliott & Richard B. Freeman, Can Labor Standards Improve Under Globalization? *Institute for International Economics*, 2003; Margaret McMillan & Íñigo Verduzco, New Evidence on Trade and Employment: An Overview, in Marion Jansen, Ralf Peters & José Manuel Salazar-Xirinachs, eds., *Trade and Employment: From Myths to Facts*, International Labour Office, 2011.

[2] See Carol Riegelman, War-time Trade-union and Socialist Proposals, in James T. Shotwell, ed., *Origins of the International Labour Organization*, Columbia University Press, 1934, pp. 55-82.

查·西里纳克斯(Jose M. Salazar-Xirinachs)和杰米·格拉纳多斯(Jaime Granados)指出,国内政治压力是劳工权益保护问题和自由贸易与投资协定挂钩的重要原因。① 针对发展中国家和地区反对将劳工权益保护与自由贸易与投资协定挂钩的主张,OECD 等还产生了一系列实证研究成果。②

当然,也有不少学者关注美国和欧盟等主导自由贸易与投资协定纳入劳工权益保护问题的政策动机及规则变化等。在诸多学者中,鲍勃·赫普尔(Bob Hepple)③与菲利普·阿尔斯通(Philip Alston)④可谓享有盛誉,他们分别从国际贸易和人权的角度对劳工标准与国际贸易和人权的关系进行研究。此外,戴维·甘茨(David A. Gantz)等认为,TPP/CPTPP 直接体现了美国 2007 年两党贸易协议的内容,构成强制性义务,是一个突破性的发展。⑤ 凯文·班克斯

---

① See Jose M. Salazar-Xirinachs & Jaime Granados, The US-Central America Free Trade Agreement: Opportunities and Challenges, https://www.piie.com/publications/chapters_preview/375/09iie3616.pdf.

② See OECD, Trade, Employment and Labor Standards: A Study of Core Workers' Rights and International Trade, 1996, https://www.oecd-ilibrary.org/trade/trade-employment-and-labour-standards_9789264104884-en; Dani Rodrik, Labor Standards in International Trade: Do They Matter and What We Do About Them, in Robert Lawrence, Dani Rodrik & John Whalley, eds., *Emerging Agenda for Global Trade: High Stakes for Developing Countries*, Johns Hopkins University Press, 1996, pp. 35-79; Charles Oman, Policy Competition for Foreign Direct Investment: A Study of Competition Among Governments to Attract FDI, OECD, 1999, https://www.oecd.org/investment/mne/2089936.pdf; Drusilla K. Brown, International Trade and Core Labor Standards: A Survey of The Recent Literature, OECD, 2000, https://www.oecd-ilibrary.org/docserver/677200103808.pdf? expires = 1682991394&id=id&accname=guest&checksum=3ABA6F0938E48C6E13CF04D3E90D5899; Robert J. Flanagan, Labor Standards and International Competitive Advantage, 2002, https://legacy.iza.org/iza/en/papers/transatlantic/1_flanagan.pdf; David Kucera, Core Labor Standards and Foreign Direct Investment, *International Labour Review*, 141 (1-2), 2002.

③ See Bob Hepple, *Labor Laws and Global Trade*, Hart Publishing, 2005; Bob Hepple, *Social and Labor Rights in a Global Context*, Cambridge University Press, 2005.

④ See Philip Alston, Core Labor Standard and the Transformation of the International Labor Rights Regime, *European Journal of International Law*, 15(3), 2004; Philip Alston, Facing Up to the Complexities of the ILO's Core Labor Standards Agenda, *European Journal of International Law*, 16(3), 2005; Philip Alston, *Labor Rights as Human Rights*, Oxford University Press, 2005.

⑤ See David A. Gantz, C. Ryan Reetz, Guillermo Aguilar-Alvarez & Jan Paulson, Labor Rights and Environmental Protection Under NAFTA and Other U.S. Free Trade Agreements [with Comments], *University of Miami Inter-American Law Review*, 42 (2), 2011.

(Kevin Banks)则从全球劳动治理的角度,将美国主导的将劳工权益保护与国际贸易挂钩并纳入强制争端解决的模式称为"基于裁决和制裁的宪政模式"(Adjudication and Sanctions-Based Constitutionalism)。① 但总体而言,对于自由贸易和投资协定劳工条款适用问题的相关研究较少。

二、研究方法与研究创新

(一)研究方法

1. 历史研究法

关于国际贸易与投资和劳工权益保护之间的关系争论已久,由此产生了一系列法律机制与实践,深刻影响着当前对自由贸易与投资协定劳工条款及其适用问题的准确认知。同时,中国适用自由贸易与投资协定劳工条款所面临的挑战也带有浓厚的历史色彩。为此,笔者通过大量检索研究自由贸易与投资协定劳工条款产生的国内国际情况、国内立法变革、相关讨论与争议等历史文献,为还原相关做法的初衷与实质,并在此基础上提出具体适用的完善建议,奠定坚实且可靠的基础。

2. 实证研究法

没有实践论证的研究无法体现出其论证问题的价值。就本书研究的问题而言,也是从实践中而来。本书以自由贸易与投资协定劳工条款适用的国际实践为基础,分析劳工条款适用的实践现状,总结经验,发现不足,并立足于中国适用的挑战,提出理论框架和具体建议。

3. 比较研究法

本书通过观察以美国和欧盟为代表的发达国家和地区在自由

---

① See Kevin Banks, Trade, Labor and International Governance: An Inquiry into the Potential Effectiveness of the New International Labor Law, *Berkeley Journal of Employment & Labor Law*, 32 (1), 2011.

贸易与投资协定劳工条款的理念、逻辑、内容，特别是典型争议案件出现后的具体处理情况，为中国适用自由贸易与投资协定劳工条款提供有益的经验和参考。

(二) 研究创新

本书的研究创新主要体现为研究成果的创新，核心在于提出了自由贸易与投资协定劳工条款的协调适用论，即主张在设定和适用自由贸易与投资协定劳工条款的过程中，加强缔约方之间的协调，以体现动态平衡机制的"法治化"（即在促进国际经济与贸易往来的基础上争取实现缔约方共同确定的劳工权益保护的"社会正义"目标），取代按照特定占有实力地位的强国和地区要求的无差别适用的"法制化"（即以主导国家和地区境内法律与政策以及劳工权益保护水平单方设定标准，并要求其他缔约方遵循适用中存在不确定性的劳工条款）。具体而言，主要包括以下五方面的内容，分别体现在正文的五个对应章中：

一是从国际贸易与投资和劳工权益保护问题关系产生的缘起与理论争论出发，指出这一问题具有特定的历史性以及美国和欧盟等发达国家和地区的主导性等特点。同时，对此问题的既有理论呈现出"以我为主"和"静态视角"的局限性。

二是围绕美国和欧盟主导的自由贸易与投资协定劳工条款的实践，论证劳工标准、国际组织文件、国际劳工公约和自由贸易与投资协定劳工条款之间的法律关系。在此基础上，通过对美国—危地马拉案和欧盟—韩国案这两个劳工条款争议案件的分析，从劳工标准、保护水平和争端解决三个维度，揭示现有自由贸易与投资协定劳工条款适用实践中存在的政治性、单方性、不确定性和非民主性等突出问题。

三是针对中国完成 CAI 谈判以及申请加入 CPTPP，对照美国和欧盟主导的自由贸易与投资协定劳工条款，指出中国在该等劳工条款适用中可能面临来自结社自由和罢工权方面的挑战。

四是基于前述论证分析，认为应该充分考虑自由贸易与投资协定劳工条款产生的背景,以及各国和各地区在劳工权益保护方面的差异,基于国家主权平等的原则和追求实现"社会正义"的共同目标,从历史动态发展的角度,加强自由贸易与投资协定缔约方在劳工条款适用上的协调,即归纳为"协调适用论",以有效解决国家主权原则、缔约方基于各自实力的国际竞争与发展需求在自由贸易与投资协定劳工条款适用中的冲突。在此基础上,提出协调适用的主要原则和规则。

五是将自由贸易与投资协定协调适用论适用于中国,特别是针对第三章的问题,提出国内改革应对举措,认为中国坚持现有工会体制的同时可以赋予基层工会更多经济职能,并将罢工权纳入法治化规制,以有效适用自由贸易与投资协定劳工条款。

第一章　自贸协定劳工条款的缘起与争论

贸易可以说是人类最早开始交往并形成的社会关系形态之一。在原始社会，人们通过以物易物的方式换取必要的生活和生产用品。伴随着人类活动范围的扩大以及生产力的不断提高，除了满足基本生活和生产需要以外，贸易还不断创造出更多的剩余价值，增加了社会资本以及特定个人和团体的私有财富。可以说，贸易在促进人类社会交往的过程中，显著推动了人类文明的不断发展。但与此同时，纵观历史，只要存在贸易，就存在公平问题。其中，对于国与国之间，劳工权益的保护和国际贸易与经济利益的平衡，从来都是老问题，并非当前国际社会面临的新挑战。不论是1900年国际劳动法协会在巴黎成立，第一次世界大战后根据《凡尔赛和约》设立ILO并发展国际劳工公约及建议书体系，或是从ITO到GATT/WTO关于"社会条款"的争论，还是自由贸易与投资协定纳入劳工条款，根本上都意在解决伴随国际贸易和投资的发展而不断激化的资本与劳工之间的矛盾。这一问题的核心一方面集中在"社会正义"，另一方面则体现出国家和地区间利益与权力的竞争与博弈，这构成了本书讨论自由贸易与投资协定劳工条款及其适用的重要背景。

第一节 多边机制纳入劳工权益保护的
努力与实践

一、ILO：无权监管贸易与投资的劳工权益保护多边机制

为了解决资本主义发展以及国际贸易与经济竞争带来的各国和各地区内部及相互之间的劳资冲突，维护以资本主义为主体的国际和国内社会秩序，减少来自社会主义革命的冲击，第一次世界大战结束后，作为战后和平的重要成果，1919年《凡尔赛和约》第23条第(a)款规定："国际联盟成员将努力确保并维持男女和儿童在其本国以及其商业和工业关系延伸到的所有国家的公平和人道的劳动条件，并为此目的建立和维持必要的国际组织。"[1]据此，《ILO章程》序言开宗明义指出："只有以社会正义为基础，才能够建立世界持久和平。"同时，"任何一国不实行合乎人道的劳动条件，会对愿改善本国条件的其他国家构成障碍"。可以看出，ILO在其章程中承认了不同国家和地区内部的劳动条件，可能会对其他国家和地区产生影响。但是，该等影响通过何种方式产生，《ILO章程》并未展开阐释。对此，《费城宣言》第2条第(a)款和第(c)款规定："全人类不分种族、信仰或者性别都有权在自由和尊严、经济保障和机会均等的条件下谋求其物质福祉和精神发展……一切国内、国际的政策和措施，特别是具有经济和财政性质者，均应以此观点来加以评判，只有能促进而不妨碍达成这一基本目标者才能予以接受。"毫无疑问，作为具有经济性质的贸易政策，应当视为属于1944年《费城宣言》纳

---

[1] 参见 The Treaty of Peace (Treaty of Versailles) 1919，载澳大利亚政府网 https://www.foundingdocs.gov.au/resources/transcripts/cth10_doc_1919.pdf，访问日期：2022年5月29日。

入"社会正义"标准判断的对象。在前述基础上,ILO 在过去的 100 多年里,持续通过制定以及推动成员方批准加入国际劳工公约,并且根据本国或本地区具体情况在实践中参照国际劳工公约和建议书规定的劳工标准的方式,不仅建立了自身复杂而完备的国际劳工标准体系,而且客观上为提升包括 ILO 成员在内的全球劳工权益保护水平作出了独特贡献。应该说,ILO 及其劳工标准体系,作为对和平的"创造性努力"[1],奠定了当今国际劳动法的基础。

国际劳工大会是通过国际劳工公约和建议书的 ILO 最高权力机构。其中,国际劳工公约仅对明确批准加入公约的 ILO 成员具有法律约束力;建议书则主要体现了指导和建议的性质,无须 ILO 成员批准,亦没有法律约束力。为了推动成员方批准并实施相关国际劳工公约,ILO 根据劳工标准的重要性及实施的紧迫性,将国际劳工公约分为核心劳工公约、优先劳工公约和一般劳工公约三类。其中,核心劳工公约包括八项公约,涉及四个方面的事项,即:第一,1948 年《结社自由和保护组织权利公约》(第 87 号公约)和 1949 年《组织权利和集体谈判权利原则的实施公约》(第 98 号公约),主要内容涉及"结社自由与有效的集体谈判"相关劳工标准;第二,1930 年《强迫或强制劳动公约》(第 29 号公约)和 1957 年《废除强迫劳动公约》(第 105 号公约),主要内容涉及"消除一切形式的强迫或者强制劳动"相关劳工标准;第三,1973 年《准予就业最低年龄公约》(第 138 号公约)和 1999 年《关于禁止和立即行动消除最有害的童工形式公约》(第 182 号公约),主要内容涉及"废除童工"相关劳工标准;第四,1958 年《就业和职业歧视公约》(第 111 号公约)和 1951 年《对男女工人同等价值的工作付予同等报酬公约》(第 100 号公约),主要内容涉及"消除就业与职业歧视"相关劳工标准。截至 2022 年 5 月,ILO 共有 187 个成员。其中,联合国 193 个成员几乎都是 ILO 成员。各成员对八项核心劳工公约的批准加入情况如表 1-1 所示:

---

[1] See Edward Phelan, The Contribution of the ILO to Peace, *International Labour Review*, 59(6), 1949.

表 1-1 核心劳工公约批准情况

所涉事项	国际劳工公约编号	已批准国家数量	未批准国家数量	批准比例	中国批准情况	其他未批准的主要国家
结社自由与有效的集体谈判	第 87 号	157	30	84%	×	美国、新西兰、新加坡、印度、巴西、越南、马来西亚、泰国
	第 98 号	168	19	90%	×	美国、印度、泰国
消除一切形式的强迫或者强制劳动	第 29 号	180	7	96%	√	美国
	第 105 号	177	10	95%	√	日本、韩国
废除童工	第 138 号	173	14	93%	√	美国、澳大利亚、新西兰
	第 182 号	187	0	100%	√	/
消除就业与职业歧视	第 100 号	173	14	93%	√	美国
	第 111 号	175	12	94%	√	美国、日本、新加坡马来西亚

此外,自 20 世纪末开始,ILO 提出了更为宏大的"体面劳动"(Decent Work)计划,从多个层面推进国际劳工标准的执行。ILO 在 1998 年提出其工作重心从国际劳工公约的制定和批准,转向四个战略目标,即推动对 1998 年《基本原则和权利宣言》的广泛认可与实施、充分就业、社会保护以及社会对话,最终共同服务于"体面劳动"的总目标。1999 年,时任国际劳工局局长的胡安·索马维亚(Juan Somavia)在第 87 届国际劳工大会上,向国际劳工大会作了主题为《体面的劳动》的报告,指出"ILO 当今的首要目标是促进男女在自由、公正、安全和具备人格尊严的条件下,获得体面的、生产性的工作机会"。由此,"体面劳动"成为 ILO 主导的用于评估经济全球化及其相关具体措施是否体现"社会正义"的重要标准与机制。为了推动"体面劳动"的发展,ILO 积极启动国别计划、公共论坛等,大力促进"体面劳动"计划。① 之后,在 ILO 的积极努力和协调下,"体面劳动"还被纳入联合

---

① 参见佘云霞:《经济全球化与"体面的劳动"》,载《工会论坛》2001 年第 6 期;佘云霞、刘晴:《推行体面劳动的全球趋势》,载《江汉论坛》2008 年第 10 期。

国《变革我们的世界：2030年可持续发展议程》。

但是，ILO在设立之初即被定位为在国际范围内协调监管劳工权益保护的专门性国际组织，并未将劳工权益保护和国际贸易与投资直接挂钩，即ILO并不具有监管国际贸易与投资是否满足"社会正义"要求的职责。

二、GATT/WTO：排除劳工权益保护问题的国际贸易多边机制

1947年，以美国和欧洲传统资本主义强国为首的西方发达国家和地区酝酿成立ITO。在ILO没有将劳工权益保护和国际贸易与投资挂钩的背景下，为ITO成立起草的《哈瓦那宪章》旗帜鲜明地规定了劳工权益保护的相关内容，将劳工标准正式纳入多边自由贸易协定。《哈瓦那宪章》明确指出，对于所有的国家和地区而言，均应基于相同利益的考虑，保证并维持与劳工权益保护相关的劳工标准，以体现国际贸易公平。没有满足前述标准的劳动条件，特别是涉及货物出口部门的，将会给国际贸易本身带来不公平或其他困难。在此共同理解的基础上，各国和各地区应当在理性及可行的前提下，采取具体措施消除本国和本地区内部不符合前述要求的不公平劳动用工条件。同时，《哈瓦那宪章》还规定了与国际贸易有关的劳工标准问题的争端解决程序。[①] 但是，前述主张并未获得发展中国家和地区的支持，美国国会也因为各种原因最终没有通过《哈瓦那宪章》，ITO因此最终没有成立。[②]

在此情形下，基于四方集团的管理（由美国和欧盟之间的两极关系主导，大多数发展中国家和地区的成员处于边缘地位），GATT

[①] 参见 Havana Charter for An International Trade Organization, 载 WTO 网 https://www.wto.org/english/docs_e/legal_e/havana_e.pdf, 访问日期：2022年5月29日。

[②] 参见联合国贸易与发展会议：《贸发会议50周年：简史》，载 https://unctad.org/system/files/official-document/osg2014d1_en.pdf, 访问日期：2022年5月29日；李西霞：《全球贸易自由化进程中劳工标准体系的分化与发展》，载《社会发展研究》2015年第1期。

作为 ITO 的临时性约定而建立,其内容高度集中于国际贸易问题。① 与《哈瓦那宪章》原稿相比,GATT 中与劳工权益保护相关的仅剩下《哈瓦那宪章》第 1 条关于"采取措施以促进生活水平、就业、经济条件以及社会进步和发展方面取得进步和积极成果"的 ITO 的关键宗旨,以及第 45 条第 1 款第(7)项关于任何国家和地区可以对监狱劳动产品进行进口限制,但无需承担相应的最惠国待遇和国民待遇义务的规定。② 可以看出,GATT 最终主要集中于国际贸易规则安排,ITO 将劳工权益保护问题纳入自由贸易与投资协定的尝试失败了。

随着经济全球化的不断深入发展,自由贸易与投资协定对劳工权益保护的影响引发全球各界关注。20 世纪 90 年代,WTO、ILO 等国际组织再次酝酿并提出在自由贸易与投资协定中引入以劳工权益保护为核心的"社会条款",包括但不限于:在自由贸易与投资协定中纳入 ILO 的八项核心劳工公约;提倡"标签"运动,要求出口产品的国家和地区在出口产品上明确标注相关产品符合核心劳工标准;WTO 与 ILO 建立联合工作机制,为相关方提供咨询和指导,监督检查"社会条款"的执行,并通过贸易强制措施对违反者予以惩戒;等等。③ 对此,鉴于美国和欧盟等发达国家和地区面临着自由贸易与投资带来的在部分领域的竞争劣势,以及其本国和本地区内部非熟练工人等群体对经济全球化的不满等情况,美国和欧盟等发达国家和地区在"人权""公平"等口号下,也积极主张将劳工权益保护问题纳入自由贸易与投资协定。美国和欧盟等发达国家和地区的要求集中体现为:如果进口产品是由没有按照核心劳工标准要求的劳动保护和劳动条件生产出来的,那么进口该等货物的国家和地区在发现后,可以对该等不符合"国

---

① See The Warwick Commission, *The Multinational Trade Regime: Which Way Forward?—The Report of the First Warwick Commission*, The University of Warwick, 2007, https://warwick.ac.uk/research/warwickcommission/worldtrade/report/uw_warcomm_tradereport_07.pdf.
② 参见郑丽珍:《劳动标准与贸易和投资协定挂钩的历史演进、当代特点与未来趋势》,载《现代法学》2016 年第 6 期。
③ 参见佘云霞:《中国入世与国际劳工标准》,载《中国党政干部论坛》2003 年第 7 期。

际公认的劳动权利"的进口产品征收额外关税甚至限制进口。① 但是,美国和欧盟等发达国家和地区没有详细回应与其前述主张相关的许多重要问题。例如,"公认"的问题。所谓"公认",到底是少数发达国家和地区的"公认",还是全球国家和地区总数的简单多数或者绝对多数的"公认"？由谁来执行这种"公认"的权力？在各国和各地区生产条件、资源禀赋等各不相同的情况下,如何界定包括工资等具体经济标准的"公认"？因此,美国和欧盟等发达国家和地区的前述主张可以说更多的还是停留在理念层面,缺乏实践中的可操作性。对此,发展中国家和地区普遍认为,将劳工权益保护问题纳入自由贸易与投资协定本质上是在设置新的贸易壁垒。因为相较于发达国家和地区,发展中国家和地区的劳工权益保护水平总体而言相对较弱,如果同意将劳工权益保护问题纳入自由贸易与投资协定,无异于给自己套上枷锁,其命运就在相当程度上交给了发达国家和地区。因此,从反对贸易保护主义的角度,发展中国家和地区强烈反对将劳工权益保护问题纳入自由贸易与投资协定谈判。

作为GATT的升级版,1996年《新加坡部长级会议宣言》在一定程度上终止(或者暂停)了劳工权益保护和自由贸易与投资协定挂钩这一问题在WTO框架下的讨论。该宣言的内容可以概括为三个方面:第一,WTO成员承诺遵守国际社会广泛认可的核心劳工标准。第二,ILO作为处理国际劳工标准的专门性政府间国际组织,应该作为全球劳动治理的核心机构。WTO并不适宜处理任何劳工权益保护问题。对此,WTO将支持ILO履行其职责。第三,强调国际劳工标准和任何国家和地区的比较优势(包括低工资水平)都不应被用于贸易保护主义的目的,进而影响国际贸易秩序。可以看出,1996年《新加坡部长级会议宣言》明确将劳工权益保护问题排除在了WTO体系之外,由ILO负责处理涉及劳工标准在内的劳工权益保护问题。同时,1996年《新加坡部长级会议宣言》还明确回应了发展中国家和地区对于美国

---

① 参见朱廷珺:《劳工标准问题多边化:进程、争论及应对》,载《当代亚太》2003年第4期。

和欧盟等发达国家和地区大力推行将劳工条款纳入多边贸易与投资协定的主要关切,即明确认可低工资带来的比较优势的正当性,包含了发展中国家和地区极为在意的不得将劳工标准用于贸易保护主义目的的内容。可以说,1996年《新加坡部长级会议宣言》的前述相关内容是发展中国家和地区主张的胜利。但是,从另一个角度来看,1996年《新加坡部长级会议宣言》还是将核心劳工标准纳入了WTO讨论,并声称将支持ILO履行职能,以促进相关核心劳工标准的改善。这些表述,为从国际贸易与投资的角度,通过具体行动和措施支持劳工权益保护的改善留下了空间。仅仅作为一个侧面的观察,WTO在其官网中明确列有"劳工标准"的内容,开篇即提出WTO存在一个共识,即所有成员都将采取措施,推动实现与ILO所确定的核心劳工标准一致的目标,即结社自由、禁止强迫或强制劳动、禁止童工以及禁止工作中的歧视(特别是性别歧视)。

1999年西雅图WTO部长会议期间,美国建议在新一轮的国际贸易谈判中再次提出对劳工权益保护问题进行讨论,欧盟等发达国家和地区对此表示支持。但是,由于发展中国家和地区的强烈反对,美国的提议未能获得足够的支持。因此,在WTO框架下,仍然没有成功启动关于将劳工权益保护问题纳入多边贸易与投资协定的新一轮谈判。2001年多哈WTO部长会议期间,美国和欧盟等发达国家和地区再次提出将劳工权益保护问题纳入多边贸易与投资协定,以促进"公平贸易"。发展中国家和地区再次坚决反对,认为该等主张充分体现了贸易保护主义的不正当目的。同时,考虑到1996年《新加坡部长级会议宣言》已经对此作出结论,ILO(而非WTO)才是负责劳工权益保护问题的全球治理机构,因此,不应继续在WTO讨论将劳工权益保护问题纳入多边贸易与投资协定。[1] 此后,由于发展中国家和地区的持续反对,以及WTO新一轮贸易谈判陷入僵局,将劳工权益保护问题纳入自由贸易与投资协定的争论在

---

[1] 参见刘铁民、张华俊、耿凤:《国际核心劳工标准发展动态及其发展趋势调研报告》,载《劳动保护》2002年第3期。

WTO框架下终于暂告一段落。

虽然从结果来看,WTO没有明确将劳工权益保护问题纳入国际多边贸易与投资协定框架,但前述历史过程也凸显了发达国家和地区在国际规则及议题设定方面的娴熟。当一个新议题成功被提出后,就变成了相互之间谈判妥协的筹码。相比之下,发展中国家和地区仅仅关注当下的务实态度,面对发达国家和地区设置的新议题,谈判就显得相对被动了。

可以看出,不论是ILO还是GATT/WTO框架下,主权国家对于相关国际劳工标准的国际法义务主要基于其批准加入的国际条约(即国际劳工公约)。由于ILO和GATT/WTO均未将劳工权益保护问题和自由贸易与投资协定直接进行挂钩,因此从国际法的角度来看,在自由贸易与投资协定中,相关国家和地区都无需承担没有批准加入的任何涉及劳工标准的条约义务。

第二节 自贸协定纳入劳工条款的主要争议及其局限

随着国际法体系的建立,任何国家追求本国国家利益不能简单诉诸武力或者以武力相威胁,包括依托赤裸裸的强势地位。特别是如前述第一节的分析,劳工权益保护作为传统主权国家管辖范围,很长时间以来和国际贸易与投资并没有建立任何直接联系。对此,近代以来,美国和欧盟为代表的发达国家和地区依托"社会正义""人权""公平贸易"等名义,作为其主张合法性和正当性的基础,力求将劳工权益保护问题与国际贸易与投资挂钩,要求相关方履行较高标准的劳工权益保护义务。但是,该等主张受到了众多发展中国家和地区的反对,并提出了许多针锋相对的理论用以反驳对方并强化自身的主张。这些争论,在不同程度上兼具合理性和局限性,成为目前相关国际法机制的重要理论基础。

一、支持自贸协定纳入劳工条款的理论及其局限性

(一) 社会倾销论

社会倾销论是主张将劳工权益保护问题纳入自由贸易与投资协定最重要、影响最广泛的理论。所谓"社会倾销",主要是指出口国家和地区通过不公平、不正当的方式,例如缺乏必要的劳动保护、适用过低的劳工标准、故意压低工人工资等方式,导致其出口产品形成不合理的低价优势,进而将前述产品"倾销"到进口国家和地区。因为无法与"社会倾销"的产品进行公平的市场竞争,最终损害了进口国家和地区相关产业以及工人的权益。基于资本的逐利性,"社会倾销"还会导致劳工标准较高的国家和地区的资本流向劳工标准较低的国家和地区;为了留住资本,原本劳工标准较高的国家和地区不得不降低或者停止提升其本国或本地区的劳工标准,在全球范围内形成所谓的"逐底竞争"(race to bottom)。[①] 因此,将劳工权益保护以"社会条款"的形式引入自由贸易与投资协定,有助于促进国家和地区之间的公平竞争,最大程度消除"不公平贸易行为"。可以看出,社会倾销论的重要基础内含了"一般市场价格"、出口国家和地区劳工权益保护水平两个核心要素。对此,进一步分析如下:

如何定义"一般市场价格"是非常复杂的经济学问题,本书无意在此展开论述。但从当前人类社会以民族国家构成为特征的角度出发,在各主权国家和地区的市场、货币、管理等均相对独立的情形下,应该使用进口方、出口方、第三方还是若干国家和地区,或者全球所有国家和地区同类产品的平均价格作为"一般市场价格"?经济学最基础的价格规律表示,即便针对同一类商品,仅仅从不同市场供给与需求的差异来看,这种"一般市场价格"的确定都是极为困难的。反之,如果自由贸易与投资协定缔约方没有基于自愿平等的合意,从可

---

① 参见朱廷珺:《劳工标准问题多边化:进程、争论及应对》,载《当代亚太》2003年第4期。

执行的角度确立"一般市场价格"标准也是不公正的,因为没有一个国家或地区可以单方面凌驾于另一个国家或地区之上设定标准。如果将此情景推到一个极致,即从产业工人或者产品生产商的角度,所有产品都遵循一个价格保护标准(例如最低价格标准),可能有助于全球劳工阶级的大团结并避免不同国家和地区之间的劳工群体相互竞争,但这无异于形成某种程度的价格垄断联盟,最终又将损害消费者的选择权及以更合理的价格获得商品和服务的机会,进而形成新的不义,包括损害作为消费者的劳工群体的权利和利益。

社会倾销论紧紧围绕劳动力价格,本身就是对影响国际贸易与投资众多因素中的一个因素的片面强调。劳动力素质、劳动生产率等更可能成为商业决策中的关键因素,而该理论未能从实证的角度证明较低的劳工标准在客观上构成了比较优势。[1] 事实上,人们对"逐底竞争"的严重担忧似乎并没有在现实世界中系统地体现出来,尽管确实出现了一些例子。具体劳动条件的改善可能会提高劳动生产率和工资水平,但没有证据证明适用国际劳工标准就会产生前述结果,亦没有证据显示低劳工标准的国家和地区会在国际贸易和投资领域取得竞争优势,实际上恶劣的劳工保护条件反而通常会导致较低的劳动生产率、较差的外资流入和出口表现。[2]

为了经济利益就需要牺牲劳工权益保护吗?答案无疑是否定

---

[1] See Bob Hepple, *Labor Laws and Global Trade*, Hart Publishing, 2005.

[2] See OECD, Trade, Employment and Labor Standards: A Study of Core Workers' Rights and International Trade, 1996, https://www.oecd-ilibrary.org/trade/trade-employment-and-labour-standards_9789264104884-en; Dani Rodrik, Labor Standards in International Trade: Do They Matter and What We Do About Them, in Robert Lawrence, Dani Rodrik & John Whalley, eds., *Emerging Agenda for Global Trade: High Stakes for Developing Countries*, Johns Hopkins University Press, 1996, pp. 35-79; See Charles Oman, Policy Competition for Foreign Direct Investment: A Study of Competition among Governments to Attract FDI, OECD, 1999, https://www.oecd.org/investment/mne/2089936.pdf; Drusilla K. Brown, International Trade and Core Labor Standards: A Survey of the Recent Literature, OECD, 2000, https://www.oecd-ilibrary.org/docserver/677200103808.pdf?expires=1682991394&id=id&accname=guest&checksum=3ABA6F0938E48C6E13CF04D3E90D5899; Robert J. Flanagan, Labor Standards and Znternational Competitive Advantage, 2002, https://legacy.iza.org/iza/en/papers/transatlantic/1_flanagan.pdf; Robert J. Flanagan, *Labor Standards and International Competitive Advantage*, 2002, https://citeseerx.ist.psu.edu/viewdoc/download?doi=10.1.1.499.3937&rep=rep1&type=pdf; David Kucera, Core Labor Standards and Foreign Direct Investment, *International Labour Review*, 141 (1-2), 2002, pp. 31-70.

的。但是，处于不同发展阶段的国家和地区，到底应该提供什么标准、什么水平的劳工权益保护？答案却可以是多样的。关于劳工权益保护水平，各个国家和地区存在各种各样的差异，这是由诸多因素决定的。比如，相对于欧盟地区国家的高福利、强保护特性，美国呈现了更多自由主义特征，政府对劳工权益的保护是相对较少和较弱的。

历史表明，社会和法律机制的发展和完善需要一个过程，并且也不存在"普适"的灵丹妙药，需要根据不同国家或地区的社会、经济、文化和政治发展而逐渐完善，毕竟连高呼"历史终结"的弗朗西斯·福山都不再坚持最初的观点。从劳动和社会保障法的发展来看，也是从无到有、从简单到复杂、从基础到全面。过去的人们不会知道，在工业革命开始的时候，英国、法国、德国等如今的发达国家和地区是否会为所有的产业工人提供当今世界相对最完备的劳动保护。最初的《工厂法》是为了应对工业革命大生产爆发的工人对资本压榨的暴力反抗，德国工伤制度的建立掀开了社会保障模式的序幕，而经济全球化发展所带来的国家和地区之间的竞争以及人力资源管理等新的用工理念的实施等，又使得全球工人运动不断势弱。虽然资本早就已经全球化，但是到现在仍然没有看到"工人阶级的世界大团结"，反而是发达国家和地区的劳工不断提出要"抢回"发展中国家和地区工人同胞的工作机会。在经济全球化的视野下，劳工群体变得更为分化，而非更为团结。因此，基于社会倾销论大力推行将劳工权益保护问题纳入自由贸易与投资协定，缺失了发展的立场，无异于再次陷入阻碍人类社会不断进步的"历史终结"的自负与谬误。

应该说，从更长的历史维度来看，将劳工权益保护问题纳入自由贸易和投资协定是晚近的发展成果。可以追溯的最早记录至今也不过一百余年，进入区域或者全球视野的更是近二十余年的发展成果。当今积极主张将劳工权益保护问题和自由贸易与投资协定挂钩的美国和欧盟等发达国家和地区，在其发展过程中也曾出现其所称的"社会倾销"，而且是"加害方"，但当时它们并没有积极主张将"社会条款"纳入国际贸易与投资安排,更没有所谓的强制机制。当美国和欧盟等发达国家和地区作为所谓"社会倾销"的"受害方"时,就高举大旗要求管制"社会倾销",无疑过于自私,缺乏历史的正当性。当然,有一种进步主义的观点认为,不能将前述美国和欧盟的发展教训作为当前否定将劳工权益保护问题纳入自由贸易与投资协定的理由,这一观点有其积极价值,否则容易陷入"锱铢必较""睚眦必报"的历史停滞。关键在于,美国和欧盟等大力推行社会倾销论的同时,并没有对其自身发展历史给予应有的反思并积极承担责任,缺乏对当今发展中国家和地区劳工权益保护和经济发展之间的张力与冲突的合理关切与理解,将劳工权益保护问题和自由贸易与投资协定挂钩的背后包含了并不清晰的规则设定,由此导致其主张缺乏充分的说服力。

因此,社会倾销论看似强调对全球劳工"逐底竞争"这一共同挑战的关注,其实质或者出发点更在于削弱发展中国家和地区相对廉价的劳动力的比较优势,以促进美国和欧盟等发达国家和地区自身企业的出口,并保护本国和本地区的民族产业。① 社会倾销论归根结底还是美国和欧盟等发达国家和地区主导的变相贸易保护主义措施。②

(二) 人道主义论

人道主义论的基础在于人权保护,伴随着国际社会对人权的重视而逐渐成为将劳工权益保护问题与自由贸易和投资协定挂钩的重要理论。相比于社会倾销论更多的经济特性,人道主义论在意识形态和价值方面进行了更多的论述和强调。例如,发达国家和地区提出,人的尊严和人的基本权利居于最高的地位,包括国家和地区、集体甚至个人的社会与经济活动都需要围绕人的尊严和人的基本

---

① 参见鄂晓梅:《以劳工标准为基础的单边贸易措施与 WTO 规则——贸易壁垒的新趋向及发展中国家的对策》,载《环球法律评论》2010 年第 2 期。
② 参见朱廷珺:《劳工标准问题多边化:进程、争论及应对》,载《当代亚太》2003 年第 4 期。

权利而展开。部分发展中国家和地区大量使用童工、强迫劳动、低工资和缺乏劳动保护,构成了对工人的尊严以及基本权利的严重侵犯。① 与之关联的,则是认为相关国家和地区的妇女、少数群体以及不同政见者遭受压迫或者不公平对待、出口加工区规避劳动法律、结社自由与集体谈判缺位、政治专制等,严重侵犯人权,因此,需要通过将劳工权益保护问题纳入自由贸易与投资协定的方式,以国际贸易与投资优惠安排的获得为对价,用于消除人道主义危机,改善非人道行为,促使国际贸易与投资的参与方在享受经济全球化红利的同时,提高本国和本地区的劳工标准,以达到《马拉喀什建立 WTO 协定》序言阐明的"提高生活水平"和"保证充分就业"的目标。②

  从根本上讲,人类社会存在的重要意义和宝贵经验在于可持续地不断发展进化。发达国家和地区所要求的尊重人权,基本立足于本国或者本地区的标准,在广泛讨论并吸收借鉴其他国家和地区有益经验方面是明显不足的,缺乏多元性。例如,动辄将"民主"和"集权"对称,认为西方发达国家和地区的民主就是民主,其他非西方发达国家和地区的民主就不是民主;认为西方发达国家和地区的"集权"就是"精英治国",其他非西方发达国家和地区的"集权"就基本等同于侵害人权,等等。事实上,作为一个历史概念和社会现象,"民主"的定义和内涵从来都不是唯一的且不应该是最终的,人类历史上对民主的探索实际上经历过多种多样的形式,过去、现在和将来都并非克隆的模样。一方面,在西方发达国家和地区内部,其民主也是千差万别的。比如,以美国和法国为代表的是总统制,德国和意大利是议会制,英国和日本则是君主立宪制。另一方面,从国家治理的效果来看,美国和欧盟等发达国家和地区的"民主",有时候还不如非西方发达国家和地区的"集权"所带来的发展和有效保障的公民权利和利益。反之,或者可以认为,每个国家和地区的人

---

  ① 参见刘铁民、张华俊、耿凤:《国际核心劳工标准发展动态及其发展趋势调研报告》,载《劳动保护》2002 年第 3 期。
  ② 参见朱廷珺:《劳工标准问题多边化:进程、争论及应对》,载《当代亚太》2003 年第 4 期。

民所自行选择的社会制度与模式,才是最适合的,即所谓的"冷暖自知"。如果作为当事人的各国或各地区人民(特别是对于本书所关涉的劳工群体)是满意的或者起码没有不满意,外人又何足道也?这应该是当代世界国家主权独立的重要基础和要义。

(三)贫困化进口论

这一理论与社会倾销论联系紧密,不过更为直白地体现出对发达国家和地区利益的关切。该理论认为,由于发展中国家和地区在国际贸易与投资过程中进行"社会倾销",导致发达国家和地区拥有较高劳工标准和劳动保护的工人无法进行公平竞争,引起发达国家和地区工人失业率居高不下,特别是熟练和非熟练工人分化严重,贫富差距不断扩大。因此,发达国家和地区在进口发展中国家和地区的商品的同时,也"进口"了贫困。针对该等情况,发达国家和地区与发展中国家和地区应该确定公平的、"可接受的"工作条件,包括最低工资、最高工时以及工作环境健康与安全方面的支持,以拉近发达国家和地区与发展中国家和地区在劳工标准和劳动保护方面的差距,最终通过压制甚至扭转发展中国家和地区的劳动力比较优势,减少发达国家和地区从发展中国家和地区进口"贫困"。[①]

客观来讲,贫困化进口论对任何国家或地区而言,可能在某种程度上都是成立的,但却又是十分狭隘和僵化的。市场经济条件下,自由市场就意味着竞争,价格和成本(包括劳动力价格)差异本身就是竞争的组成部分。如果说因为要销售自己的产品,就要求所有的竞争对手限制价格或者涨价,甚至具体限制竞争对手的采购、制造和销售等,是非常可笑和匪夷所思的,更是反市场的。相对而言,"头悬梁锥刺股""卧薪尝胆"、苦练内功,不断提升自身竞争力和完善产业结构,或许才是更为长远和重要的选择。

---

① 参见朱廷珺:《劳工标准问题多边化:进程、争论及应对》,载《当代亚太》2003年第4期。

(四)移民压力论

与贫困进化论类似,移民压力论同样站在发达国家和地区"以我为主"的视角阐述其观点,认为发达国家和地区与发展中国家和地区在劳工标准方面的差异,将导致发展中国家和地区的非熟练廉价劳动力大量涌入发达国家和地区,进而损害发达国家和地区既有的劳工就业与劳动力市场秩序,加重了发达国家和地区的财政压力和社会负担。①

移民现象基于很多原因。应该说,移民压力论同样犯了社会倾销论的"片面主义"和"极端主义"错误,只强调了移民带来的消极影响,夸大了劳工权益保护这一单一因素对于移民个体作出移民决策的影响力,将其作为劳工权益保护问题与自由贸易和投资协定挂钩的依据应该说非常牵强。仅就前述所提及的非熟练廉价劳动力而言,在国际范围内,低端移民向来是被各国和各地区严格限制的,并不是因为移民的单方个体决定就能实现进入发达国家和地区的结果,并构成对发达国家和地区的现实压力。事实上,对于存在移民压力的部分发达国家和地区而言,这种非熟练劳动力的移民压力,更多的还来自于移民原所在国或地区的经济发展水平、社会安全状况以及发达国家和地区本身对移民的需求和政策,等等。与此同时,进入发达国家和地区的高端移民不仅提升了发达国家和地区的竞争力,从某种意义上由于人才外流也削弱了发展中国家和地区的人才竞争优势。

可以说,相对于其他支持劳工权益保护问题和自由贸易与投资协定挂钩的理论,移民压力论的适用和影响应该是相对有限的:对于以美国和欧盟等为代表的西方发达国家和地区而言,其可能存在移民压力问题;但对于众多发展中国家和地区,该项理论所反映的问题是否必要,则有很大的疑问。

---

① 参见朱廷珺:《劳工标准问题多边化:进程、争论及应对》,载《当代亚太》2003年第4期。

在经济全球化过程中,特别是过去二三十年,发展中国家和地区的收入水平相对提升,但发达国家和地区的中产阶级收入则停滞不前甚至大幅下滑。最明显的是1%的顶级富豪获得了更为巨大的财富增长。因此,从解决贫富差距的角度来看,应该由各国和各地区政府,甚至全球各国和各地区之间联手对跨国寡头资本和财富进行再分配[①],以解决不同国家和地区之间及其内部贫富分化不断加剧的问题,避免不同国家和地区劳工群体之间的"内耗"甚至仇视。各国和各地区政府对跨国寡头资本的克制,以及通过劳工权益保护问题对其他国家和地区的正当发展权益进行压制,一定程度上呈现出一种舍本逐末、治标不治本的政治妥协与利益交换局面。

二、反对自贸协定纳入劳工条款的理论及其局限性

发展中国家和地区是反对将劳工权益保护问题和自由贸易与投资协定挂钩的主体。美国罗格斯大学商学院跨国劳动监管与供应链劳动治理教授凯文·科尔本(Kevin Kolben)曾对印度反对将劳工权益保护问题纳入自由贸易与投资协定的意见进行分析,原美洲国家组织首席贸易顾问、原哥斯达黎加贸易部长何塞·M.萨拉查·西里纳克斯也对类似观点作出了归纳。反对自由贸易与投资协定纳入劳工条款的理由可以大体总结为五个方面,即:其一,政治经济理由,"单边保护主义"是其核心词。发达国家和地区力主将劳工标准纳入自由贸易与投资协定的政治力量存在人道主义原因和难以排除怀疑的保护主义的混合动机。例如印度在作为英国殖民地期间就曾经历过类似的名为保护印度劳工权益,实为实施英国贸易保护主义政策的历史教训。发达国家和地区强调的劳工标准同时还体现了带有强烈竞争意味的单方选择性,涉嫌对其他国家和地区主权的非法侵犯。其二,发展阶段理由,即认为不加区分地将劳工权

---

① 参见〔法〕托马斯·皮凯蒂:《21世纪资本论》,巴曙松等译,中信出版社2014年版。

益保护问题纳入自由贸易与投资协定,可能带来并不适应其他国家和地区国情的劳动用工关系及其管理模式。其三,贸易谈判逻辑。通过对过去的自由贸易与投资协定的谈判回顾可以发现,美国等发达国家和地区总是可以凭借超大的市场规模作为重要筹码,要求其他谈判方同意其关于劳工条款的高标准要价。相比于失去进入美国等发达国家和地区市场机会的风险,接受劳工权益保护问题与市场准入或者贸易制裁挂钩,只能是众多发展中国家和地区的无奈之举。这一过程,体现了美国等发达国家和地区单方通过多边机制的形式将其本国标准多边化的实质企图,由此可能打开无穷无尽和难以控制的"潘多拉魔盒",是发展中国家和地区难以接受的。其四,实现目标的效率。大多数国家和地区倾向于合作而非谈判,认为问题的根源在很大程度上是缺乏实施核心劳工标准的能力,与体制基础设施以及人力和财力资源的限制有关。其五,塑造贸易体系全球架构。[1] 下面选取其中的相关代表性理论进一步展开分析。

(一)比较优势论

比较优势论被广泛认为是国际贸易和投资的重要经济学基础。如果没有各个国家和地区之间的比较优势(当然同时也存在相应的比较劣势),国际贸易和投资就没有发生的经济学动能。经济学巨擘大卫·李嘉图就明确指出,对国际贸易的限制就是对企业或者国家利益的损害。因此,发展中国家和地区认为,它们出口劳动密集型产品符合发达国家和地区奉为金科玉律的比较优势原理。将劳工权益保护问题与自由贸易和投资协定挂钩,其真实目的是降低发展中国家和地区的比较优势,将贸易保护主义伪装起来,用于转嫁发达国家和地区自身包括失业危机在内的内部矛盾。[2]

---

[1] See Kevin Kolben, The New Politics of Linkage: India's Opposition to the Workers' Rights Clause, *Indiana Journal of Global Legal Studies*, 13 (1), 2006; Jose M. Salazar-Xirinachs, The Trade-Labor Nexus: Developing Countries' Perspectives, *Journal of International Economic Law*, 3 (2), 2000.

[2] 参见王冉冉:《新贸易保护主义的利剑——试论WTO议题新焦点"劳工标准"》,载《对外经贸实务》2000年第4期。

首先,应该承认存在比较优势,但同时又不应该泛化比较优势。具体而言,既然叫作比较优势,那么其本身就应该至少包含两个要件:一是"比较",另一个是"优势"。其中,"比较"是要有参照基准的。从劳动力条件来看,发展中国家和地区廉价劳动力的"比较优势"是相对于发达国家和地区昂贵劳动力的"比较劣势"而存在的。而"优势"或者"劣势"存在与否,则需要从特定的环境和场景进行判定,不能简单地"一刀切"。举个例子,对于传统劳动力密集型产业而言,廉价劳动力本身可能构成一种"比较优势"。比如,经常成为争论焦点的美国"铁锈"地带的制造业产业工人与中国、东南亚等发展中国家和地区的制造业产业工人之间的比较。但是,对于高科技产业而言,单纯廉价的劳动力并不足以构成所谓的"比较优势",还需要考虑更多其他因素,比如劳动力的知识结构和创新能力等。因此,虽然发展中国家和地区在劳动力价格上总体或许具有比较优势,但在高科技产业真正具有劳动力比较优势的反而是发达国家和地区。可以再看一个例子:2018年中美贸易争端开始后,许多在中国投资生产的企业转移到越南、墨西哥、孟加拉国等劳动力价格更具比较优势的国家和地区,但由于当地产业工人的整体素质、劳动效率以及工作投入程度等方面相较于中国处于比较劣势,因此其在劳动力价格这一单一要素中的比较优势最终未能如许多企业所预期的那样,支撑其在国际贸易和投资中的优势地位。

可以看出,当讨论国际贸易与投资中的"比较优势"或者"比较劣势"时,不能简单地说哪个国家和地区就具有完全的、一边倒的比较优势,进而其他国家和地区就可以因此要求予以"矫正"以实现所谓的"公平",这是一种过于粗糙和非理性的观点。当然,比较优势并非不可判断或者不可认知的。对于特定企业、特定行业而言,在特定的时空环境中,是相对容易判定的。但是,对于作为国家和地区之间签订的自由贸易协定或者投资协定,是对签订的国家和地区将形成国际条约的强制性义务。因此,如果无法做到起码细化到具体产业或者行业层面,一言以蔽之地谈论"比较优势",是非常不明智的。

其次，回顾人类文明的发展历程，"比较优势"其实还会随着时间、科技等方面的发展而在不同国家和地区之间变化转移。这也是为什么从动态的、发展的角度谈论"比较优势"是相对更为科学的做法。例如，作为发展中国家和地区的代表，中国在历史上数千年处于农耕文明的顶峰。充足的农业人口、先进的生产技术以及得天独厚的农业生产条件，在农产品的国际贸易中，无疑具有极大的优势。但是，进入信息时代，人口数量和自然条件对高科技产业的发展影响急速下降，反而是那些最早掌握先进科技并因此储备大量顶尖人才的国家和地区占有了领先地位和相对优势。与工业革命以来建立的大工厂集中生产不同，当今全球劳动用工呈现出碎片化、个体化、智能化的趋势。在空前扁平化的世界，美国硅谷、中国大湾区和印度班加罗尔的工程师的竞争力和待遇水平其实是相似的，尽管他们所在的国家和地区的总体经济水平和人均劳动力成本等差异巨大。

因此，从时间的维度和国家利益的角度来看，基于"比较优势论"反对将劳工权益保护问题与自由贸易和投资协定挂钩，似乎又过于武断，忽略了"比较优势"四个字的核心内涵，没有考虑各国和各地区的发展及相互关系的动态变化，切断了灵活应对国际贸易与投资框架下各国和各地区劳工权益保护问题的创新空间，无法从根本上反驳以社会倾销论为代表的、要求劳工权益保护问题与自由贸易和投资协定挂钩的发达国家和地区的主张。最简单的一个问题，当过去的比较优势丧失的时候，甚至曾经的反对者开始要求规制其他国家和地区的比较优势的时候，正如美国和欧盟等发达国家和地区目前所做的一样，在国家利益的驱使下，目前的发展中国家和地区还会坚持比较优势论（此时已经变成了"比较劣势"），继续反对将劳工权益保护问题纳入自由贸易和投资协定吗？答案是显而易见的——今日比较优势论的旗手，或许是明日社会倾销论的先锋；反之亦然。

(二)特定文化论与阶段发展论

特定文化论主要强调文化的多元性和差异性,认为针对历史、政治、经济、社会和文化等方面千差万别的国家和地区制定统一的"社会条件"或者劳工标准,几乎是天方夜谭。劳工标准被认为是一种特定文化现象。因此,从多元化原则出发,任何国家和地区均没有权利无端指责其他国家和地区存在不符合其本国和本地区价值观的现象。[①] 特定阶段发展论也是"多元主义"在国际贸易与投资领域的体现,认为劳工权益保护问题是经济与社会发展问题,而非贸易问题,由社会发展阶段和市场规律决定,通过纳入自由贸易与投资协定并依托强制性规则,与多边自由贸易和投资公平原则冲突。[②]

特定文化论与阶段发展论的不足之处在于,其否定了国际社会就劳工权益保护达成一定程度共识的可能性,从而将其完全国别化和特殊化。就目前所普遍认可的核心劳工标准而言,消除就业与职业歧视以及禁止强迫或者强制劳动被公认为具有人权价值,因此具备超越不同文化的一般属性;结社自由与有效的集体谈判,以及消除最恶劣形式的童工两项标准的政治属性和社会属性较为突出,其指向的劳工地位及其经济权益,在每个文化和传统下的确存在合理差异;"可接受的工作条件"则可以被视为一种混合体,即从保障劳工的健康与生命权来看,某些机制的设定(如最高工时、职业健康保护等)是具有人权属性的,但另一些具体标准和额度的设定(特别是最低工资)则理应更多地取决于各个国家或地区的经济和社会条件。

---

① 参见朱廷珺:《劳工标准问题多边化:进程、争论及应对》,载《当代亚太》2003年第4期。

② 参见王学秀:《劳工标准之争——WTO劳工标准与国际贸易问题》,载《国际贸易》1997年第3期。

(三)投资区位调整论与技术进步论

投资区位调整论与技术进步论认识到劳动力成本及价格这一单一因素对于国际贸易与投资,特别是企业跨国产业布局的局限性,指出发达国家和地区的企业向境外投资以及调整经营布局是自身经营管理需要、市场定位与机会判断以及长期发展战略等综合因素导致的结果,其核心目的在于实现市场经济行为的利益最大化,即通过向具有劳动力成本优势的国家和地区投资而获取丰厚利润和更多市场份额。[1] 同时,研究发现,发达国家和地区非熟练劳动力密集型产品的价格并没有因为发展中国家和地区的劳动力优势而下降,对非熟练工人的需求下降源于新技术的采用,而非发展中国家和地区的贸易竞争。[2]

应该说,投资区位调整论与技术进步论均有相当程度的客观性和技术性色彩,相对于不成比例地夸大发展中国家和地区的劳动力比较优势,或者说劳工保护条件对于国际贸易与投资安排的重大影响,明显具有进步性特征。但是,在认可企业进行跨国产业布局受到多种因素影响的前提下,投资区位调整论与技术进步论同时也暗含了相关国家和地区劳工标准及劳动条件的影响成分,毕竟作为基本生产要素的劳动力无论是从理论上还是实践中给人的直观印象都会影响商品的价格和价值。因此,依据投资区位调整论与技术进步论,尚不足以明确拒绝将劳工权益保护问题作为若干影响因素之一纳入自由贸易与投资协定。

(四)不当干涉论与主权论

从国际社会由民族国家和地区组成的现实出发,各国对其公民以及劳工权益保护问题享有主权。自由贸易与投资协定的基础,也

---

[1] 参见朱廷珺:《劳工标准问题多边化:进程、争论及应对》,载《当代亚太》2003年第4期。

[2] 参见沈威卫:《国际劳工标准纳入WTO体系之分析》,载《法制与社会》2011年第3期。

在于主权国家在平等自愿的基础上进行经济往来与交易。鉴于并不存在世界政府的客观现实，且相关国际劳工公约只对批准加入的国家具有强制约束力，因此不当干涉论与主权论认为，在没有国际义务和责任的前提下，将劳工权益保护问题纳入自由贸易与投资协定，特别是对他国和地区实施单边劳工壁垒，实际上就是以贸易限制的方式侵入他国内政。[1] 不当干涉论与主权论应该说充分揭示了发达国家和地区强力推行将劳工权益保护问题纳入自由贸易与投资协定的根本原因和本质特征，具有一定的深刻性。

从2008年国际金融危机以来，越来越多的国家和地区采纳了将劳工权益保护问题纳入自由贸易和投资协定的做法，包括众多发展中国家和地区，使其成为一种新的趋势。在此基础上，如何更好地规制、适用和调整自由贸易与投资协定中的劳工条款，成为新的重点和关键。

---

[1] 参见缪剑文:《劳工神圣与贸易自由——WTO劳工标准之争及其法律评析》，载《上海大学学报（社会科学版）》1999年第1期。

第二章　自贸协定劳工条款的实践与问题

第一节　自贸协定劳工条款的内容与特点

一、自贸协定劳工条款的内容概况

(一)自贸协定劳工条款的设定依据

美国和欧盟是当前世界范围内积极推动自由贸易与投资协定劳工条款的主要国家和地区,其主张的劳工条款受到国内政治、经济和社会情况的影响。通过将国内情况与主张转化为作为国际条约的自由贸易与投资协定,实现国内规则产生域外适用效力以及针对其他缔约国家或地区的劳工权益保护进行某种实质干预的目的。

1. 美国主导的自贸协定劳工条款的设定依据

1890年,美国颁布法令禁止进口由囚犯生产的产品,标志着美国开始将劳工权益保护问题与国际贸易挂钩。1930年《关税法》禁止进口所有强迫劳动制造的产品,进一步扩大了劳工权益保护问题与国际贸易挂钩的影响范围。这些规定都是美国国内法规则,没有明确对应美国批准加入的任何国际劳工公约,因此也并非国际劳工公约这一国际法渊源在美国国内的"转化"或者"纳入"。该等规定和实践,更多地体现了美国自身对于将劳工权益保护问题与国际贸易和投资挂钩的最初主张与实践。

此后,不同时期的美国政府多次通过立法等形式将劳工权益保护问题进一步与国际经济和贸易活动挂钩,涉及普惠制授予、对外援助、海外私人投资保险、制裁种族隔离等众多领域。例如,1971年的普惠制方案,明确将受惠国的劳工标准情况作为获得优惠的重要条件进行规定。1974年《美国贸易法》规定,美国总统应该要求在包括 GATT 在内的国际经济和贸易体系中,引入并确定普遍适用的公平劳工标准。此后,在国际经济和贸易体系中推动建立该等普遍适用的公平劳工标准,就成为了美国对外进行国际经济和贸易谈判与合作的重要内容。1984年美国重新授权普惠制时,国会明确提出了"国际公认的劳动权利"(internationally recognized worker rights)的概念,将其作为受惠国享有相应优惠条件的审查标准之一。但是,对于什么属于"国际公认的劳动权利",美国国会并没有在立法中提供相对完整和客观的标准。在前述发展基础上,1987年美国向 GATT 理事会提交建议,明确提出对"国际公认的劳动权利"对国际经济和贸易以及与实现 GATT 目标之间的关系进行审议。① 1988年,基于《美国综合贸易与竞争法》"301条款"的相关规定,"持续否定工人权利的行为模式"被列入美国贸易报复的适用情形。具体而言,《美国综合贸易与竞争法》"301条款"规定,当其他国家和地区的国际经济和贸易相关政策、立法和实践存在没有保障结社自由、集体谈判、禁止强迫或者强制劳动,以及没有设定关于最低劳动年龄、最低工资、最高工时、职业安全和卫生等标准的情形时,美国有权采取贸易措施予以报复。由此,进一步给所谓不尊重"国际公认的劳动权利"的国家和地区推行贸易保护主义提供了美国国内法依据。② 由于巴西等发展中国家和地区的强烈反对,美国在1994年 GATT 乌拉圭回合的马拉喀什部长会议期间将劳工标准问题纳入部长会议宣言的尝试失败③,该问题被留到了取代 GATT 的 WTO 中。但是,如第一章的分析,1996年《新加坡部长级会议宣言》尽管提及了劳工标

---

① 参见沈根荣、张维:《国际劳工标准问题及其最新发展》,载《国际商务研究》2004年第3期。
② 参见朱廷珺:《劳工标准问题多边化:进程、争论及应对》,载《当代亚太》2003年第4期。
③ 参见刘铁民、张华俊、耿凤:《国际核心劳工标准发展动态及其发展趋势调研报告》,载《劳动保护》2002年第3期。

准,但核心还是强调 ILO 对劳工权益保护问题的管辖,仍然没有正式将劳工权益保护问题纳入 WTO 规则。对此,美国迅速调整方向,开始通过区域及双边自由贸易与投资协定,继续强力推行其自由贸易与投资协定劳工条款的主张。

与此配合,2002 年《贸易法》规定的贸易谈判目标,要求在美国谈判加入的自由贸易协定中必须加入劳工权益保护相关条款,主要包括五个方面:(1)承认、推动并实现针对劳动者和儿童的基本权利,维持与 ILO 确定的核心劳工标准一致的劳动保护水平;(2)不减损规则,即缔约方不得在其国内政策、法律与实践等方面,通过持续地或者反复地作为或者不作为,或通过减少或削弱本国劳动保护水平等方式,未能有效执行其国内劳动法,以不正当地促进本国贸易发展,侵害其他缔约方的公平贸易利益;(3)督促缔约方尽快批准并严格遵守《关于禁止和立即行动消除最有害的童工形式公约》;(4)尊重本国管治权,即承认各缔约方对于本国或本地区劳工权益保护问题享有管辖权,有权根据本国或本地区的劳动政策、法律法规及实践需要确定具体的执法、监督与纠纷解决机制,亦认可缔约方可以自行决定有限资源用于劳工权益保护的具体分配,一国不得因此对其他缔约方施以任何制裁或报复;(5)美国将利用自身资源,协助推动相关贸易伙伴提升劳工标准的执行能力建设与技术支持。美国民主党和共和党两党在 2007 年 6 月 30 日签订了影响深远的《两党贸易协定》,再次提出美国缔结的自由贸易与投资协定中,必须包含缔约方对于 1998 年《基本原则和权利宣言》的认可与尊重;缔约方应当采取积极措施采纳和维持 1998 年《基本原则和权利宣言》确定的核心劳工标准;将劳工条款纳入适用与其他传统国际经济和贸易议题相同的强制争端解决机制。[①]

2. 欧盟主导的自贸协定劳工条款的设定依据

欧盟(包括其前身)的社会政策集中体现了欧盟对于自由贸易

---

① See David A. Gantz, C. Ryan Reetz, Guillermo Aguilar-Alvarez & Jan Paulson, Labor Rights and Environmental Protection Under NAFTA and Other US Free Trade Agreements [with Comments], *The University of Miami Inter-American Law Review*, 42 (297), 2011.

与投资协定劳工权益保护问题的主张。例如:"促进就业""提高生活水平""发展经济"等,在1951年法国、意大利、联邦德国、荷兰、比利时、卢森堡六国签订的《建立欧洲煤钢共同体条约》第2条中,被共同作为共同体目标的关键词。"生活与工作条件的持续改善"同样被明确规定在前述六国于1957年签订的《欧洲经济共同体条约》第117条中。但是,总体而言,围绕欧盟经济一体化这一核心目标,前述涉及劳工权益保护的目标表述更多地被视为欧盟经济一体化所追求实现的结果,而非必须满足的条件。[1] 这样的安排,实际上也反映出欧盟作为欧洲主权国家联盟的特点,即欧盟的政策在很大程度上仍然受制于各成员方的政策、法律与实践,并由此传导并反映至欧盟层面的政策、机制与具体法律规则中。总的来看,自1973年英国加入欧洲共同体后,英国、法国和德国是对欧盟影响较为重大的欧盟成员(直至2020年英国正式脱离欧盟),其国内关于劳工权益保护问题的相关理念和做法,对欧盟政策的形成作用明显。

例如,20世纪六七十年代,英国经历了从"自决到公共调控的转型",直接立法干预劳动关系的做法增多。进入20世纪80年代,针对通货膨胀以及工会的政治化,撒切尔政府转向新自由主义,国家开始放松劳动用工管制并削弱工会力量。在此背景下,考虑到相关成员方对国际劳工公约的批准数量相对较高,同时可能为了平衡实施新自由主义经济政策引发的劳工权益保护下降的疑虑等,结社自由、禁止强迫或强制劳动、禁止童工、禁止就业与职业歧视等在内的12项基本劳工权利被纳入1989年《共同体工人基本社会权利宪章》;同年,欧洲议会在《基本权利和自由宣言》中更是进一步规定了涉及成员方公民社会、经济和文化权利的若干内容。1990年联邦德国和民主德国统一后,劳动结社自由、团体协议自治、

---

[1] 参见刘华:《美欧社会倾销论实质研究——反倾销实践的新动向》,中国商务出版社2014年版,第31页;郑春荣:《论欧盟社会政策的困境与出路》,载《社会主义研究》2010年第3期。

劳动斗争权等成为德国劳动关系的基础。① 随之看到的是,社会政策议定书被纳入1992年的《马斯特里赫特条约》。20世纪90年代末,英国开始反思新自由主义带来的社会矛盾,奉行"第三条道路",将劳资关系的治理理念从劳资冲突转向了劳资及社会合作。1999年,欧盟推行的普惠制方案规定,如果受惠国能够提供符合欧盟要求的、较高标准的劳动保护和劳动条件,其将可以获得进一步的额外优惠②,建立了欧盟在国际贸易与投资机制中基于"奖励机制"推动贸易与投资伙伴主动提升本国劳工权益保护水平的模式。2000年《欧盟基本权利宪章》同样高度重视经济和社会权利。2006年欧盟出台全球贸易战略,明确强调在国际贸易与可持续发展(包括劳工标准)上与国际贸易与投资伙伴达成新的承诺,具体体现为通过在欧盟主导的自由贸易与投资协定中设置专门的"贸易与可持续发展"专章,对包括劳工标准、环境保护、企业社会责任等内容进行规定。③ 欧盟在2012年指出,发展中国家和地区发展日益多样化,欧盟政策设计和实施也应该体现差异化。其中,考虑到新兴经济体国家和地区在全球经济和贸易关系中的不断发展,其与新兴经济体国家和地区的关系在性质上已经发生了变化,即减少对发展的关注,而更多地关注基于共同利益以及平均分担全球责任的新型伙伴关系。④

近年来,"公平贸易"与"可持续发展"是欧盟关于自由贸易与投资协定劳工权益保护问题主张的理念基础。其中,根据欧盟的定义,"公平贸易"是指"一种基于对话、透明和尊重的贸易关系,旨在

---

① 参见〔德〕雷蒙德·瓦尔特曼:《德国劳动法》,沈建峰译,法律出版社2014年版,第25—41页。
② 参见沈根荣、张维:《国际劳工标准问题及其最新发展》,载《国际商务研究》2004年第3期。
③ 参见李西霞:《自由贸易协定中的劳工标准》,社会科学文献出版社2017年版,第20页。
④ See Trade, growth and development Tailoring trade and investment policy for those countries most in need, https://eur-lex.europa.eu/legal-content/EN/TXT/? uri=celex%3A52012DC0022,访问日期:2022年1月15日;〔英〕史蒂芬·哈迪:《英国劳动法与劳资关系》,陈融译,商务印书馆2012年版,第35—53页。

在国际贸易中寻求更大的平等。它通过向边缘化生产者和工人提供更好的贸易条件并确保他们的权利——尤其是在发展中国家和地区——促进可持续发展。"[1]从目的来看,欧盟推行"公平贸易"具有两方面目标:一是"促进可持续发展";二是"在国际贸易中寻求更大的平等"。关于"可持续发展",最具有代表性的应属联合国《变革我们的世界:2030年可持续发展议程》;而关于"在国际贸易中寻求更大的平等",欧盟在前述定义中并没有进一步展开阐释何为"更大的平等",因此无法明确其要矫正的"不平等""更小的平等"或者"不够大的平等"的具体体现及其原因或者局限。但是,在欧盟强调的方式中却可以看出与"更大的平等"相对的情形,即以发展中国家和地区为代表的边缘化生产者和工人的不佳贸易条件。此外,对话、透明和尊重均被欧盟视为实现"可持续发展"和"在国际贸易中寻求更大的平等"目标的重要基础。

(二)自贸协定劳工条款的呈现形式

关于美国和欧盟主导的自由贸易与投资协定劳工条款的内容,经过对此问题超过20年的研究及三次研究高潮的推动,国内学者已经作了较为全面的介绍[2],在此不再展开论述。考虑到美国和欧盟在过去的实践中已经签订了一系列包含劳工条款的自由贸易与投资协定,且在不同时期具有相对一致性,因此,限于篇幅和与本书主旨的考虑,笔者在本书的分析中选取了美国和欧盟主导的七个最具代表性的自由贸易与投资协定劳工条款作为论述样本。具体包括:代表美国主导的自由贸易与投资协定劳工条款的五个协定,即:NAALC、2001年生效的《美国—约旦自由贸易协定》、CAFTA-DR、CPTPP以及2020年取代《北美自由贸易协定》的USMCA;代表

---

[1] Fair trade—trade-related sustainability assurance schemes, https://eur-lex.europa.eu/legal-content/EN/TXT/? uri=legissum%3Adv0004,访问日期:2022年1月28日。
[2] 参见郑丽珍:《跨国劳动监管制度的重构》,社会科学文献出版社2014年版;郑丽珍:《劳动标准与贸易和投资协定挂钩的历史演进、当代特点与未来趋势》,载《现代法学》2016年第6期;李西霞:《自由贸易协定中的劳工标准》,社会科学文献出版社2017年版。

欧盟主导的自由贸易与投资协定劳工条款的两个协定：2011 年欧盟与韩国签订的《欧盟—韩国自由贸易协定》以及 CAI。下面（表 2-1）仅针对本书选取的相关自由贸易与投资协定有关劳工条款的呈现形式进行比较，以作为后续分析的基础。

表 2-1　美国和欧盟主导的自由贸易与投资协定劳工条款

协定名称	主要内容
美国	
NAALC （1992 年 8 月 12 日）	序言、正文 7 节（宗旨、义务、劳工合作承诺、合作磋商与评估、争端解决、一般条款、最后条款）及 7 个附件（劳工原则、解释规则、货币执行评估、加拿大国内执法与收集、利益暂停、义务范围、国别定义）。
《美国—约旦自由贸易协定》 （2001 年 12 月 17 日）	主文第 6 条"劳动"，包括 6 款。
CAFTA-DR （2004 年 8 月 5 日）	主文第 16 章"劳动"，包括：正文 8 条（共同承诺声明、劳动法执行、程序保障与公众意识、机构安排、劳动合作与能力建设机制、合作劳动磋商、劳动仲裁小组成员名录、定义）以及 1 个附件（劳动合作与能力建设机制）。
TPP/CPTPP （2016 年 2 月 4 日/2017 年 12 月 30 日）	主文第 19 章"劳动"，包括 15 条：定义、共同承诺声明、劳工权利、不减损、劳动法执法、强迫或者强制劳动、企业社会责任、公众意识与程序保障、公众提交、合作、合作劳动对话、劳工委员会、联络点、公众参与、劳动磋商。

(续表)

协定名称	主要内容
USMCA （2020年7月1日）	主文第23章"劳动"，包括：正文17条（定义、共同承诺声明、劳工权利、不减损、劳动法执法、强迫或者强制劳动、针对工人暴力、移民工人、工作场所中的歧视、公众意识与程序保障、公众提交、合作、合作劳动对话、劳工委员会、联络点、公众参与、劳动磋商）以及1个附件（墨西哥集体谈判的工人代表）。
欧盟	
《欧盟—韩国自由贸易协定》 （2010年10月6日）	主文第13章"贸易与可持续发展"，与劳工权益保护问题相关的15条：内容与目标、范围、监管权和保护水平、多边劳工标准与协议、贸易有利于可持续发展、提升法律法规或者标准适用与执行中的保护水平、科学信息、透明度、可持续性影响审查、合作、机构机制、公民社会对话机制、政府磋商、专家小组、争端解决。
CAI （2020年12月30日）①	主文第4节"投资与可持续发展"，与劳工权益保护问题相关的包括：内容与目标（总体原则、企业社会责任、透明度、可持续性影响审查）、投资与劳动（监管权、保护水平、投资相关劳动问题对话与合作、国际劳工标准、有利于体面劳动的投资）、解决分歧机制（磋商、共同商定解决方案、专家小组、报告与后续磋商、程序透明度、法庭之友意见书）。

可以看出，在前述自由贸易与投资协定中，美国只有NAALC是作为《北美自由贸易协定》的附件，其他自由贸易与投资协定均将劳工条款直接纳入协定作为正文的一部分。而且，从纳入正文的条款

---

① CAI正式文本尚未公布（法律与技术审阅中），该部分主要参考欧盟公布的原则议定内容，载欧盟网 https://trade.ec.europa.eu/doclib/press/index.cfm? id＝2237，访问日期：2022年1月16日。

数量及所涉内容来看,美国签订的自由贸易与投资协定劳工条款内容逐渐增多。欧盟主导的两个自由贸易与投资协定均以"贸易(投资)与可持续发展"为题,将劳工权益保护问题与环境问题并列其中,所涉内容也极为广泛。

如表2-1"美国和欧盟主导的自由贸易与投资协定劳工条款"所示,美国和欧盟主导的自由贸易与投资协定劳工条款包含了诸多内容。其中,从赋予缔约方的权利以及其需承担的义务和责任的角度来看,关于劳工标准、保护水平和争端解决的内容是其最为核心的部分,对于分析自由贸易与投资协定劳工条款及其适用具有重要意义,下面对该等核心内容进行逐一论述。

二、劳工标准的主要内容与特点

(一)美国的"自定义为主"和欧盟的"援引国际文件为主"

美国主导的自由贸易与投资协定劳工条款的劳工标准主要通过列举的方式,详尽地规定在自由贸易与投资协定正文中,并赋予其"国际公认的劳工标准"的性质,对国际组织文件的依赖相对较少。欧盟主导的自由贸易与投资协定劳工条款则高度依赖国际组织文件,将劳工权益保护问题纳入"可持续发展"议题下与环保问题一并处理,自由贸易与投资协定正文偏重重申国际组织文件本身而非列举具体劳工标准。例如:

在 NAALC 中,使用了"基本工人权利"(basic workers' rights)和"劳动原则"(labor principles)的概念,具体包括11项:结社自由和保护组织权;集体谈判权;罢工权;禁止强迫劳动;儿童和青少年劳动保护;最低就业标准(例如,最低工资和加班费,涵盖工薪阶层,包括集体协议未包括的人员);消除基于种族、宗教、年龄、性别或者其他各缔约方国内法确定的其他理由的就业歧视;男女同工同酬;预防职业伤害和疾病；职业伤害和疾病赔偿；保护移民工人。[①] 在确定这些"基本工人权利"或者"劳动原则"时，NAALC 并没有指向特定的国际劳工公约。NAALC 签订时 1998 年《基本原则和权利宣言》还没有诞生，因而 NAALC 也未提及。此外，NAALC 对十一项"劳动原则"的内涵进行了简要阐述，体现了缔约方之间对该等劳工标准的共识。《美国—约旦自由贸易协定》以及 CAFTA-DR 中，除了继续使用"劳动原则"的表述外，"国际公认的劳动权利"代替了 NAALC 中使用的"基本工人权利"，具体包括五项：结社权；组织和集体谈判权；禁止使用任何形式的强迫或者强制劳动；雇用儿童的最低年龄（在 CAFTA-DR 中还增加了"禁止和消除最恶劣形式的童工"）；在最低工资、工作时间方面可接受的工作条件以及职业安全与健康。与 NAALC 一致，《美国—约旦自由贸易协定》以及 CAFTA-DR 在列举前述五项"国际公认的劳动权利"时[②]，并没有直接指向国际劳工公约，仍然强调的是缔约方本国和本地区自身法律的认可与保护，尽管在劳工条款的第一句提及了 1998 年《基本原则和权利宣言》。众所周知，1998 年《基本原则和权利宣言》所提及的核心劳工标准包括结社自由与有效的集体谈判、禁止强迫或者强制劳动、禁止童工以及消除就业与职业歧视四个方面的内容，对应 ILO 八项核心劳工公约。因此，《美国—约旦自由贸易协定》以及 CAFTA-DR 所约定的"国际公认的劳动权利"并未包含消除就业与职业歧视，并且增加了作为优先标准的"在最低工资、工作时间方面可接受的工作条件以及职业安全与健康"。TPP/CPTPP 和 USMCA 继续使用了"国际公认的劳动权利"的概念，但与《美国—约旦自由贸易协定》以及 CAFTA-DR 相比，在内容上稍有调整，即按照 1998 年《基本原则

[①] 参见 NAALC 序言及附件 1，载美国劳工部网 https://www.dol.gov/agencies/ilab/naalc，访问日期：2022 年 1 月 6 日。

[②] 参见《美国—约旦自由贸易协定》第 6.6 条，载美国贸易代表办公室网 https://ustr.gov/trade-agreements/free-trade-agreements/jordan-fta/final-text，访问日期：2022 年 1 月 29 日；CAFTA-DR 第 16.8 条，载美国贸易代表办公室网 https://ustr.gov/trade-agreements/free-trade-agreements/cafta-dr-dominican-republic-central-america-fta/final-text，访问日期：2022 年 1 月 16 日。

和权利宣言》的表述将其确定的四项核心劳工标准全部纳入(增加了"消除就业与职业歧视"这一标准,USMCA 在禁止童工的部分还增加了"儿童和未成年人的其他劳动保护"的内容),同时保留了"在最低工资、工作时间方面可接受的工作条件以及职业安全与健康"。

《欧盟—韩国自由贸易协定》采取了不同的进路。在"可持续发展"概念下,一方面指出其所指涉的劳工权益保护问题限于"与贸易相关"(trade-related)[①],包括与 ILO 商定的"体面劳动"以及 2006 年联合国经济及社会理事会《关于充分就业与体面劳动的部长级宣言》相关的问题。[②] 另一方面,与美国前述实践类似,规定缔约方作为 ILO 成员应该通过其国内法及实践,尊重、推动并实现"关于基本权利的原则",包括全部四项核心劳工标准。值得注意的是,《欧盟—韩国自由贸易协定》明确提及了国际劳工公约,要求缔约方应该遵守其批准加入的国际劳工公约,且应该"作出继续并持续的努力"(make continued and sustained efforts)推动对尚未批准的核心劳工公约,以及 ILO 认定为其他"最新"(up-to-date)的国际劳工公约的批准。CAI 由于没有公开最后的正式文本,目前尚无法知晓其涉及的劳工标准的具体内容。但是,从欧盟单方面公布的议定原则文本来看,其第 1 条规定就详细列举了包括 ILO "体面劳动"、2002 年《约翰内斯堡可持续发展执行计划》、2006 年联合国经济及社会理事会《关于充分就业与体面劳动的部长级宣言》、2008 年《社会正义宣言》、联合国《变革我们的世界:2030 年可持续发展议程》,以及 2019 年 ILO《关于劳动世界的未来百年宣言》。特别值得注意的是,CAI 提出缔约方认识到前述国际文件关于"可持续发展"的内容,致力于为"可持续发展"目标作出贡献,并在双方投资关系中融入并反映"可持续发展"目标。

---

① 《欧盟—韩国自由贸易协定》第 13.2.1 条,载欧盟网 http://publications.europa.eu/resource/cellar/09667d5d-f987-4dc5-82d7-69260c796508.0006.03/DOC_1,访问日期:2022 年 1 月 12 日。

② 《欧盟—韩国自由贸易协定》第 13.1.1 条、第 13.2.1 条,载欧盟网 http://publications.europa.eu/resource/cellar/09667d5d-f987-4dc5-82d7-69260c796508.0006.03/DOC_1,访问日期:2022 年 1 月 12 日。

美国和欧盟在其主导的自由贸易与投资协定劳工标准的确认上采取不同模式,其实与美国和欧盟成员批准的核心劳工公约数量,以及所希望主权国家保留对相关事项管治的灵活性态度等因素密切相关。具体而言:

在美国主导的自由贸易与投资协定劳工条款中,应该说较为充分地体现了美国所推动的核心劳工权利,也包括一些促进国际经济和贸易体系公平竞争等具有积极价值的内容。但是,必须认识到,如果认真审视美国自身的历史发展过程,美国在其当前主导的自由贸易与投资协定劳工条款中,从根本上更大程度地反映了美国对于本国产业和工人利益的关注,以及作为其全球外交政策中人权议题的制度性载体。[①] 最突出的体现即在于美国对于国际劳工公约,特别是针对规定了核心劳工标准的核心劳工公约的批准加入情况。截至目前,美国批准的国际劳工公约非常少,只批准加入了两项核心劳工公约(即第 105 号公约《废除强迫劳动公约》与第 182 号公约《禁止和立即行动消除最有害的童工形式公约》)。但是,仅仅批准加入两项核心劳工公约,并不妨碍美国通过不同途径推行其所主张的劳工标准,即"国际公认的劳动权利"。对于如此安排,可能的解释包括:

一方面,美国不愿意将对劳工标准的判断与执行标准的认定完全交由 ILO,而是希望继续全面掌握本国在劳工权益保护问题上的议题设定权以及适用和执行中的解释权,这是由美国的综合国力、超大市场等实力地位所保障的。例如,美国发起对中国新疆维吾尔自治区存在所谓"强迫劳动"的指控,完全不顾中国是否加入关于强迫或强制劳动的核心劳工公约,且中国和美国之间也没有任何关于强迫或强制劳动的国际法义务,直接通过其国内法关于"国际公认的劳动权利"的规则,对中国新疆对美出口产品适用"强迫劳动"的

[①] See Cathleen D. Cimino-Issacs, Worker Rights Provisions and U.S. Trade Policy, Congressional Research Service, July 16, 2021, https://crsreports.congress.gov/product/pdf/R/R46842.

"过错推定"。①"过错推定"作为法律规则在此适用存在重大合理性问题。具体而言,"过错推定"被广泛应用于民事侵权领域,其制度基本理念与前提在于侵权人对被侵权人负有某种特定的在先义务,或者处于某种优势地位,基于对处于弱势地位的被侵权人的保护,规定只要存在侵害行为以及与侵害结果之间的因果关系,即推定侵权人存在过错,除非其能有效举证反驳。实践中,"过错推定"常见于建筑物及其他地上物致人损害、共同危险行为致人损害、职务行为致人损害以及医疗损害等情形②,但并不适用于美国单边立法对"强迫劳动"的认定。因为不论从中美两国间的主权平等关系,还是美国政府与中国新疆企业之间的行政监管与被监管关系来看,都与前述"过错推定"的不平等状态迥异。同时,美国在适用其该等国内法的时候,亦没有严格按照"过错推定"的规则执行。例如,没有证明任何侵权或者损害后果的出现,更无法证明所谓"强迫劳动"的侵权行为与损害后果之间的因果关系。因此,美国的主张是基于单方拟制的事实提出的,缺乏客观事实依据与合法性、合理性基础。事实上,美国关税与边境管理机构在执行该等"过错推定"的法律时,也没有建立明确的审查标准,因为极大的自由裁量权而存在难以预判的不确定性,进而更像政治工具,而非法律规则。

另一方面,美国批准加入相关国际劳工公约也的确存在制度性和体制性的障碍。美国作为联邦制国家,联邦和各州分享立法权和行政权,其中关于第 87 号《结社自由及保护组织权利公约》、第 98 号《组织权利及集体谈判权利公约》、第 138 号《准予就业最低年龄公约》以及第 100 号《对男女工人同等价值的工作付予同等报酬公约》等相关内容,都涉及联邦法与州法的管辖冲突与边界的问题。具体而言,前述核心劳工公约的诸多内容难以通过联邦立法或者加入国际劳工公约的形式,强迫美国各成员州变革不符合国际劳工公

---

① 参见 Forced Labor in China's Xinjiang Region,载美国国务院网 https://www.state.gov/forced-labor-in-chinas-xinjiang-region/,访问日期:2022 年 3 月 6 日。

② 参见张新宝:《侵权责任法》(第五版),中国人民大学出版社 2020 年版,第 13—22 页。

约要求的法律与实践。反之,如果美国联邦政府批准加入相关国际劳工公约,即作为 ILO 成员,批准加入的行为就会导致美国需要承担相关国际劳工公约的国际条约义务。尽管根据《ILO 章程》第 19 条关于联邦国家义务的特殊规定,美国可以通过说明和解释等方式,向 ILO 阐明其批准加入的国际劳工公约受限于联邦政体的特性,因而无法在各州或特定的成员州执行。但是,此种情况下,相比于不批准加入相关国际劳工公约,美国所需要承担的法律压力明显要大得多。对此,根据 1980 年总统行政命令建立并由劳工部长担任主席的总统 ILO 委员会就曾作出声明,指出美国没有意图经由联邦行动审批加入国际劳工公约来改变州法及其实践。该委员会下设的国际劳工标准三方咨询小组声称,核心劳工公约中的相关内容直接与美国法律实践相冲突,如果批准加入将需要对美国州法和联邦法进行重大和广泛的修改(significant and widespread changes)。其中,如果美国批准加入第 87 号和第 98 号公约(即关于结社自由与有效的集体谈判的公约),将导致美国法律的根本性变革(drastic changes)。[1] 可以看出,为了避免因加入国际劳工公约可能引发的国内政治冲突和法律困境,最大限度维护美国的法律体系,美国大力宣扬核心劳工标准,力主将核心劳工标准纳入自由贸易与投资协定,通过劳工权益保护问题的"国际经贸化",变相实现对其他缔约方国内劳动用工监管治理的干涉与渗透,从而推动美国的价值、标准与管治规则的传播和适用。[2] 但是,在具体方式上,美国并不主张通过批准加入国际劳工公约的方式,而是根据本国需要,基于本国法律的执行力和实力地位的保障,构建起意识形态上或者形式上与核心劳工标准一致的标准,强调其共同性,同时弱化执行层面的差异,从根本上显示出美国设置新的谈判空间,限制其他国家和地区在劳动用工领域的比较优势,最终服务于美国本国竞争与经济发展

---

[1] See U.S. Council for International Business, *U.S. Ratification of ILO Core Labor Standards*, 2007, https://www.uscib.org/docs/US_Ratification_of_ILO_Core_Conventions.pdf.

[2] 参见刘中伟、沈家文:《跨太平洋伙伴关系协议对东亚生产网络的影响与中国应对》,载《太平洋学报》2013 年第 1 期。

的目的。① 客观上来看，在自由贸易与投资协定中，美国拥有将其在协定中的权利与本国国家法律和判例联系起来的自主权和议价能力，从而有效地将这些权利与其在此过程中的国际组织体系下的既有规则与工具脱钩②，最大限度保留自身的转圜空间。与美国不同，欧盟成员批准加入了所有八项核心劳工公约，已经需要承担相应的公约义务。因此，如果试图借助自由贸易与投资协定劳工条款，进一步推行其主要基于本国法律和实践的相关劳工标准，美国就自然会避免直接引用对其尚且不具有法律约束力的核心劳工公约；与之相反，在自由贸易与投资协定中援引核心劳工公约对于欧盟成员而言，并不会增加更多其基于已经批准加入的核心劳工公约的强制性法律义务。

此外，从国际劳动法的发展历史来看，欧洲国家是非常重要的推手。欧盟的实践在一定程度上显示出相关欧盟成员对于更大限度地将传统国家主权事项让渡给更高程度、更大范围的全球治理机制或跨国跨区域治理的接受与推崇。相比之下，从美国对于国际秩序和全球治理的历史与经验来看，其倾向于作为全球唯一的超级大国保持一定的灵活性和自主性，并不愿意更大限度地受制于国际组织及其所作出的相关国际文件或具体决定。例如，为了给扩大国际贸易与投资以及推行外交政策利益留下自由裁量空间，里根政府在签署普惠制劳工权益保护条件时，并没有采纳最初草案中要求对违反相关权利的国家进行强制性暂停措施的表述，而是纳入了一个可以供政治性把握的过渡性安排，即允许相关国家"逐步实现相关权利"（to be "taking steps" to achieve these rights）。③ 后文中也会看到，在自由贸易与投资协定中，对国际组织文件的援引与重申，某种程度上会将并无法律约束力的宣誓性事项，转变为具有强制约束力的国际法义务，这并不

---

① 参见鄂晓梅：《以劳工标准为基础的单边贸易措施与 WTO 规则——贸易壁垒的新趋向及发展中国家的对策》，载《环球法律评论》2010 年第 2 期。
② See Desiree LeClercq, The Disparate Treatment of Rights in U.S. Trade, *Fordham Law Review* 90 (1), 2021.
③ See Bob Hepple, *Labor Laws and Global Trade*, Hart Publishing, 2005.

一定是美国所乐见的。

(二) 推崇1998年《基本原则和权利宣言》

1998年《基本原则和权利宣言》是美国和欧盟主导的自由贸易与投资协定劳工条款所共同推崇的基础性文件。1998年《基本原则和权利宣言》诞生后,美国和欧盟签订的自由贸易与投资协定中,基本都强调缔约方作为ILO成员的义务,以及对1998年《基本原则和权利宣言》的承诺。同时,2008年《社会正义宣言》正在成为新的被广泛认可的国际组织文件,越来越多地出现在美国和欧盟主导的自由贸易与投资协定劳工条款中。例如,USMCA强调缔约方作为ILO成员的义务以及对1998年《基本原则和权利宣言》的承诺,并将2008年《社会正义宣言》纳入与1998年《基本原则和权利宣言》并列。《欧盟—韩国自由贸易协定》和CAI也都有类似约定。因此,未来在对自由贸易与投资协定劳工条款进行分析时,除了1998年《基本原则和权利宣言》,2008年《社会正义宣言》或许将成为第二重要的国际组织文件。

1998年《基本原则和权利宣言》第5条规定该宣言"不得用于贸易保护",可以视为用于平衡要求ILO成员尊重、推动并实现核心劳工标准的特别保证。同时,该条还认可了任何国家和地区的比较优势不应受到质疑。对此,虽然NAALC、《美国—约旦自由贸易协定》都没有提及劳工标准"不得用于贸易保护"的目的(NAALC的签订时间早于1998年《基本原则和权利宣言》),但CAFTA-DR以脚注形式明确了1998年《基本原则和权利宣言》"不得用于贸易保护"目的。TPP/CPTPP同样对此进行了规定。[1] 对于欧盟主导的自由贸易与投资协定劳工条款而言,《欧盟—韩国自由贸易协定》和CAI均明确规定了"劳工标准不得用于贸易保护目的"。同时,《欧盟—韩国自由贸易协定》还规定了"缔约方注意到其比较优势均不应该受到质疑",而

---

[1] TPP/CPTPP第19.2.2条,载澳大利亚外交与贸易部网 https://www.dfat.gov.au/trade/agreements/in-force/cptpp/comprehensive-and-progressive-agreement-for-trans-pacific-partnership,访问日期:2022年1月7日。

CAI 规定了"违反工作中的基本原则与权利,不能被援引或者以其他方式用作合法的比较优势"①,且其提及的"工作中的基本原则与权利"同样引向了核心劳工公约②。如果 CAI 正式文本同样遵循《欧盟—韩国自由贸易协定》的表述,可以预期的是,其将明确纳入 1998 年《基本原则和权利宣言》所规定的四项核心劳工标准。

需要注意的是,越来越多的区域和双边自由贸易与投资协定包含了劳工条款,从侧面看似乎表明更多的国家和地区对劳工权益保护问题和自由贸易与投资协定挂钩的做法呈现出更为开放的态度。但是,这一现实中的客观变化,一定程度上并非基于各个国家和地区的国家主权和对本国最佳利益考量的最初意图,而是源于追求现实利益与不同国家和地区之间谈判实力的悬殊。③ 特别是美国和欧盟主导的自由贸易与投资协定,其劳工条款基本是美国和欧盟根据本国劳动用工政策与国内法决定(如美国 2002 年贸易法确定的贸易谈判目标、2007 年两党《贸易谈判协议》以及欧盟 2006 年的全球贸易战略)而单方拟定的"格式条款",某种程度上"成了发达国家和地区采取的附条件'单边贸易限制措施'"④。

三、保护水平的主要内容与特点

关于保护水平,从约文表述的角度,美国主导的自由贸易与投资协定劳工条款主要有三种立法方式:(1)正面规定,要求缔约方通过有效执行本国劳动法,维持较高水平的劳工标准;(2)反面规定,即缔约方不得为了追求贸易目标最大化,而怠于有效执行本国劳动法,甚至降低本国劳动保护水平;(3)正反面相结合的方式。相对而言,欧盟主导的自由贸易与投资协定劳工条款强调不得将劳工

---

① 《欧盟—韩国自由贸易协定》第 13.2.2 条;CAI 第 4 节第 3 小节第 2.6 条。
② CAI 第 4 节第 3 小节第 4.1 条。
③ 参见李西霞:《自由贸易协定中劳工标准的发展态势》,载《环球法律评论》2015 年第 1 期。
④ 刘敬东:《人权与 WTO 法律制度》,社会科学文献出版社 2018 年版,第 197 页。

标准用于贸易保护的目的。[①] 笔者总结本书选取的自由贸易与投资协定分析样本，试图找出美国和欧盟主导的自由贸易与投资协定劳工条款保护水平的特征、共性及不足，而非限于对具体某个自由贸易与投资协定保护水平的约文分析。笔者认为，从实质义务的角度出发，可以将美国和欧盟主导的自由贸易与投资协定劳工条款保护水平归纳为"双支柱"结构，即：

第一，在美国主导的自由贸易与投资协定劳工条款中，通常会约定各缔约方尊重自身及其他缔约方的宪法，各缔约方有权制定本国和本地区内部的劳工标准；相应的，各缔约方可以适用或者修改其劳动法律法规，并自行确定优先事项以分配执法资源。缔约方是相关劳动法的制定与执行主体。因此，任何情况下，自由贸易与投资协定劳工条款的任何内容，都不能作为任何缔约方要求在其他缔约方的领土内开展劳动执法活动的依据，包括要求重新审议或者启动已经结案的其他缔约方的司法裁决或者程序。[②]《欧盟—韩国自由贸易协定》强调，缔约方的相关贸易与投资安排应该促进"可持续发展"这一目标，但并不意图协调缔约方的劳工标准，只要能够促进"可持续发展"即可。[③] 同时，《欧盟—韩国自由贸易协定》和 CAI 都明确缔约方可以设立各自的劳工权益保护水平。[④] 前述内容，可以归纳为保护水平的"支柱一：尊重缔约方本国管治权"。

第二，应该确保劳动法律法规规定较高的劳工标准。其中，《美国—约旦自由贸易协定》和 CAFTA-DR 表述为"努力确保其法律规定符合'国际公认的劳动权利'"；TPP/CPTPP 使用了"采纳并维持1998年《基本原则和权利宣言》规定的权利"的表述；《欧盟—韩国

[①] 参见郑丽珍:《跨国劳动监管制度的重构》,社会科学文献出版社2014年版,第131—132、137页。

[②] NAALC第2条、第5.7条、第5.8条,第42条;《美国—约旦自由贸易协定》第6.3条、第6.4条(b)项;CAFTA-DR 第16.1.2条、第16.2.1条(b)项、第16.2.3条、第16.3.8条;TPP/CPTPP第19.5.2—19.5.3条,但限定缔约方关于执法资源分配的自由裁量权不得与协定义务不一致。

[③]《欧盟—韩国自由贸易协定》第13.1.3条。

[④]《欧盟—韩国自由贸易协定》第13.3条。

自由贸易协定》则要求缔约方必须确保其法律与政策提供并鼓励与"国际公认的标准或者协议"一致的高标准劳工权益保护[1];CAI 表述为"缔约方在劳动领域的多边承诺"[2]。除此之外,缔约方应该通过适当的政府行动促进遵守并有效执行其劳动法,并根据相关方的反馈调查涉嫌违反劳动法的行为,还应该提供并保证相关利益当事人可以通过公平、公正和透明的行政、准司法、司法手段或者向劳动法庭寻求补救措施,以确保其劳动权利的实现。保障措施包括命令、合规协议、罚款、处罚、监禁、禁令或者紧急关闭工作场所等。[3] 这些要求,可以总结为"支柱二:确保高标准执行—A. 积极作为"。

在此基础上,《美国—约旦自由贸易协定》以及 CAFTA-DR 还明确提出,为了实现促进国际贸易和投资的目的,降低对本国劳动法律法规待遇或者标准执行的行为是不恰当的。任何情况下,缔约方应该采取措施努力保证不会放弃(waive)或减损(derogate)劳动法的执行,或者提议放弃或减损劳动法的执行,削弱(weaken)或降低(reduce)劳动法保护等,以鼓励国际贸易和投资。进一步而言,体现为"未能有效执行其劳动法,通过持续的或者反复的作为或者不作为的过程[4],以某种方式影响双方间的贸易"[5]。唯一例外是基于"支柱一:尊重缔约方本国管治权",即缔约方确定优先事项分配执法资源的自由裁量权,以及源于分配资源的善意决定(bona fide decision)。[6] 前述内容构成了关于违反保护水平最重要的判断标准,即"支柱二:确保高标准执行—B. 消极不作为",又可以称为"不

---

[1] 《欧盟—韩国自由贸易协定》第 13.3 条。
[2] CAI 第 4 节第 3 小节第 1 条。
[3] NAALC 第 3 条、第 4 条、第 5.1—5.6 条;CAFTA-DR 第 16.1.1 条、第 16.1.2 条、第 16.3.1—16.3.6 条;CAI 第 4 节第 3 小节第 1 条。
[4] NAALC 第 49 条定义为"持续模式",即持续或者反复出现的实践模式。
[5] 《美国—约旦自由贸易协定》第 6.2 条、第 6.3 条、第 6.4 条(a)项;CAFTA-DR 第 16.2.1 条(a)项、第 16.2.2 条。
[6] 《美国—约旦自由贸易协定》第 6.4 条(b)项;CAFTA-DR 第 16.2.1 条(b)项;CAI 第 4 节第 3 小节第 2.5 条。

减损规则"。《欧盟—韩国自由贸易协定》包含了完全一样的内容[1];CAI 与《欧盟—韩国自由贸易协定》基本类似,只是将"以某种方式影响双方间的贸易"基于协定偏重于国际投资的性质调整为了"作为投资鼓励"(as an encouragement for investment)。[2]

"双支柱"结构体现了美国和欧盟对自由贸易与投资协定缔约方有效执行劳工条款"双管齐下"的意图。一方面,在形式上尊重缔约方的国家主权,即在"支柱一:尊重缔约方本国管治权"的框架下,承认缔约方可以自行确定本国的劳动法律和劳工标准。但是,"支柱一:尊重缔约方本国管治权"的行使仍然应"确保符合'国际公认的劳动权利'"。实践中,对于劳动法律尚不健全以及劳工标准相对较低的国家和地区而言,基于美国和欧盟主导的自由贸易与投资协定劳工条款的条约义务,往往需要对其本国和本地区的劳动法律与劳工标准进行调整。从这个层面来看,"支柱一:尊重缔约方本国管治权"的内容,在某种程度上具有一定的单方性,即只针对特定的国家和地区提出较高要求并需要作出改变,而非美国和欧盟主导的自由贸易与投资协定劳工条款的所有缔约方。CAI 关于"缔约方的多边承诺"相对较为原则,其基于"支柱一:尊重缔约方本国管治权"在执行中的空间相信会更为灵活。另一方面,对缔约方具体执行劳动法的内容及方式设定了标准,将其转化为条约义务,即更加重要的是"支柱二:确保高标准执行"。美国和欧盟主导的自由贸易与投资协定劳工条款,一方面从正面积极作为的角度,对如何落实缔约方的劳动法律与劳工标准提出要求(即"支柱二:确保高标准执行—A.积极作为");另一方面,从消极不作为的角度对违反协定"确保高标准执行"的情形予以明确禁止(即"支柱二:确保高标准执行—B.不减损原则")。

通过这种方式,可以相对严格地管控并影响缔约方相关国内劳动立法、执法以及劳工标准的执行,尽管形式上仍然维持了尊重主

---

[1] 《欧盟—韩国自由贸易协定》第 13.7 条。
[2] CAI 第 4 节第 3 小节第 2.2—2.5 条。

权独立。可以看出,虽然自由贸易与投资协定仍然是平等主体之间的协议,但美国和欧盟主导的自由贸易与投资协定劳工条款关于保护水平的安排,仍旧充分体现了具有主导地位的缔约方强大的条款设定与议价能力。

四、争端解决的主要内容与特点

美国和欧盟主导的自由贸易与投资协定劳工条款的适用是以强制性争端解决机制保障的。由于大多数自由贸易与投资协定劳工条款的约文对于劳工标准和保护水平的规定仍相对原则,实践中如何适用存在大量可解释空间。实践中,缔约方通常会通过劳工权益保护合作与磋商等机制进行协调,但争端解决的具体实践无疑会构成最具有权威性和约束力的参考。因此,自由贸易与投资协定争端解决机制的内容、特点与实践,对于理解并适用自由贸易与投资协定劳工条款具有重要的意义。

自由贸易与投资协定争端解决机制的典型特征为成立三人专家小组对争议事项进行仲裁,仲裁结果具有约束力且不可上诉。将劳工权益保护问题纳入自由贸易与投资协定强制争端解决机制的做法因此广受争议。总体而言,在美国和欧盟主导的自由贸易与投资协定劳工条款出现争议时,缔约方的政府间磋商是重要的前置程序。启动强制性争端解决机制之前,需要经过缔约方相互之间不同级别的多次磋商;磋商未能解决的,再按照自由贸易与投资协定争端解决条款的约定组建专家小组进行仲裁审查。专家小组具备准司法的职能。[1]

以美国主导的自由贸易与投资协定为例:NAALC 限定了劳工条款进入强制性争端解决机制的情形,规定只有职业安全与卫生、禁止童工以及最低工资标准等三个技术性劳工标准适用专家组审查程序;而《美国—约旦自由贸易协定》、CAFTA-DR、TPP/CPTPP 以及

---

[1] 参见李西霞:《自由贸易协定中劳工标准的发展态势》,载《环球法律评论》2015年第1期。

USMCA 均没有该等限制。关于管辖机构,除 NAALC 外,美国主导的、包含劳工条款在内的自由贸易与投资协定同时设置了争端解决的选择机制,即作为缔约方的相关国家和地区,可以选择适用自由贸易与投资协定本身规定的专家组仲裁审议,或者提交 WTO 争端解决程序进行处理。值得注意的是,如前所述,1996 年《新加坡部长级会议宣言》已经明确劳工权益保护问题由 ILO 处理,并未纳入 WTO 框架,而且现有 WTO 争端解决机制从能力和经验上都难以胜任。但是,由于美国签订的自由贸易与投资协定允许将缔约方之间的劳工条款争议通过 WTO 解决,因此单纯从理论和可能性的角度,WTO 争端解决机制也可以处理与国际贸易与投资有关的劳工条款争议问题。[①]

截至 2022 年 12 月,美国正式接受的自由贸易与投资协定劳工条款争议投诉涉及七个国家,包括巴林、哥伦比亚、多米尼加、危地马拉、洪都拉斯、墨西哥、秘鲁。

第二节 自贸协定劳工条款适用的争议与问题

"条约必须信守"堪称国际条约法最重要的原则,要求缔约的国家或地区应该在条约有效期内,根据条约约定善意履行其国际法义务。关于"善意履行",李浩培指出,需要结合国际条约约文的通常含义、条约的目的和宗旨等全面履行[②],一定程度上也体现了 VCLT 关于条约解释通则所确定的基本标准。迄今为止,美国—危地马拉案和欧盟—韩国案分别是美国和欧盟主导的自由贸易和投资协定中完整经历公众投诉、缔约方政府磋商与强制性争端解决程序的劳工条款争议案件。通过这两个案件,可以"窥豹一斑",进一步深入

[①] 参见郑丽珍:《劳动标准纳入区域自由贸易协定的机制分析》,载《国际经济法学刊》2013 年第 1 期。

[②] 李浩培:《条约法概论》,法律出版社 2003 年版,第 272 页。

了解美国和欧盟主导的自由贸易与投资协定劳工条款的履行、适用、争议及其问题。

一、劳工条款争议典型案件概况

(一) 美国—危地马拉案①

危地马拉与美国同为 CAFTA-DR 的缔约方。CAFTA-DR 正文规定了结社自由与有效的集体谈判等"国际公认的劳动权利",要求缔约方执行"尊重本国法律并确保高标准执行"的保护水平(即保护水平的"双支柱")并承担义务。

2008 年 4 月 23 日,美国劳工部收到美国工会组织劳联—产联(AFL-CIO)以及六个危地马拉劳工组织②根据 CAFTA-DR 劳工专章以及争端解决专章提交的联名公众意见书。③ 在该联名公众意见书中,危地马拉被指控违反了 CAFTA-DR 关于有效实施本国劳动法律的承诺与义务,未履行其"尊重、促进并实现"1998 年《基本原则和权利宣言》所确定的核心劳工标准,主要包括结社自由、组织权、集体谈判权、可接受的工作条件等问题。

联名公众意见书提及了五个个案作为指控的事实依据,包括:用人单位没有按照危地马拉的劳动法律法规善意谈判、试图建立公司控制的工会、拒绝与危地马拉法律认可的工会谈判、非法解除工会成员、针对工会成员的死亡威胁与谋杀、没有遵守集体协议条款、

---

① See Public Submission to the Office of Trade & Labor Affairs (OTLA) under Chapters 16 (Labor) and 20 (Dispute Settlement) of the Dominican Republic - Central America Free Trade Agreement (DR-CAFTA), https://www.dol.gov/sites/dolgov/files/ILAB/legacy/files/20130926DR.pdf; In the Matter of Guatemala - Issues Relating to the Obligations under Article 16.2.1(a) of the CAFTA-DR Final Report of the Panel, http://www.sice.oas.org/tpd/usa_cafta/Dispute_Settlement/final_panel_report_guatemala_Art_16_2_1_a_e.pdf.
② 即 STEPQ、SITRABI、SITRAINPROCSA、COALITION OF AVANDIA WORKERS、SITRAFRIBO、FESTRAS。
③ 该意见书包括六个部分:第一部分为介绍,第二部分为关于危地马拉政府违反 CAFTA-DR 约定的声明,第三部分为关于管辖地的声明,第四部分为案件详情(每个案件分为事实、违反的本地劳动法、未强制执行本地法三个部分),第五部分为结论,第六部分为其他磋商与建议。此外,附件 A 列举了 CAFTA-DR 实施后的其他违约案件。

没有缴纳社会保障基金等违法行为。针对前述用人单位违反危地马拉劳动法律法规的情形,危地马拉政府没有有效执行本国劳动法律予以应对,体现了其"反复作为或者不作为"的违约过程。在这五个个案中,一个涉及处理以美国为出口目的地的主要港口工作的工人,另外四个用人单位的产品则会出口到美国。因此,联名公众意见书提出,危地马拉政府的违约行为影响了美国与危地马拉之间的贸易关系。

在此基础上,劳联—产联(AFL-CIO)以及六个危地马拉劳工组织请求美国政府与危地马拉政府进行磋商①;磋商不成的,应该启动强制争端解决程序。2010年7月30日,美国向危地马拉正式提出磋商申请;2010年9月和12月,磋商会议在危地马拉城举行,但均未解决争议。2011年5月16日,美国要求召开CAFTA-DR协定委员会会议;会议于2011年6月7日在危地马拉城举行,但该次会议及其后续讨论仍未解决争议。

2011年8月9日,美国贸易代表致函危地马拉经济部长,要求成立专家小组审议危地马拉是否履行CAFTA-DR规定的劳工条款义务。美国认为,危地马拉没有有效实施其关于结社权、集体谈判以及可接受的工作条件的劳动法律,包括:危地马拉劳工部没有调查相关劳动违法行为;在认定存在劳动违法行为后没有采取执法措施;法院处理劳动违法行为时,没有执行劳动法典的命令。专家小组于2012年11月30日正式成立。② 专家小组仲裁的程序和时限由CAFTA-DR委员会拟定;涉及变更的,主要依靠当事方协商;协商不成的,由专家小组确定。例如,美国和危地马拉多次协商变更仲裁时间安排,包括提交书面请求及答辩意见等。整个仲裁过程,专家

---

① 包括危地马拉政府未制定与ILO建议一致的法律、劳工部无法通过行政制裁强制执行劳动法典、针对工会会员(工会主义者)的暴力、非正义解雇、工会注册与公司工会、公司重新注册以及用人单位必须支付社会保障。

② 主席为加拿大公民、法学教授凯文·班克斯(Kevin Banks);美国选择了本国公民、律师希德罗·波斯纳(Theodore R. Posner);危地马拉先后选择了本国公民、律师马里奥·富恩特斯·德斯达拉克(Mario Fuentes Destarac)和墨西哥公民、法学教授里卡多·雷米瑞兹·赫南德兹(Ricardo Ramírez Hernández)。

小组的工作主要以书面形式进行。唯一开庭是在2015年6月2日，仲裁庭庭审在危地马拉城举行。① 庭后，美国和危地马拉进一步回复了相关问题并提交了补充意见。2016年9月27日，专家小组向美国和危地马拉递交了初步报告。此后，美国和危地马拉分别对初步报告发表了意见。2017年6月14日，专家小组出具最终报告。

(二) 欧盟—韩国案②

2018年12月17日，欧盟根据《欧盟—韩国自由贸易协定》"贸易与可持续发展"一章中的劳工条款，提出就若干措施与韩国进行磋商，主要涉及韩国本国法律——《工会和劳动关系调整法》的规定及执行问题。具体包括：韩国法院在对《工会和劳动关系调整法》的"劳动者"进行解释时，排除重型货物运输司机、被解雇人员以及失业人员等部分自雇者适用结社自由的劳工标准；当一个组织允许不符合"工人"定义的人员加入时，不能被认定为工会；工会工作人员只能从工会成员中选举产生；政府对于成立工会实施自由裁量的认证程序。③

2019年1月21日，欧盟和韩国双方在韩国首都首尔进行当面磋商，没有达成一致结论。2019年7月4日，欧盟根据《欧盟—韩国自由贸易协定》提出成立专家小组审议未决事项。2019年12月30日，专家小组成立。④

---

① 参加的美国代表由美国贸易代表办公室总法律顾问担任团长，劳工事务助理副贸易代表、监督与执行助理副贸易代表以及劳工部律师、国际劳工事务局国际关系官员、美国驻危地马拉大使馆政治官员等；危地马拉则派出了危地马拉常驻WTO代表团副代表、经济部国际贸易管理司法律顾问、外交部副部长、劳工部国际事务司总监和劳动总监察、总检察官等政府代表以及若干执业律师。

② See Panel of Experts Proceeding Constituted under Article 13.15 of the EU-Korea FTA Report of the Panel of Experts, https://circabc.europa.eu/ui/group/09242a36-a438-40fd-a7af-fe32e36cbd0e/library/d4276b0f-4ba5-4aac-b86a-d8f65157c38e/details.

③ See Report of the Panel of Experts, https://circabc.europa.eu/ui/group/09242a36-a438-40fd-a7af-fe32e36cbd0e/library/d4276b0f-4ba5-4aac-b86a-d8f65157c38e/details.

④ 由欧盟选任的日内瓦大学法学教授劳伦斯·布瑞松·德·谢佐纳 (Laurence Boisson de Chazournes)、韩国选任的首尔国立大学法学教授杰明·李 (Jaemin Lee) 以及前述两位专家同意任命并担任专家小组主席的Barun Law LLC的律师托马斯·皮南斯基 (Thomas Pinansky) 共三人正式组成。2020年4月29日，由于托马斯·皮南斯基 (Thomas Pinansky) 去世，另两位专家提名并经当事方确认，墨尔本大学雇佣和劳动关系法中心资深研究员吉尔·默里 (Jill Murray) 被任命为新的专家小组主席。

2020年1月10日,法庭之友(amicus curiae)意见书提交给专家小组以及欧盟和韩国。2020年1月20日,欧盟提交了首份意见书(initial submission)。2020年2月14日,韩国提交了对欧盟首份意见书的回复。2020年10月2日,欧盟和韩国分别提交了各自的开场声明(Opening Statements)。2020年10月4日,专家小组向欧盟和韩国书面提交了专家小组的问题。2020年10月8日和9日,听证会以视频方式进行,欧盟和韩国及其顾问、专家小组及其秘书与会,欧盟提交了对专家小组书面提出的问题的回复,韩国提交了发言人要点。欧盟和韩国还提供了听证会的出席人员名单。[①] 2020年10月16日和20日,欧盟和韩国提交了对专家小组口头提出的问题的回复。2020年11月6日,欧盟和韩国提交了听证会汇总报告。2020年11月18日,韩国提交了一份提议立法修改《工会和劳动关系调整法》的大纲。对此,专家小组征询了欧盟的意见。同日,欧盟要求专家小组忽略韩国提交的该份文件。专家小组与欧盟和韩国沟通后,决定将韩国立法修改《工会和劳动关系调整法》的大纲作为证据。对此,欧盟决定不对该文件发表意见。2021年1月20日,专家小组发布最终报告。

笔者将在本节的后续部分,进一步介绍并分析美国—危地马拉案和欧盟—韩国案的相关法律问题。

二、劳工标准相关适用的争议与问题

与WTO依靠强制性监管权力及配套机制作为后盾不同,ILO对于主权国家批准加入并履行国际劳工公约及其建议书并没有任何强制性举措。同时,批准国际劳工公约主要依赖各国的决定,因

---

① 欧盟出席听证会的人员共有11人,其中8人来自布鲁塞尔(涉及欧盟法律服务代表、欧盟委员会贸易总局部门负责人、法律专员、政策专员以及欧盟委员会就业、社会事务和包容总局政策专员)、3人来自首尔(均来自欧盟驻韩国代表团);韩国出席听证会的人员共有13人,全部来自首尔(涉及雇佣与劳动部,外交部,贸易、工业与能够源部以及律所)。

此，ILO主动作为的空间相对有限。进入20世纪90年代，为了回应经济全球化带来的部分劳工群体利益受损、贫富差距扩大、国际劳工公约批准加入数量较少以及批准加入进程缓慢等问题，ILO开始谋求新的策略，以推动国际劳工标准的实施及其影响力。时任ILO总干事的米歇尔·汉森（Michel Hansenne）在1994年ILO 75周年国际劳工大会上作了题为"捍卫价值，推动变革"的报告。在该报告中，米歇尔·汉森提出，ILO成员在处理国际贸易与投资和劳工标准的关系时，有两种模式可以考虑：一种方式是以宣言和行动纲领作为框架，建立对ILO成员批准加入相关国际劳动公约的进展情况进行自我评估和联合评估的机制，重点是尊重并落实核心劳工标准；另一种方式则是通过一项涉及国际贸易与投资和劳工标准关系的国际劳工公约，强调ILO成员确认遵守其法律承诺，不诉诸任何单方贸易限制，即涉及劳工标准的任何国际贸易与投资协定不得用于贸易保护目的。此后，1995年联合国哥本哈根社会发展问题世界首脑会议宣言奠定了1998年《基本原则和权利宣言》的基础，确定了有关权利的定义，确认不论是否批准相关核心劳工公约，作为ILO成员都对这些类别的权利负有义务。[1] 1998年6月18日，国际劳工大会在日内瓦最终通过了1998年《基本原则和权利宣言》。对此，汉森表示，1998年《基本原则和权利宣言》的目的是确认国际社会广泛承认的工作中的基本原则和权利，以奠定并推动各国和各地区践行在相关领域（包括国际贸易与投资）的共同游戏规则。[2]

如前所述，除了美国主导的自由贸易与投资协定劳工条款会以列举的形式单独明确需要缔约方遵守的劳工标准外，欧盟主导的自

---

[1] See International Labor Conference 85th Session, Report of the Director-General: The ILO, Standard Setting and Globalization, 1997, https://www.ilo.org/public/english/standards/relm/ilc/ilc85/dg-rep.htm，访问日期：2022年1月2日；Kari Tapiola, The teeth of the ILO-The impact of the 1998 ILO Declaration on Fundamentals Principles and Rights at Work, International Labour Office, 2018, https://www.ilo.org/wcmsp5/groups/public/---ed_norm/---ipec/documents/publication/wcms_632348.pdf, p. 25.

[2] See International Labor Conference 85th Session, Report of the Director-General: The ILO, Standard Setting and Globalization, 1997, https://www.ilo.org/public/english/standards/relm/ilc/ilc85/dg-rep.htm，访问日期：2022年1月2日。

由贸易与投资协定劳工条款通常不会列举劳工标准的具体内容。但是,在美国和欧盟主导的自由贸易与投资协定劳工条款中,均广泛引用1998年《基本原则和权利宣言》,其确定的四项核心劳工标准分别对应了八项核心劳工公约。因此,1998年《基本原则和权利宣言》的法律性质,特别是其所确定的核心劳工标准及其对应的核心劳工公约,对自由贸易与投资协定缔约方的效力成为核心问题。遗憾的是,至今该问题没有明确答案。进一步而言,美国和欧盟主导的自由贸易与投资协定劳工标准相关适用的争议主要围绕以下三个问题展开:

第一,1998年《基本原则和权利宣言》的法律性质是什么?是否具有强制约束力?

第二,1998年《基本原则和权利宣言》与八项核心劳工公约是什么关系?

第三,在自由贸易与投资协定劳工条款中载明1998年《基本原则和权利宣言》确定的核心劳工标准或仅仅提及1998年《基本原则和权利宣言》,是否构成缔约方对于相关劳工标准和/或对应的核心劳工公约的国际条约义务?

(一)1998年《基本原则和权利宣言》的法律性质

《国际法院规约》第38条被广泛认为对国际法的渊源作了较为全面的列举,即包括国际条约、国际习惯、一般法律原则以及"作为确定法律规则之辅助资料"的司法判例和"各国最权威的公法学家之学说"。但是,《国际法院规约》的前述规定并没有包含国际组织的宣言。因此,某一特定国际组织宣言的法律性质需要进一步判断。具体而言,一方面,需要考察国际组织章程对该宣言性质的规定,如果是国际组织在其职权范围内对章程进行解释,对其成员应有约束力;另一方面,应该分析该宣言是否包含相关国际法原则与规则。根据国际法学家王铁崖对于联合国大会宣言的意见,根据投票赞成的国家和地区的数量,一项国际组织宣言所体现出来的相关规则、原则或制度,有可能对形成国际法具有意义。在全体或者绝大多数相关国际组织成员都表示赞同的情况下，前述判断更具有实际作用。相对明确的是，对于投票赞成一项具体国际组织宣言的国家和地区，该宣言对其应具有约束力。① VCLT 的条约解释规则被认为已构成习惯国际法。② 对此，下面参照 VCLT 第 31 条和第 32 条确定的"用语""上下文""目的及宗旨""嗣后实践"等解释原则对 1998 年《基本原则和权利宣言》的法律性质及其约束力进行分析。

1. 1998 年《基本原则和权利宣言》本身属于宣誓性国际组织文件

首先，从形式上来看，1998 年《基本原则和权利宣言》不属于国际条约，而是国际组织文件。1998 年《基本原则和权利宣言》是由国际劳工大会决议通过，而非由具体的主权国家批准加入。《ILO 章程》第 19 条规定了成员方负有对国际劳工公约尽快批准以及相应的报告义务。只有经过 ILO 成员方批准加入的国际劳工公约，才对该等特定的成员具有国际法上的法律约束力。该等安排，也是根据《ILO 章程》为其成员设定的使相关劳工标准成为具有法律约束力的国际义务的唯一方式。同时，国际劳工大会是 ILO 的最高权力机关，其核心职权在于根据《ILO 章程》制定或者修改国际劳工公约和建议书，并审查其执行情况；同时，承担修改《ILO 章程》、吸纳新成员、拟定 ILO 职权范围内的项目计划与预算、决定 ILO 政策和活动方针等日常事项。由于 1998 年《基本原则和权利宣言》并不涉及需要经由 ILO 成员方有权机关的批准加入，由国际劳工大会这一 ILO 内部权力机构直接通过即可，因此不属于国际条约，而是国际组织文件。

其次，从内容上来看，1998 年《基本原则和权利宣言》具有实质执行效果的部分明确为"促进性"而非强制性。1998 年《基本原则和权利宣言》通过设置"附录"的形式明确了"宣言的后续措施"。在宣言的后续措施中，总体目的第 1 条就明确相关措施是"鼓励本

---

① 参见王铁崖主编：《国际法》，法律出版社 1995 年版，第 13—14 页。
② 参见张乃根：《条约解释的国际法（上）》，上海人民出版社 2019 年版，第 265 页。

组织的成员国作出努力,以促进……基本原则和权利"。"鼓励"的用语选择就体现出其倡议性,没有明确未批准加入相关核心劳工公约的 ILO 成员方任何国际法上的强制性义务,亦没有对违反 1998 年《基本原则和权利宣言》的 ILO 成员采取任何法律制裁措施或者追究其他法律责任的内容。对此,ILO 前副总干事兼执行主任卡里·塔皮奥拉(Kari Tapiola)和 ILO 法律顾问也都不约而同地指出,1998 年《基本原则和权利宣言》被视为"软法",仅仅是一项国际组织宣言,而非一项新的国际劳工公约。因此,没有将任何尚未批准加入 1998 年《基本原则和权利宣言》规定的核心劳工标准所对应的核心劳工公约规定的任何法律义务,强加给尚未单独批准加入相应核心劳工公约的 ILO 成员方。除了各成员方基于已经批准加入的国际劳工公约项下的现有法律义务外,并没有为 ILO 成员方带来任何新的法律义务。因此,1998 年《基本原则和权利宣言》是没有法律约束力的政治性声明。[①]

因此,可以看出,不论是从形式上还是从内容上,1998 年《基本原则和权利宣言》本身属于没有法律强制约束力的宣誓性国际组织文件。

2. 1998 年《基本原则和权利宣言》依托《ILO 章程》具备实质约束力

如前分析,1998 年《基本原则和权利宣言》从其本身的法律性质来看,仅仅属于没有法律强制力的宣誓性国际组织文件。但是,1998 年《基本原则和权利宣言》关于 ILO 成员基于《ILO 章程》规定的成员义务以及所附的后续措施,为其实质内容在短期内产生一定约束力,甚至为促成国际习惯的产生奠定了基础。

---

① See Kari Tapiola, The teeth of the ILO-The impact of the 1998 ILO Declaration on Fundamentals Principles and Rights at Work, International Labour Office, 2018, https://www.ilo.org/wcmsp5/groups/public/---ed_norm/---ipec/documents/publication/wcms_632348.pdf, p. V; Emmanuel Reynaud, The International Labour Organization and Globalization: Fundamental Rights, Decent Work and Social Justice, International Labour Office, 2018, https://www.ilo.org/wcmsp5/groups/public/---dgreports/---inst/documents/publication/wcms_648620.pdf.

国际组织的权力及其法律基础,根植于成员方所批准加入的国际组织章程,一般被视为具有根本性的重要地位,旨在为章程所确定的共同目的服务。因此,凡是涉及国际组织本身的组织机构及其职权、国际组织与其成员之间以及成员相互之间的权利与义务安排等,原则上都应从国际组织的章程中寻找最基础和最重要的依据。[1] 对此,有必要进一步对《ILO 章程》的性质及其规则的约束力进行简要分析。《ILO 章程》从其法律性质来看,无疑属于组织性的多边国际条约。因此,按照 VCLT 的条约解释规则较为妥当。需要注意的是,在讨论制定 VCLT 时,联合国国际法委员会对于条约解释是否构成相关国际习惯存在争议,主要涉及采取哪一种条约解释的理论。其中,主观解释学派强调,解释应该关注缔约方在缔结条约时的共同意思,解释的出发点一般是约文的"通常含义",也因此需要关注条约的准备资料。约文解释学派认为,各种原因都可能导致缔结条约时没有真正的共同意思。但是,达成一致的约文是相对明确的。出现争议时,应该仅就现有争议点进行条约解释。因此,条约解释的重点在于结合上下文确定约文的具体含义。目的解释学派则强调围绕条约目的进行解释。[2] VCLT 最终采纳的是约文优先,兼顾主观解释或者目的解释的混合折中规则[3],集中体现为 VCLT 第 31 条"解释之通则"的第 1 款,即条约"应该依其用语按其上下文并参照条约之目的及宗旨所具有之通常意义,善意解释之"。值得注意的是,VCLT 第 31 条和第 32 条的解释规则主要是技术性的解释过程规制,其在不同解释学派中选择折中立场,通过不同的解释方法可以得出并不相同的解释结果,客观上增加了条约解释的灵活性,有利于满足不同情形的解释需要。但是,该等选择从另

---

[1] 参见梁西:《梁著国际组织法》(第六版),杨泽伟修订,武汉大学出版社 2011 年版,第 8 页。
[2] 参见李浩培:《条约法概论》,法律出版社 2003 年版,第 339—347 页。
[3] 参见张乃根:《条约解释的国际法(上)》,上海人民出版社 2019 年版,第 280—281 页。

一个层面来看则是牺牲了条约解释的相对确定性①,从而为灵活解释以满足特定利益特别是不当利益留下了空间。正是因此,在个案中应用这些规则,特别是在争端解决的过程中,对于任何争端解决机构及其裁判者,都是一个不小的挑战。② VCLT 解释规则认可灵活性却同时牺牲确定性的价值取向,在《ILO 章程》及其实践中体现得极为突出。正如著名英国国际法学家伊恩·布朗利所言,该等灵活性的特殊安排,反映了"国际组织与成员国保留的国内管辖范围之间微妙的权力分配"③。

在《ILO 章程》中,并没有包含任何具体的劳工标准。虽然在序言中提及了"保护儿童、青年和妇女""承认同工同酬的原则"以及"承认结社自由的原则"等与 1998 年《基本原则和权利宣言》所载的四项核心劳工标准相关的规定,但在 ILO 成员基于《ILO 章程》所需要承担的具有法律强制性的国际法实体义务上,最主要的体现还是第 19 条关于对国际劳工大会通过的国际劳工公约所应该承担的批准加入及监督机制的报告等条约义务。例如,《ILO 章程》第 19 条(e)项规定了成员方的特殊报告义务,即对于尚未批准加入相关国际劳工公约的成员方,应当按照 ILO 理事会的要求,定期或不定期地提供关于本国涉及相关国际劳工公约内容的法律、法规及相关实践,并说明已经或者计划采取以推动相关国际劳工公约所确定的劳工标准落实的立法、执法、司法及其他措施;如果确实无法尽快批准加入相关国际劳工公约,特别是亦无法在实践中促进相关国际劳工公约所确定的劳工标准的实施时,应当明确说明存在的困难与挑战。由此,建立了一种仅仅基于 ILO 成员身份,就应对相关国际劳工公约所对应的国内实施情况承担义务的安排。在此基础上,ILO 主要通过常规监督模式反馈,涉及实施公约与建议书专家委员会

---

① 参见万鄂湘、黄赟琴:《国际人权条约的特点及其解释的特殊性——以迪亚洛案为例》,载《武汉大学学报(哲学社会科学版)》2012 年第 6 期。
② 参见张乃根:《条约解释的国际法(上)》,上海人民出版社 2019 年版,第 265 页。
③ 〔英〕伊恩·布朗利:《国际公法原理》,曾令良等译,法律出版社 2007 年版,第 606 页。

(Committee of Experts on the Application of Conventions and Recommendations, CEACR)、国际劳工大会实施公约与建议书委员会(Conference Committee on the Application of Standards)、国际劳工大会(International Labor Conference)三个 ILO 的内部机构,包含报告技术性评估、三方机制讨论与成员方说明、对于存在问题的成员进行公开列名并提出改正建议等具体监督方式。① 可以明确的是,ILO 成员的前述报告义务源于加入 ILO 这一事实本身,即成员对于《ILO 章程》这一组织性国际条约的国际法义务,并没有改变国际劳工公约只有在《ILO 章程》下自愿批准加入后才对相关成员方具有国际法约束力的规则。ILO 监督机制的反馈结果,特别是提出改正建议的内容,对于没有批准加入相关国际劳工公约的成员方,同样无需承担任何法律义务,也不会面临任何不利法律后果。因此,从《ILO 章程》这一组织性多边国际条约本身来看,无法引申出 ILO 成员对于 1998 年《基本原则和权利宣言》所规定的核心劳工标准的任何法律义务或者责任。

如前所述,劳工权益保护问题长久以来被广泛认为属于主权国家的内政范畴。即便是在 20 世纪 90 年代冷战结束后的经济全球化快速发展时期,劳工也并未像资本一样实现全球流动,仍旧由各民族国家和地区予以管理。同时,自工业革命以来,各国和各地区的劳工阶层不断成为各国和各地区内部重要的政治力量与公民群体,对各国和各地区的内部民主政治也发挥着特殊作用。因此,鉴于劳工权益保护问题的民族国家主权管辖事务特性,以及 ILO 是第一次世界大战后各国和各地区为应对本国和本地区劳资冲突、减少俄国革命影响并推动实现产业和平的产物,相对于联合国以及 ILO、世界银行和国际货币基金组织等其他经济全球化下国际经济与贸易治理的政府间国际组织,ILO 职权项下的法律强制力天然地相对较弱。这也充分体现在 1944 年《费城宣言》第 V 条的相关表述

---

① 参见林燕玲主编:《国际劳工标准》,中国劳动社会保障出版社 2007 年版,第 304 页。

中，即一方面提出 1944 年《费城宣言》相关规则和劳工标准的普遍适用性，另一方面又强调了在具体实施方式上受制于各国和各地区的历史、文化、传统以及具体的政治、经济与社会条件，对此应予以尊重。尽管如此，ILO 在实践中通过充分运用组织性多边国际条约的解释规则，同时结合 ILO 成员实践的方式从客观上扩大了其权力，为 ILO 成员增加了某种具有实质约束力的义务。具体而言：

首先，通过强调 ILO 成员身份，及其对于《ILO 章程》的承诺和义务的方式，建立相关具体要求的正当法理基础。作为组织性多边国际条约，《ILO 章程》没有设定 ILO 成员对其相关条款进行保留的内容，即一旦成为 ILO 成员，即代表要全面认可并接受《ILO 章程》。换句话说，只要一个国家决定加入 ILO，其就应当按照《ILO 章程》的规定享有相应权利，履行相应义务，承受《ILO 章程》对其产生的国际法约束力。根据《ILO 章程》第 37 条的规定，国际法院或者国际劳工大会根据理事会提请批准成立的裁判庭，有权对《ILO 章程》进行解释。对此，第一步，1998 年《基本原则和权利宣言》正文第 1 条(a)款和第 2 条明确"在自愿加入 ILO 时，所有成员都已接受《ILO 章程》和《费城宣言》陈述的原则与权利，以及保证为实现本组织的总体目标而尽力并充分根据自身具体情况从事工作"以及"即使尚未批准有关公约，仅从作为 ILO 成员这一事实出发，所有成员都有义务真诚地并根据《ILO 章程》的要求，尊重、促进和实现关于作为这些公约之主题的基本权利的各项原则……"可以看出，前述规定从成员方加入 ILO 时即无条件认可其章程为出发点，基于履行针对《ILO 章程》的组织性多边国际条约义务，而超越《ILO 章程》第 19 条关于 ILO 成员自愿批准国际劳工公约的程序，直接认定 ILO 成员对于核心劳工标准的国际组织成员义务。第二步，第 3 条和第 4 条确定了 ILO 对于监督、参与成员方履行 1998 年《基本原则和权利宣言》所载义务的职权基础，即"为实现这些目标，ILO 有义务根据成员方所确定并表达的需要，向其提供支援，可以通过充分利用其章程手段、行动手段及预算手段……"其中，所谓的章程手段和行动手段，在一定程度上为 ILO 组织实施"附录:《宣言》的后续措施"奠定了法理基础。

其次,客观形式上进一步强化了1998年《基本原则和权利宣言》及其所述核心劳工标准义务的国际法属性。从学理和实践来看,作为国际组织的最高权力机构,全体成员就某些重要问题作出的决议、解释或者一致的实践,通常会被视为对国际组织章程及相关重要事项的有权解释。[①] 一方面,国际劳工大会审议通过1998年《基本原则和权利宣言》,ILO所有成员均投了赞成票,使1998年《基本原则和权利宣言》在相当程度上满足了前述对于相关事项具有约束力的有权解释效力的形式要件。根据《ILO章程》的规定,作为ILO的最高权力机构,国际劳工大会由分别来自于成员方政府、用人单位和劳工团体的三方代表共同组成。因此,国际劳工大会对1998年《基本原则和权利宣言》的一致通过,应该说符合国际条约有权解释的要求。从赞成票的代表性来看,1998年《基本原则和权利宣言》本身也可能被认定为ILO成员之间就相关事项达成一致,从而产生对于国际法相关规则解释、确认或重申的客观效果。[②] 另一方面,1998年《基本原则和权利宣言》要求成员方"尊重、促进和实现"的"公约之主题的基本权利的各项原则"。"各项原则"所对应的八项核心劳工公约,批准率大都超过了90%,所占比例完全满足了国际劳工大会较高标准的表决要求。如果ILO成员广泛按照1998年《基本原则和权利宣言》所对应的核心劳工公约在本国国内执行,那么1998年《基本原则和权利宣言》对该等核心劳工标准的认定甚至可能被认定为对国际习惯的确认,即成员之间"法律及必要的确念"。

实际上,在1998年《基本原则和权利宣言》之前,ILO也曾经采取过类似的、通过对《ILO章程》进行解释性应用,进而为ILO成员增加义务的做法。最突出且最有影响力的即结社自由委员会(Committee on Freedom of Association, CFA)的设立及其运作。《ILO章程》

---

① 参见李浩培:《条约法概论》,法律出版社2003年版,第347—349页。
② 参见梁西:《梁著国际组织法》(第六版),杨泽伟修订,武汉大学出版社2011年版,第40页。

和1944年《费城宣言》均将"结社自由"列为重要的政策目标。在国际劳工大会通过第87号公约和第98号公约后,基于与ILO理事会的谈判,联合国经济及社会理事会于1950年2月17日作出决议,提出在ILO理事会下设立结社自由委员会,处理各国政府、工人组织及用人单位组织关于结社自由问题的指控与投诉案件,并有权建议理事会在其职权范围内向相关成员方政府提出"建议"或者督促其采取改进行动,而无需考虑成员方是否批准了相关国际劳工公约(主要是关于结社自由的第87号公约和第98号核心劳工公约)。结社自由委员会由9名正理事组成,包括代表理事会政府组、用人单位组和工人组各3人;每名理事均以个人名义参加。①

成立结社自由委员会并赋予其处理结社自由相关投诉案件的前述机制,脱离了只有经过批准加入的国际劳工公约才对ILO成员具有强制法律约束力的一般原则。但是,该等机制的有效性同样来自于对《ILO章程》的灵活性解释以及长期实践。具体而言:第一,结社自由委员会并非《ILO章程》规定的内设专门机构,其产生主要是基于ILO根据《ILO章程》所赋予的推动国际劳工标准,特别是实现"社会正义"的目的和宗旨,在ILO实践运行过程中产生的结果。如前所述,结社自由委员会的成立是根据ILO理事会与联合国经济及社会理事会的协议,但实际上《ILO章程》并未明确规定其理事会可以履行该等职权。《ILO章程》第7条规定了理事会的构成、成员组成及其任命和换届的程序,但没有具体规定其法律性质及其职权范围。尽管如此,根据《ILO章程》对于国际劳工局的相关规定以及国际劳工大会的一系列规则,可以认为ILO理事会属于ILO的决策和监督机构,具有管控国际劳工局以及涉及ILO运转和国际劳工标准事宜相关职能。其中,关于国际劳工标准的相关职能,包括根据《ILO章程》第19条(e)款要求ILO成员对没有批准加入的国际劳工公约定期或不定期地提交报告、对关于涉嫌违反结社自由劳

---

① 参见林燕玲主编:《国际劳工标准》,中国劳动社会保障出版社2007年版,第308—312页。

工标准的申诉进行审查、对成员方提起控诉、向成员方政府传达控诉、向国际劳工大会提出涉及监督程序的处理建议等。结社自由委员会故而被视为履行理事会的职责而建立。① 因此,关于 ILO 理事会的职能,主要源于 ILO 在履行其职能过程中不断完善并界定。第二,结社自由委员会在对其处理涉及结社自由劳工标准相关案件并作出决定的合法性进行辩护时,援引的正是《ILO 章程》。结社自由委员会认为:"根据《ILO 章程》,ILO 的成立特别是为了改善各成员方的工作条件和促进结社自由。因此,结社自由委员会在这方面处理的事项不再属于国家的排他性范围,且本组织为此目的采取的行动不能被视为干涉内政,因为这属于 ILO 为实现其目标而从 ILO 成员那里获得的职权范围。""结社自由委员会的职责包括确定任何特定的立法或者实践是否符合相关国际劳工公约所规定的结社自由和集体谈判原则。"为了降低 ILO 成员对其职权侵犯主权的质疑,结社自由委员会还同时强调其任务仅限于审查提交给它的具体指控,包括审查涉及特定指控的 ILO 成员的法律法规及其实践、针对相关问题的改善与调整提供指导,以及向其提供 ILO 职权范围内的技术援助等,以协助 ILO 相关成员改善合规状况,而非对特定成员的结社自由形势作出任何总体性的意见和结论。② 自 1951 年成立至今,结社自由委员会审查了 3300 多起案件,60 多个 ILO 成员已按照结社自由委员会的建议采取行动,并向结社自由委员会通报了近几十年来在结社自由劳工标准方面的发展。③ 结社自由委员会基于处理的投诉案件形成了上千条复杂而又详尽的关于"结社自由"劳

---

① 参见国际劳工局:《国际劳工组织理事会适用规则汇编》,载 https://www.ilo.org/wcmsp5/groups/public/---ed_norm/---relconf/documents/meetingdocument/wcms_663005.pdf.
② See International Labour Office, Geneva, *Digest of decisions and principles of the Freedom of Association Committee of the Governing Body of the ILO (5th edition)*, 2006, https://www.ilo.org/wcmsp5/groups/public/---ed_norm/---normes/documents/publication/wcms_090632.pdf, paras. 2, 11, 15, 16.
③ ILO, Committee on Freedom of Association, https://www.ilo.org/global/standards/applying-and-promoting-international-labour-standards/committee-on-freedom-of-association/lang--en/index.htm#:~:text = As% 20a% 20result% 2C% 20in% 201951, had% 20ratified% 20the% 20relevant% 20Conventions, 访问日期:2022 年 1 月 7 日。

工标准规则的体系,成为"'判例法'性质的准则"[1],可以用来作为针对"结社自由"相关问题有疑义的规范证明[2]。

然而,由于国际劳工公约所涉及劳工标准的广泛性,即便 ILO 的前述相关建议并不具有法律上的强制约束力,但被最终公开点名存在问题的成员将会承担一定程度的道义压力,并可能由此导致其改变实践,从而在某种程度上依然对主权国家对本国劳动用工的管理构成某种程度的"渗透"或"干预"。

(二)1998 年《基本原则和权利宣言》与核心劳工公约的关系

虽然 1998 年《基本原则和权利宣言》确定的核心劳工标准及其后续措施对 ILO 成员产生了一定的约束力,但与国际劳工公约相比,其没有同等的法律强制性——ILO 成员对 1998 年《基本原则和权利宣言》的承诺与遵守,并不等同于批准加入核心劳工公约的效果。如前所述,根据 ILO 法律顾问的意见,1998 年《基本原则和权利宣言》并没有将任何尚未批准加入的国际劳工公约中的任何法律义务强加给尚未批准相应国际劳工公约的成员方。

1998 年《基本原则和权利宣言》规定的核心劳工标准均十分原则化,是以"基本原则和权利"的形式呈现的,那就意味着对其具体适用存在极大的不确定性。如何界定这些核心劳工标准的内容,其所对应的核心劳工公约就成为重要依据。曾经担任 ILO 公约与建议书适用委员会委员近 30 年(其中超过 20 年作为用人单位组发言人)的阿尔弗雷德·维斯基森(Alfred Wisskirchen)指出,1998 年《基本原则和权利宣言》确定的原则实质上根植于相关核心劳工公约、《ILO 章程》序言以及 1944 年《费城宣言》。[3] 事实上,1998 年《基本原则和权利宣言》正文第 1 条(b)款对于其和核心劳工公约之间的关系进行了描述,即"这些原则和权利在被 ILO 内部和外部承认是

---

[1] 林燕玲主编:《国际劳工标准》,中国劳动社会保障出版社 2007 年版,第 312 页。
[2] 参见梁西:《梁著国际组织法》,杨泽伟修订,武汉大学出版社 2011 年版,第 39 页。
[3] See Alfred Wisskirchen, The Standard-Setting and Monitoring Activity of the ILO: Legal Questions and Practical Experience, *International Labour Review*, 144(3), 2005.

基本公约的公约中以具体权利与义务之形式得到体现和发展"。第2条也规定,ILO成员应"尊重、促进和实现"该等"原则"本身是核心劳工公约的"主题"。可以看出,1998年《基本原则和权利宣言》正文第1条(b)款从核心劳工标准作为概括的"原则"角度出发,明确其具体形式是作为权利义务而在核心劳工公约中得到"体现和发展";第2条则是从核心劳工公约的角度出发,指明"原则"是其"主题"的提炼。在此基础上,1998年《基本原则和权利宣言》第3条关于ILO的目标措施中的(a)项就是"促进批准并实施基本公约",(b)项则是针对未能批准加入核心劳工公约的ILO成员,要求实质"尊重、促进和实现"作为核心劳工标准的相关"原则"。

因此,对于是否批准相关核心劳工公约的ILO成员而言,1998年《基本原则和权利宣言》所确定的核心劳工标准对其产生的法律和实际层面的影响和效果并不相同。具体而言:对于已经批准相关核心劳工公约的ILO成员,1998年《基本原则和权利宣言》从国际法上对其实质影响不大,继续按照已经批准的国际劳工公约履行相应国际义务即可;对于没有批准相关核心劳工公约的ILO成员,则不能简单主张没有批准相关核心劳工公约就无需履行任何国际义务,其仍应"尊重、促进并实现"相关核心劳工标准,具体的要求应该主要对照相关核心劳工公约执行。对于ILO而言,甚至包括"根据变化和发展中的现实扩大公约的范围"的意图。① ILO成员的前述义务应该说源于多种因素的复合,包括ILO成员这一身份、对应国际劳工公约因为批准加入率较高可能构成的国际习惯特性、成员方赞成1998年《基本原则和权利宣言》的决定,以及1998年《基本原则和权利宣言》在ILO项下设定的监督机制所施加的"道义压力",等等。其中,尽管核心劳工标准所对应的核心劳工公约批准率很高,1998年《基本原则和权利宣言》所包含的基本原则和权利是否

---

① See Kari Tapiola, *The Teeth of the ILO - The impact of the 1998 ILO Declaration on Fundamentals Principles and Rights at Work*, International Labour Office, 2018, https://www.ilo.org/wcmsp5/groups/public/---ed_norm/---ipec/documents/publication/wcms_632348.pdf, pp. 37–38.

构成国际习惯法的核心,还在于作为"习惯"而被国家反复实践,以及 ILO 成员对该等实践的国际法确认。国际法院指出,国家实践应该是"广泛一致的"。在此基础上,英国剑桥大学教授、著名劳动法、平等法与人权专家鲍勃·赫普尔认为,在 1998 年《基本原则和权利宣言》所规定的四项核心劳工标准中,并非所有的核心劳工标准都具备相同的、可能被视为国际习惯法的情形。具体而言,禁止强迫或者强制劳动可能符合广泛一致的实践要求,但对于禁止童工和消除就业和职业歧视则存在更多困难。在众多国家和地区存在的广泛的结社自由滥用以及对集体谈判权的否定,也使得结社自由与有效的集体谈判这一核心劳工标准无法构成一致性的国家实践。[1] 但是,美国康奈尔大学劳动经济学教授加里·S.菲尔兹(Gary S. Fields)则认为,1998 年《基本原则和权利宣言》的重要性在于核心劳工标准不需要经过 ILO 成员的批准就应予以适用,仅仅是考虑到 ILO 成员的身份即对成员具有约束力这一特点出发,核心劳工标准属于工作场所中的基本人权,其作为一种权利而非经济工具得到认可,这对所有国家和地区都是一致的。但是,对于其他经济性的劳工标准,如工资水平、福利等,则应该留给各国和各地区根据实际情况自行决定。[2]

总体而言,笔者倾向于认为,由于 1998 年《基本原则和权利宣言》及对应的核心劳工公约所确定的核心劳工标准是否已经构成国际习惯尚没有得到联合国、国际劳工大会或者国际法院等国际法权威机构的明确确认,因此严格意义上讲其对没有批准加入相关核心劳工公约的 ILO 成员并没有现实的和确定的强制性国际法约束力。

1997 年,时任 ILO 总干事的米歇尔·汉森在第 85 届国际劳工大会上作了题为《ILO、标准设定与全球化》的报告,从 1998 年《基本

---

[1] See Bob Hepple, *Labor Laws and Global Trade*, Hart Publishing, 2005, pp. 59-60.
[2] See Gary S. Fields, International Labor Standards and Decent Work: Perspectives from the Developing World, in Robert J. Flanagan & William B. Gould IV, eds., *International Labor Standards: Globalization, Trade, and Public Policy*, Stanford University Press, 2003, pp. 61, 65, 73-74.

原则和权利宣言》准备过程的角度有助于我们进一步理解1998年《基本原则和权利宣言》与相关核心劳工公约的关系。米歇尔·汉森认为,ILO一方面可以充分利用宪章第19.5条(e)款规定的未批准国际劳工公约的ILO成员的报告义务,强化审查力度,通过解释、说明、讨论、沟通和第三方调查等方式,推动ILO成员在实质层面落实相关劳工标准,并批准相关国际劳工公约。因为"尽管《ILO章程》尊重每个国家决定是否批准国际劳工公约的特权,但《ILO章程》仍使ILO各成员有义务报告其在国际劳工公约所涉领域的法律和实践"。另一方面,从对"结社自由"的强调,特别是结社自由委员会的实践来看,《ILO章程》和1944年《费城宣言》可以通过"宪法相关性"(constitution relevance)原则对相关权利或者原则进行确认(即尊重该等权利是作为ILO成员身份的固有组成部分)。通过1998年《基本原则和权利宣言》可以补充和澄清《ILO章程》和1944年《费城宣言》,实现对"结社自由"以外的其他"基本权利"的"宪法相关性"的确认,最终"一份载有原则的宣言或者任何文本可能有助于从国际劳工公约中提取基本权利普遍公认的本质(the universally acknowledged essence of the fundamental right),而不会冒着似乎违背或者破坏相应该国际劳工公约的风险"[1]。

当然,对于1998年《基本原则和权利宣言》的推崇,可以视为ILO的巨大成功。考虑到1998年《基本原则和权利宣言》获得了ILO成员的一致同意,因此其也成为美国和欧盟等发达国家和地区将劳工权益保护问题纳入自由贸易与投资协定的重要国际法基础。相对于泛泛地提及将劳工标准与国际贸易与投资挂钩所带来的巨大争议与不确定性,1998年《基本原则和权利宣言》所确定的核心劳工标准的范围最小、共识最多,因而可接受程度最高。从结果来看,各主权国家在其缔结的自由贸易与投资协定中广泛认可1998年《基本原则和权利宣言》,也会被认为是在不断加强对1998年《基本原则和权利宣言》规定

---

[1] International Labour Conference 85th Session, Report of the Director-General: The ILO, Standard Setting and Globalization, 1997, https://www.ilo.org/public/english/standards/relm/ilc/ilc85/dg-rep.htm,访问日期:2022年1月5日。

的核心劳工标准的一致实践,从而为该等核心劳工标准构成国际习惯而产生直接的强制法律约束力积累证据和可信度。

尽管如此,由于1998年《基本原则和权利宣言》中规定的劳工标准与国际劳工公约的关系如何,以及相关标准如何在ILO成员中执行等问题仍然没有定论,为后续实践中的冲突与问题埋下了隐患。①

(三) 自贸协定中1998年《基本原则和权利宣言》的适用实践

如前所述,1998年《基本原则和权利宣言》所确定的核心劳工标准对于是否批准加入相关核心劳工公约的国家会产生不同的法律效果。但是,在实践中,对于美国和欧盟主导的自由贸易与投资协定劳工条款最常见的争议和问题之一,是其引用的国际组织文件和自由贸易与投资协定之间是什么关系? 最突出的是作为自由贸易与投资协定文本的一部分,受到广泛推崇并被反复提及的1998年《基本原则和权利宣言》,是否构成了对自由贸易与投资协定缔约方任何实质意义上的国际法义务?

1. 自由贸易与投资协定列明的劳工标准具有单独约束力

美国主导的自由贸易与投资协定劳工条款将相关劳工标准明确予以列举,并要求缔约方"尊重并采取措施实现"。该等劳工标准已经脱离其所产生的1998年《基本原则和权利宣言》,而成为特定的自由贸易与投资协定条约约定内容。因此,在自由贸易与投资协定缔约方之间产生了国际条约义务,具备了法律的强制执行力。

在美国主导的自由贸易与投资协定劳工条款下,劳工标准的范围更为明确,即集中体现为ILO确定的核心劳工标准,以及美国倡导的在最低工资、工作时间方面可接受的工作条件以及职业安全与健康(均被美国定义为"国际公认的劳动权利"),且具有基于自由贸易与投资协定本身的法律强制力,但该等劳工标准又并没有直接引

---

① Janice R. Bellace, The ILO and Tripartism: The Challenge of Balancing the Three-Legged Stool, in George P. Politakis, Tomi Kohiyama &Thomas Lieby, eds., *ILO 100: Law for Social Justice*, International Labour Office, 2019, https://www.ilo.org/wcmsp5/groups/public/---dgreports/---jur/documents/publication/wcms_732217.pdf, pp. 303–304.

向 ILO。对此，鲍勃·赫普尔指出："美国单边纳入模式中的劳工标准虽然称为'国际公认的劳工标准'，但并非以 ILO 管辖下的劳工公约为依据，而是明示或者暗示地以美国国内劳动法为依据。"①在此基础上，当美国主导的自由贸易与投资协定劳工条款出现争议时，主要依赖缔约方之间的理解。实践中，由于缺乏中立和权威的第三方介入，自由贸易与投资协定的主导方进行单方解释的可能性非常高。例如，在美国过去的实践中，谋杀工会领袖被认为属于违反人权而非劳工权益，故被排除在普惠制以外，与 ILO 的认定标准不同；当一项针对马来西亚的指控表明其存在行业压迫工会的情形时，马来西亚澄清只允许公司内部工会，尽管这一做法明显违反 ILO 的标准，但是美国接受了马来西亚在"逐步"改善其劳动机制，并拒绝了进一步的审查。②

2. 条约解释将自贸协定提及的宣誓性国际组织文件内容"条约化"

欧盟在其长期政策主张中，都坚持自由贸易与投资协定应当反映各缔约方对于一套国际商定原则和规则的承诺，以作为国际经济和贸易关系的基本框架。在劳动领域，讨论的起点是各缔约方在相关领域的现有义务和承诺。③ 考虑到 1998 年《基本原则和权利宣言》所确定的核心劳工标准的宣誓性和倡导性，在欧盟主导的自由贸易与投资协定劳工条款中，直接引向包括 ILO 在内的国际组织，而没有对具体的劳工标准在自由贸易与投资协定中进行过多列举和陈述。这样安排，一方面，从形式上来看，似乎并没有将相关劳工标准直接纳入作为自由贸易与投资协定确定的条约义务，便于缔约方接受。另一方面，从执行上来看，即便因此出现争议，除了缔约方之间的协调外，更大程度上还可以寻求前述国际组织提供更为中

---

① Bob Hepple, *Labor Laws and Global Trade*, Hart Publishing, 2005, p. 92, 96.
② See Bob Hepple, *Labor Laws and Global Trade*, Hart Publishing, 2005.
③ See EU-US Transatlantic Trade and Investment Partnership: Trade and Sustainable Development Initial EU Position Paper, https://trade.ec.europa.eu/doclib/docs/2013/july/tradoc_151626.pdf.

立的意见。但是，与美国主导的自由贸易与投资协定劳工条款项下"国际公认的劳动权利"范围相对确定但强制执行力不断增强相比，欧盟主导的自由贸易与投资协定劳工条款引用的国际组织文件不断增加，且使用"可持续发展"以及"体面劳动"涵盖劳工权益保护多种类型，导致涉及的"劳动权利"有不断扩大的趋势，甚至超过了美国主导的自由贸易与投资协定劳工条款项下的"国际公认的劳动权利"。

进一步而言，在《欧盟—韩国自由贸易协定》以及 CAI 中，都存在对缔约方基于 ILO 成员等特定身份，进而对相关国际组织文件的重要性及其承诺的重申。由此就会产生一个问题：该等在正文中的"重申"，是否构成缔约方对相关国际组织文件承诺的"条约化"，进而将一般认为仅有宣誓性和倡导性的国际组织文件，依托于自由贸易与投资协定的"重申"而对缔约方产生具有强制性的法律约束力？对此，欧盟—韩国案的专家小组没有明确肯定该等做法直接将国际组织文件"条约化"，但通过论述协定宗旨以及文义限定与否等条约解释的方式给出了肯定的答案，值得特别关注。

具体而言，在欧盟—韩国案中，这一问题集中体现在如何认定"与贸易相关"的争议。无论是美国还是欧盟主导的自由贸易与投资协定劳工条款，"与贸易相关"或"与投资相关"都是自由贸易与投资协定劳工权益保护问题的重要前提。具体而言，在美国和欧盟主导的自由贸易与投资协定劳工条款及其机制下，相关劳工权益保护问题应该限于对国际贸易与投资产生直接影响和发生联系的问题。对于那些主要与国内贸易与投资相关的以及其他与贸易与投资无关的劳工权益保护问题，应该绝对属于各主权国家自行管辖的范畴。然而，实践中，如何界定"与贸易相关"存在诸多技术性障碍，也缺乏统一的判定标准，因而容易发生争议。对此，包括 WTO 争端解决机制上诉机构在内的、涉及国家间国际争端解决机制的实践，已经广泛采纳了"如有疑义，从轻解释"的条约解释规则。根据这一规则，在条约所述含义无法通过一般条约解释规则阐明时，不能推定缔约方在明确的意思表示之外给自身增加更多的法律义务与责任[1]，这也与国际法的国家同意原则相一致。

在欧盟—韩国案中，韩国提出专家小组没有管辖权，因为客观上并未出现《欧盟—韩国自由贸易协定》规定、需要审议的"与贸易相关"的具体问题。韩国认为，《欧盟—韩国自由贸易协定》第13.2.1条限定了第13章"贸易与可持续发展"的规则为"劳动与贸易相关的方面(trade-related aspects of labor)"。因此，欧盟针对韩国的指控应该表明相关行为或事实影响了双方之间的贸易或者与双方贸易有明确的联系。但是，欧盟提出的韩国《工会和劳动关系调整法》规定及执行适用(主要为工会设立、认定及入会条件等内容)问题，没有与欧盟和韩国双方之间的贸易建立联系。此外，韩国提出，其在同意《欧盟—韩国自由贸易协定》第13章"贸易与可持续发展"的内容时，也没有将其本国劳动法律与政策和承担任何与贸易或者投资无关的义务联系起来的意图。韩国还引用了美国—危地马拉案专家小组的相关意见，即"未能遵守或者执行劳动法不一定会自动导致贸易转移、扭曲或者影响贸易流动"[2]，以证明本国劳动法律执行情况并不必然"与贸易相关"。对此，欧盟—韩国案的专家小组认为，在《欧盟—韩国自由贸易协定》第13.4.3条中明确引用了《ILO章程》、1998年《基本原则和权利宣言》以及对核心劳工标准的认可，这些内容清晰地表明，欧盟与韩国在缔结《欧盟—韩国自由贸易协定》时，根据国际接受的含义定义了由该条款产生的义务。具体而言，鉴于1998年《基本原则和权利宣言》规定的核心劳工标准是被普遍接受的，因此排除了欧盟与韩国在本国和本地区内履行与核心劳工标准相关承诺仅限于"与贸易相关"的可能性。此外，《欧盟—韩国自由贸易协定》包含了欧盟与韩国承诺批准相关国际劳工公约(即关于结社自由的核心劳工公约)。考虑到ILO对于批准加

---

[1] 参见张乃根:《条约解释的国际法(下)》，上海人民出版社2019年版，第1002页。
[2] See Report of the Panel of Experts (EU-South Korea), January 20, 2021, https://circabc.europa.eu/ui/group/09242a36-a438-40fd-a7af-fe32e36cbd0e/library/d4276b0f-4ba5-4aac-b86a-d8f65157c38e/details, paras. 54, 56–58.

入国际劳工公约不允许保留,既然韩国在《欧盟—韩国自由贸易协定》承诺将尽快批准关于结社自由的核心劳工公约,那么就意味着其应该全面履行关于结社自由的核心劳工公约所规定的具体义务。进一步,专家小组认为,鉴于欧盟与韩国在缔结《欧盟—韩国自由贸易协定》时已经在约文中明确规定了某些情形限定为"与贸易有关",其他没有限定的则应该认为是欧盟与韩国有意不予限定。最后,虽然《欧盟—韩国自由贸易协定》中引述的其他国际劳工公约或者国际组织文件并不直接为欧盟与韩国设定法律义务,或者改变《欧盟—韩国自由贸易协定》条款的含义,但申明包括核心劳工标准在内的可持续条款及相关国际组织文件,可以视为欧盟与韩国共同确认了相关价值,包括基本人权和劳动权利是"可持续发展"的基础,并构成双方维持国际经济与贸易关系的内在基石。因此,专家小组得出结论,认为国际贸易与投资应该采取与基本人权和尊严一致的方式进行,国家和地区基于自由贸易与投资协定行使相关权利的措施与自由贸易与投资协定所涉及的贸易存在内在联系。[①]

同时,欧盟认为,当一个国家决定加入 ILO 时,即表明其接受了体现在《ILO 章程》以及 1944 年《费城宣言》中的基本原则,包括欧盟—韩国案所涉及的结社自由。1998 年《基本原则和权利宣言》要求 ILO 成员对其确定的核心劳工标准负有具有法律约束力的义务,无论成员方是否批准了相关核心劳工公约。对此,韩国明确表示反对。韩国的理由同样围绕《ILO 章程》展开,即《ILO 章程》第 19 条对于 ILO 会员和国际劳工公约之间的关系作出了明确规定,只有在 ILO 成员根据成员方法律法规的相关程序确认批准加入特定的国际劳工公约之后,才需要承担基于其已经批准加入的法律行为,而承担对特定国际劳工公约的条约义务。在此基础上,由于韩国没有加入与结社自由相关的核心劳工公约,加入 ILO 本身不能假定构成对结社自由的法律义务,1998 年《基本原则和权利宣言》的起草过程也显示其并非具有法律强制约束力的性质。对此,在前述意

---

① See Report of the Panel of Experts (EU-South Korea), paras. 64-79, 95.

见的基础上,专家小组强调,《欧盟—韩国自由贸易协定》第13.4.3条创建了对欧盟与韩国具有法律约束力的承诺,即关于"尊重、推动和实现"结社自由原则;尽管欧盟与韩国双方均认为1998年《基本原则和权利宣言》本身不具有法律强制约束力,但在欧盟与韩国将相关承诺纳入《欧盟—韩国自由贸易协定》第13.4.3条时,就形成了一项新的条约义务。也就是说,欧盟的主张源于《欧盟—韩国自由贸易协定》第13.4.3条,而非来自1998年《基本原则和权利宣言》本身,因为协定"重申了当事方在《ILO章程》下的既有义务,并将这些义务,如同其被定义在ILO体系中一样,作为单独和独立的义务载入了该协定第13章"[1]。

可以看出,专家小组认为欧盟与韩国已经明确知晓《欧盟—韩国自由贸易协定》第13.4.3条关于"尊重、推动和实现"结社自由原则的含义及内容,且韩国在《ILO章程》下的义务并不以是否批准相关核心劳工公约为前提。[2] 特别是当结社自由原则被最终列入《欧盟—韩国自由贸易协定》时,就成为欧盟与韩国之间约定的国际条约义务。但是,专家小组同时明确,国际法院是对《ILO章程》进行解释的权力机构,因此其仅对本案争议的内容进行解释和适用《欧盟—韩国自由贸易协定》第13.4.3条的法律标准[3],进而主观上排除了相关结论作为"先例"对其他案件的嗣后效果。

对于自由贸易与投资协定中引用的相关国际组织文件(包括1998年《基本原则和权利宣言》)与自由贸易与投资协定的关系,美国—危地马拉案的专家小组认为,在解释和适用CAFTA-DR条款时,应该结合约文文义考虑"任何适用于成员方之间的相关国际法规则"[与VCLT第31条第3款(丙)项规定一致]。鉴于CAFTA-DR的缔约方均为ILO成员,因此受制于1998年《基本原则和权利

---

[1] See Report of the Panel of Experts (EU-South Korea), paras. 105-107, 119-122.
[2] See Report of the Panel of Experts (EU-South Korea), para. 108.
[3] See Report of the Panel of Experts (EU-South Korea), para. 109.

宣言》以及《ILO 章程》关于"尊重、促进和实现"关于基本权利的义务。[1]

必须承认，专家小组的前述认定是具有突破性和重大性的，意味着除了自由贸易与投资协定本身明确约定外，缔约方在自由贸易与投资协定文本中重申国际组织文件可能打开一条通往更为繁重的国际法义务的道路，而对这些义务的识别将取决于其他国际组织文件相关承诺同自由贸易与投资协定本身之间的相关性，以及自由贸易与投资协定文本中相关限定条件的合理使用。

进一步而言，可以使用更为形象的方式说明这一机制：国际组织文件相关承诺同自由贸易与投资协定之间的相关性是个"筛子"，用于选取经由国际组织文件进入自由贸易与投资协定框架的具体承诺与义务（当然理论上还有相应的权利）；自由贸易与投资协定文本中的相关限定条件则是把"钥匙"，决定是否开启这条道路的大门，尽管这个大门也可能因为基于国际组织文件和自由贸易与投资协定宗旨之间的"内在联系"而被轻易打开。更为重要的是，在目前的机制下，除当事方自行作出有权解释外，没有客观和权威的标准去把握"筛孔"的大小和"钥匙"的使用，更没有广泛认可的机制公正地管控大门的开启。在欧盟—韩国案和美国—危地马拉案中，专家小组的三名成员扮演了"最终裁决者"的角色。同时，在韩国提出强烈反对的情况下，专家小组的认定在一定程度上也与"如有疑义，从轻解释"的处理规则并不协调。尽管欧盟—韩国案专家小组谦抑地表示其相关意见仅限于该案本身，但考虑到美国和欧盟在自由贸易与投资协定劳工条款实践中的主导地位以及"格式化条款"的现状，该等意见较高概率会被"复制"，进而开启通过自由贸易与投资协定援引国际组织文件导致宣誓性承诺"条约化"的"潘多拉魔盒"。

---

[1] See Final Panel Report on Guatemala Case, https://ustr.gov/sites/default/files/files/agreements/FTA/CAFTA-DR/Guatemala%20Final%20Report%20of%20the%20Panel.pdf, para. 427.

在此基础上,鉴于1998年《基本原则和权利宣言》规定的核心劳工标准极为原则,在实际应用时,除非具体自由贸易与投资协定缔约方另行一致形成对协定相关标准的有权解释,否则即便作为缔约方的国家和地区没有批准加入相关核心劳工公约,可以借鉴的标准一定程度上也将是核心劳工公约的条款内容及其积累的实践规则。因此,从结果上来看,基于"自由贸易与投资协定+1998年《基本原则和权利宣言》",就实现了相当于批准加入国际劳工公约而在执行核心劳工标准方面的效果。

(四)现有劳工标准相关适用的主要问题

20世纪90年代ILO转型以来,1998年《基本原则和权利宣言》和"体面劳动"作为两条发展进路。美国直接在自由贸易与投资协定中规定"国际公认的劳动权利"的做法,更接近于给1998年《基本原则和权利宣言》确定的核心劳工标准直接武装"牙齿",将其转化为具体的自由贸易与投资协定条约义务("点"的维度),让"软法"硬起来,并以形式上的法律规则为中心。不过,由于美国本身没有批准对应的核心劳工公约,因此其执行主要依靠美国本国的实力以及国内法规则。欧盟广泛援引国际组织文件则更接近于"体面劳动"的模式("面"的维度),即基于共同认可的道义基础,通过长期、广泛的合作推动目标实现,这与欧洲主张"国际主义"的传统完全契合,也不存在批准加入国际劳工公约的现实压力。但是,从欧盟—韩国案专家小组的意见来看,欧盟主导的自由贸易与投资协定劳工条款导致的结果是,即便没有批准核心劳工公约,缔约方仍然需要遵照相关核心劳工公约执行,客观上扩大了缔约方的义务。总体而言,笔者认为,美国和欧盟主导的自由贸易与投资协定劳工条款在劳工标准方面的实践和适用,主要体现出三个层面的问题:

1. 劳工标准规定的适用不确定

一方面,美国主导的自由贸易与投资协定劳工条款推行"国际公认的劳动权利",虽然表面上与1998年《基本原则和权利宣言》确定的核心劳工标准高度一致，且在自由贸易与投资协定中推崇1998年《基本原则和权利宣言》，但在实践中，由于总统拥有特殊而独立的对外政策权威，导致政府自由裁量权过大，可能引发实施中的双重标准，因为没有明确的法律能够作为法院采取行动的具体根据。[①] 因此，对于其他缔约方而言，美国主导的自由贸易与投资协定劳工条款具有极大的不确定性，严重受制于美国政治变化与国内法实践，存在"干涉别国内政"的可能，亦不符合国际社会主权国家交往的平等原则。

另一方面，欧盟—韩国案的结果显示，欧盟主导的自由贸易与投资协定劳工条款可能将大量缔约方参与的国际组织文件所载承诺纳入自由贸易与投资协定中。在自由贸易与投资协定的个案中亦不会苛求"与贸易相关"的实质性审查。涉及劳工标准或者国家义务的内容，甚至可能超过1998年《基本原则和权利宣言》确定的核心劳工标准以及美国主导的自由贸易与投资协定劳工条款项下的"国际公认的劳动权利"。这种"开口式"的条款解释，将导致缔约方无所适从。

2. 劳工标准约文的解释不当

VCLT的解释规则虽然以约文解释为主，但同时兼顾主观意思解释和目的与宗旨解释。在欧盟—韩国案中，虽然专家小组从论述的逻辑上遵循了前述基本规则，但某些具体观点与结论值得商榷。例如：对主观意思解释和目的与宗旨解释的简单化。专家小组一方面指出，欧盟和韩国均认为包括1998年《基本原则和权利宣言》在内的相关国际组织宣言是没有约束力的政治性、宣誓性文件；但另一方面又指出，当该等国际组织文件被纳入《欧盟—韩国自由贸易协定》时，即构成了一项基于《欧盟—韩国自由贸易协定》本身的条约义务。这样的解释也许在约文解释层面有一定道理，但却显得过

[①] See Philip Alston, Labor Rights Provisions in US Trade Law-Aggressive Unilateralism?, in Lance A. Coupa & Stephen F. Diamond, *Human Rights, Labor Rights and International Trade*, University of Pennsylvania Press, 1996, pp. 81–83.

于大胆。具体而言：

其一,如前所述,这种"开口式"纳入诸多自由贸易与投资协定本身没有明确的、协定外的承诺和义务的做法,将带来极大的不确定性。

其二,既然这些被援引的国际组织文件本身是宣誓性的,就意味着自由贸易与投资协定的缔约方在参与该等国际组织文件,以及欧盟—韩国案在审理过程中对其性质的理解是一致的。那么,因为缔约方在自由贸易与投资协定中援引,就将该等国际组织文件(核心是其项下的承诺)直接"转化"成具有约束力的条约义务？从"权责一致"和善意原则等出发,仅仅依靠约文解释是轻率的。应当对此进一步考察缔约方的主观意思,尤其是韩国明确表示其意思并非赋予相关国际组织文件项下的承诺在《欧盟—韩国自由贸易协定》中被"转化"为强制义务的时候。至于专家小组提及韩国同样在《欧盟—韩国自由贸易协定》中承诺尽快批准结社自由相关的核心劳工公约,可以视为约文对韩国尊重并执行结社自由这一具体义务的确定,属于协定本身的条约义务(严格讲,仅指向韩国将批准加入对应公约),但仍然难以就此扩大认定韩国在缔约时已经认可将《欧盟—韩国自由贸易协定》援引的所有国际组织文件(包括其尚未批准加入的国际劳工公约)项下的承诺全部"转化"为条约义务。

其三,从《欧盟—韩国自由贸易协定》的目的和宗旨来看,尽管包含了"可持续发展"的内容,但其核心还在于推动欧盟与韩国之间的双边国际贸易。从实践来看,纳入"可持续发展"的内容可能并非源于韩国,而是源于欧盟的推动,且《欧盟—韩国自由贸易协定》的约文同样是欧盟提供的"格式条款"。在欧盟—韩国案中,针对韩国提出《欧盟—韩国自由贸易协定》谈判过程记录,以试图表明欧盟与韩国在协商《欧盟—韩国自由贸易协定》中曾同意"贸易与可持续发展"专章的约定不具有法律约束力,专家小组以该记录由一方制作,且另一方对其准确性表示异议作为重要理由予以驳回。[1] 笔者

---

[1] See Report of the Panel of Experts (EU-South Korea), paras. 49-53.

认为,专家小组应当更为审慎地考察《欧盟—韩国自由贸易协定》的目的与宗旨,在国际经济与贸易关系之外增加韩国履行一系列劳工标准方面的义务,想必不会是韩国签订《欧盟—韩国自由贸易协定》的核心目的和宗旨。按照专家小组的逻辑,某种程度上"可持续发展"章节的内容引发的义务与承诺可能不少于双边国际经济与贸易安排,进而导致出现"喧宾夺主"的效果。最起码仅基于《欧盟—韩国自由贸易协定》"贸易与可持续发展"专章的"格式条款"这一背景,专家小组也应当进一步考察欧盟与韩国对该等约文进行谈判时,欧盟是否已经尽到充分的说明与解释义务,使得双方最终的理解是达成一致和相对确定的。

3. 劳工标准义务的设定非民主

通过"自由贸易与投资协定+1998年《基本原则和权利宣言》"的方式,要求自由贸易与投资协定缔约方实质履行相当于批准了核心劳工公约的国际法义务,这一做法是非民主的。根据国际法的基本原则,国家同意是国际条约产生及履行的重要基础。将国际贸易与投资无关的权利纳入自由贸易与投资协定,纳入具有强制约束力的贸易制裁作为后盾,并凭借在自由贸易与投资协定中的谈判优势推动单方解释和执行,无疑将损害全球治理的一致性[1],进而涉嫌变相干涉他国主权,与国家同意原则不符。1970年《国际法原则宣言》明确规定,各国之间主权平等,任何国家不得干涉别国内政。根据国际条约法以及《ILO章程》,ILO成员可以自主选择是否批准加入国际劳工公约,包括核心劳工公约。ILO虽然通过其章程机制在结社自由委员会以及1998年《基本原则和权利宣言》框架下,实质推动了成员方参照核心劳工公约执行核心劳工标准,而不论成员方是否批准加入。但是,从法律性质上看,ILO的前述做法并不存在违反《ILO章程》以及1998年《基本原则和权利宣言》的国际法责任,因此仍然尊重了ILO成员方的主权。

---

[1] Desiree LeClercq, The Disparate Treatment of Rights in U.S. Trade, *Fordham Law Review* 90 (1), 2021, pp. 9, 38-41.

但是，按照欧盟—韩国案专家小组的意见和逻辑，只要接受美国和欧盟主导的自由贸易与投资协定劳工条款，作为缔约方的国家和地区不仅需要按照相关国际组织文件（特别是1998年《基本原则和权利宣言》所对应的核心劳工公约）的规定执行，而且其属于自由贸易与投资协定本身约定的条约义务。这种批准加入一项自由贸易与投资协定，"顺带批准"一系列国际劳工公约的模式，可能违背了各缔约方本国和本地区关于国际条约批准加入的法律法规与要求（如国内立法规定的国际条约缔结审查程序），实质上构成了美国和欧盟等主导国家和地区对其他缔约方主权与内政的侵犯，或者客气一点说是"渗透"。因此，有违国际法的基本原则，是非民主的。

三、保护水平相关适用的争议与问题

与涉及劳工标准有意设置的部分"陷阱"不同，看似非常技术性而全面的保护水平条款，呈现出下意识或者无意识的"疏漏"，导致实践中存在可行性问题。事实上，美国与欧盟主导的自由贸易与投资协定劳工条款关于保护水平的规定，在实践适用中存在重大问题与挑战。举例而言：

（一）支柱一（尊重缔约方本国管治权）：隐藏的"当然豁免"

"支柱一：尊重缔约方本国管治权"确定了应尊重缔约方对于本国或本地区劳工权益保护事务的管治权，但前提在于需要"确保符合'国际公认的劳动权利'"或者核心劳工标准，即缔约方的国内法应该向该等标准"对齐"。那么，缔约方为了履行该等自由贸易与投资协定劳工条款的国际条约义务，如何确定其本国或本地区所需"对齐"的"劳动法律"就成为重要前提。但是，在美国和欧盟主导的自由贸易与投资协定劳工条款中，关于"劳动法律"所对应的"法律法规"的范围，不同缔约方是存在差异的。

比如，在CAFTA-DR中，关于"劳动法律"的定义采取了平行方式，即：对于美国而言，限于"由国会颁布的法案或者根据国会法案颁

布的、可以由联邦政府强制执行的条例",而其他缔约方则是"由立法机关颁布的法律或者根据立法机关的法律颁布的、可以由执行机构强制执行的条例"。① 从立法主体以及法律法规性质的角度来看,二者似乎没有区别。但是,仔细看来,差别巨大:对于美国而言,其于 1791 年 12 月 15 日通过的《美国宪法第十修正案》明确规定,只要是美国联邦宪法没有明确授予联邦政府的,同时也没有严格禁止各州政府行使的权力,各州政府就应享有相应的管治权,即所谓的"州权保留条款"。同时,《美国宪法》第 1 条第 10 款规定,签订条约属于联邦政府的权力。因此,依据《美国宪法》的规定,在美国联邦政府签订的该等国际条约项下,美国只需要考虑联邦政府层面的立法与执法,而属于各州立法、执法包括司法的事项均不在 CAFTA-DR 所要求的义务范围之内。对于其他缔约方而言,特别是实行单一制的国家,其全国的"劳动法律"的执法都被纳入了 CAFTA-DR。

当然,可以认为该等安排是尊重缔约方宪法的体现,即美国是联邦政体,因而联邦政府不能干涉各州政府保留的立法与执法权力,但很多劳工权益保护问题恰恰属于各州政府权限范围内。值得注意的是,《美国宪法》第 1 条第 8 款中的"联邦贸易条款"明确授予联邦政府对于国家之间、各州之间的商业贸易活动进行管治的权力。在此基础上,既然美国主张相关劳工权益保护问题"与贸易相关",甚至导致了"不公平的贸易行为"。那么,该等提法就应该适用于相关自由贸易与投资协定的所有缔约方,而非将美国排除在外。进一步而言,自由贸易与投资协定的劳工权益保护问题应该可以进入前述"联邦贸易条款"所授予美国联邦政府的权力范畴内,美国不能简单援引《美国宪法第十修正案》的"州权保留条款"就排除各州对于美国签订的自由贸易与投资协定劳工条款的法律义务。

因此,美国一方面主张将"与贸易相关"的劳工权益保护问题以劳工条款的方式纳入包含强制性争端解决机制的自由贸易与投资

---

① CAFTA-DR,第 16.8 条。

协定，另一方面又选择性援引本国宪法的"州权保留条款"而不提及"联邦贸易条款"。如此安排的结果是，美国在实践中可以轻而易举地以其宪法和联邦政体的特殊性，拒绝其他缔约方对其各州层面可能影响国际贸易与投资安排的劳工权益保护问题的指责，规避基于自由贸易与投资协定的国际法义务和责任；反过来，美国却可以审查其他缔约方整个国家和地区的劳动法律与劳工标准执行情况。这样的前后逻辑、合理性和正当性，明显存在极大问题。

《ILO章程》第19条第7款对联邦制国家履行《ILO章程》所确定的相关义务，同样给予了特殊"豁免"安排，从形式上与前述情况类似，即联邦国家的各组成成员是否履行联邦政府所订立的国际劳工公约，并承担与其他单一制成员方相同的条约义务，主要留给联邦国家本身的宪法决定，充分反映了《ILO章程》对于成员方宪法的尊重，体现出国际社会由主权国家组成的客观现实以及国际法项下最重要的国家主权平等原则，可以说是在全球治理与国家主权之间确立了明确的界线。但是，《ILO章程》也规定了联邦制国家的特别义务，即类似于ILO对于所有成员的一般性义务要求，要求联邦制国家应该在其组成部分内推动相关国际劳工公约确定的劳工标准的执行，不定期向ILO汇报执行或未能执行相应劳工标准的原因等。相比之下，在美国主导的自由贸易与投资协定劳工条款中，其所对应的自由贸易与投资协定并没有规定美国等联邦国家应当履行前述《ILO章程》规定的类似推动实施及报告义务，以满足最低限度的透明度要求以及监督功能，存在片面减轻美国国际条约义务，同时实质扩大美国审查其他缔约方劳动执法权力的疑问，成为美国等联邦国家对于其组成部分不遵守本国"劳动法律"，或者本国相关"劳动法律"与"国际公认的劳动权利"或核心劳工标准不一致时的"当然豁免"。

这种"当然豁免"的不公平性在美国—危地马拉案中进一步扩大，将司法机关的相关文件也纳入"劳动法律"的范畴。由于美国指控危地马拉的法院没有按照劳动法典的命令执行相关措施，其法院的行为违反了劳动法典的规定，要求专家小组审议。对此，专家小组根据 CAFTA-DR 的前后文义、协定的宗旨和目的等指出,CAFTA-DR 关于"劳动法律"的描述主要用于判定何为"劳动法律",该等法律法规由行政机关执行并不排除司法和其他机构介入法律的执行。① 专家小组对"劳动法律"的认定,看重于"执行法律"这一实质问题,没有局限于协定关于"劳动法律"的字面描述,将包括法院在内的所有具有执法职能的机构都纳入其中。

类似的问题也可能出现在欧盟主导的自由贸易与投资协定劳工条款保护水平规定的适用中。欧盟可以对其成员的劳工权益保护问题进行一定程度的统一规制,但涉及具体规则时仍然取决于各成员方的法律。不过相对于美国而言,鉴于欧盟成员对国际劳工公约(特别是核心劳工公约)的批准加入情况较好,因此理论上联盟与成员间的冲突,应小于美国联邦政府与各州政府间的分歧。

(二)支柱二(不减损规则):不当解释导致"权责混乱"

不减损规则,通常约文表述为"(注:缔约方)未能有效执行其劳动法,通过持续的或反复的作为或不作为的过程,以某种方式影响缔约方间的贸易"(fail to effectively enforce its labor laws, through a sustained or recurring course of action or inaction, in a manner affecting trade between the Parties),是美国和欧盟主导的自由贸易与投资协定劳工条款缔约方违约的重要判定标准。美国—危地马拉案对此问题的意见为观察不减损规则的实践运用提供了宝贵参考。具体而言,专家小组采取了逐一分解论证的方式处理:

1. "未能有效执行":片面关注法律执行结果,"支柱一:尊重缔约方本国管治权"安排"宣誓化"

关于"未能有效执行"(fail to effectively enforce),专家小组主要从结果入手,未对主客观条件予以考察,最直接的是没有对"支柱一:尊重缔约方本国管治权"赋予的主权国家管治权实施予以充分评估。专家小组认为,"有效执行"主要表现为四个方面,包括:第

---

① See Final Panel Report on Guatemala Case, para. 115.

一,用人单位对劳动法的合规遵从;第二,执法机构发现用人单位不合规时采取行动以促使其合规;第三,执法机构依法调查并救济不合规情形,以使用人单位对合规达成共识;第四,认识到要求任何缔约方的每个用人单位都实现完全的合规是不合理的负担,因此个案的不合规不能当然得出执法无效的结论。[1]

然而,在"支柱一:尊重缔约方本国管治权"项下,缔约方有权自行确定优先事项以分配执法资源,"未能有效执行"是否是在特定时空内缔约方行使"支柱一:尊重缔约方本国管治权"这一保留权利而导致的结果,专家小组未予充分考虑,应该说是欠妥的。从结果来看,使"支柱一:尊重缔约方本国管治权"变得"宣誓化"而非规则化。从 VCLT 确定的条约解释通则来看,对"支柱一:尊重缔约方本国管治权"的忽视,亦体现出没有遵循"上下文"的解释规则。

2."持续地或反复地作为或不作为的过程":以个案为主,无比例原则考量

比例原则本来是许多国家和地区行政法上的一项重要基本原则。实践中,比例原则也广泛适用于其他领域,以确定相关方的权利、义务与责任安排。通说认为,比例原则包括目的与手段之间的关系适当、最小侵害以及所采取的措施与其所达到的目的之间相称三个方面。客观上,对于一个国家和地区而言,其执行本国和本地区劳动法律的范围和对象是极其广泛的,其可能产生的"未能有效执行"的风险也会受到国家和地区的规模、经济社会发展水平、法制健全程度、执法力量与资源情况、公民与企业等相关主体的法律意识等各种不同因素的影响。要求任何国家和地区在任何时间、任何地点不存在任何形式的"未能有效执行"本国和本地区的劳动法律,在客观上是不现实的,也是不合理的。"持续地或反复地作为或不作为的过程"(sustained or recurring course of action or inaction),主要指劳动法执法机构的一系列类似或者一致的作为,或者不作为。

---

[1] See Final Panel Report on Guatemala Case, paras. 134-137.

对于孤立的、与其他行为缺乏联系的作为或者不作为,应该排除在外。① 这一条件的设定从文义上来看,应该说是合理而审慎的,因为从自由贸易与投资协定,特别是劳工条款的核心目的出发,其主旨在于不损害劳工保护条件的前提下,最大限度地促进缔约方之间的国际贸易与投资,而非对缔约方本国和本地区管辖范围内的劳工保护条件甚至劳动执法予以直接审查,更不关注劳动争议的个案正义与否,因为其属于缔约方国家主权管辖的范畴。

值得注意的是,作为条约义务,违反保护水平不减让规则将使缔约方承担相应的国家责任,包括美国主导的自由贸易与投资协定劳工条款项下其他缔约方因此提起的贸易与经济制裁。但是,由于自由贸易与投资协定劳工条款没有且无法明确一个绝对的比例或者数量,用以判断何种情形属于"持续地或反复地",因此进行法律解释、推论以及必要的补充调查就成为了必要。在美国—危地马拉案中,专家小组首先遗憾地排除了主观意图作为该项要件的主张,但仍然可以理解其适用基于"约文优先"的解释规则。针对危地马拉提出所涉的违约行为的数量、范围和发生频次等均不构成前述要求的"持续地或反复地"情形之主张,专家小组尽管认为孤立的个案不足以说明缔约方的执法失败,即不符合前述关于"有效执行"的负面评价要求,但仍然简单地以司法经济为由,没有从数量上作过多论述。② 作为替代,则是基于协定条款本身进行认定,结合该等执法失败的体制、惯例或者实践以及能力或者政治性意愿的缺乏作为评估因素,并提出过去发生的事件也可以给后续事件到底是偶然的还是具有联系的提供参考的观点,即是否可以预期未来类似事件将持续地或者反复地发生。③

在此基础上,专家小组的审理对象到底是应该限于五个个案,还是可以因此而依职权进行更大范围的调查?按照举证责任的

---

① See Final Panel Report on Guatemala Case, para. 148.
② See Final Panel Report on Guatemala Case, paras. 429-430.
③ See Final Panel Report on Guatemala Case, paras. 436-439.

规则,在美国主张基于该五个个案已经完成危地马拉存在"持续地或反复地作为或不作为的过程"的初步举证责任后,举证责任就应转移到危地马拉就更大范围的"有效执法"进行抗辩?但是,在美国—危地马拉案中并没有看到这样的审议过程。相反,则是直接由专家小组基于五个个案以及美国和危地马拉双方的书面意见进行论证,其审议的充分性存在疑问。事实上,这一问题也是美国—危地马拉案中各方争议最大的部分。如在美国—危地马拉案中仅仅涉及五个个案,与违约导致的巨大国家责任相比,不符合比例原则关于所采取的措施与其所达到的目的之间相称的要求,在某种程度上无疑存在"小题大做""以偏概全"的疑问。

值得注意的是,在美国后续主导的 TPP/CPTPP 以及 USMCA 中,虽然继续保留了完整的不减损规则[①],但同时以脚注方式明确只要缔约方"未能通过采纳或维持其法律、条例或者实践,以某种方式影响缔约方间的贸易或者投资",就可以视为违反协定劳工标准保护水平的义务,将"通过持续地或反复地作为或不作为的过程"这一要素直接删除。[②] 如此一来,完全抛弃了比例原则的相关合理要求,允许仅以个案为基础,就可以作出缔约方是否存在"未能有效执行"本国或本地区劳动法律的结论。

3. "以某种方式影响缔约方间的贸易":难以证明的标准

专家小组针对"以某种方式影响缔约方间的贸易"(in a manner affecting trade between the Parties)这一要素,曾明确询问美国和危地马拉对此如何理解和认定。危地马拉认为,应该同时满足"明确表明受质疑的行为对缔约方间的贸易产生了影响"以及"预期的后果是影响缔约方之间的贸易"[③],即应该同时具备客观结果和主观目的两方面

---

① TPP/CPTPP 第 19.4 条、第 19.5.1 条。
② TPP/CPTPP 第 19.3 条脚注 4。事实上,在 CAFTA-DR 中,也没有关于"通过持续地或反复地作为或不作为的过程"的内容。从调整后的文义看,只要出现禁止性情形,不再需要其存在 NAALC 所确立的"持续模式",即可能被直接视为违反协定。
③ See Final Panel Report on Guatemala Case, paras.157, 159.

因素。对此,专家小组没有接受危地马拉关于主观性要求的观点。①

争议焦点由此进一步集中到如何认定"明确表明受质疑的行为对缔约方间的贸易产生了影响"上。美国认为,说明实际的贸易影响是不合理且不可行的,因为作为投诉的一方无法接触危地马拉相关用人单位的内部信息和记录,即使从最终结果上可以识别一些危地马拉出口产品的价格减少,但也无法显示是因为未能有效执行危地马拉劳动法律而导致该等情形的出现。② 对此,美国援引了 WTO 上诉机构关于"影响贸易"的认定规则,即问题的关键不在于该等行为实际上如何运行,而在于其是否一种"可能消极改变竞争条件"(might adversely modify the conditions of competition)③,希望从"可能性"而非现实性的角度证成其主张的合理性。最后,专家小组提出"影响贸易"的作为或者不作为都应对贸易的某些方面产生影响,或者留下实质性的印记④,即"赋予在缔约方间从事贸易的某个或者多个用人单位某些竞争优势"(confers some competitive advantage on an employer or employers engaged in trade between the Parties)的标准⑤,因而应与现实结果而非可能性挂钩,否定了美国的主张。因此,虽然美国—危地马拉案中涉及的部分案件被认定是危地马拉的执法失败,但没有证据显示危地马拉的执法失败给美国和危地马拉双边经济和贸易关系的竞争条件带来变化,故而没有认定危地马拉违反 CAFTA-DR 劳工条款。⑥

对此,有学者批评认为,仅从 CAFTA-DR 认可并督促缔约方履行相关 ILO 项下的核心劳工标准的目的和宗旨出发,当危地马拉违

---

① See Final Panel Report on Guatemala Case, para. 197.
② See Final Panel Report on Guatemala Case, para. 161.
③ See Panel Reports, China – Measures Affecting Imports of Automobile Parts, WT/DS339/R/WT/DS340/R/WT/DS342/R/Add. 1 and Add. 2 (adopted January 12, 2009), upheld (WT/DS339/R) and as modified (WT/DS340/R/WT/DS342/R) by Appellate Body Reports WT/DS339/AB/R/WT/DS340/AB/R/WT/DS342/AB/R, para. 7.251 (emphasis added), https://www.wto.org/english/tratop_e/dispu_e/339_340_342abr_e.pdf.
④ See Final Panel Report on Guatemala Case, para. 167.
⑤ See Final Panel Report on Guatemala Case, para. 190.
⑥ See Final Panel Report on Guatemala Case, paras. 503, 592, 594.

反有效执行劳动法律这一单一事实时,即可认为其违约。① 这一观点和欧盟—韩国案专家小组的意见一致。

四、争端解决相关适用的争议与问题

争端解决机制是自由贸易与投资协定劳工条款适用的最终保障,其有效性和公允性对于自由贸易与投资协定的缔约方具有重要意义。从美国—危地马拉案和欧盟—韩国案的相关实践来看,美国和欧盟主导将自由贸易与投资协定劳工条款纳入强制性争端解决机制存在如下主要问题:

(一)基于实力地位的政治性和单边性色彩突出,规则缺乏明确性

美国和欧盟主导将劳工权益保护问题纳入强制性争端解决机制都强调了政府间磋商的前置程序。应该说,这一安排为妥善解决自由贸易与投资协定劳工条款争议奠定了主要基础,同时也符合尊重缔约方对本国和本地区劳动用工管治的国家主权。

但是,该等安排较为原则,一方面为政治性解决争端留下了较大空间,赋予其灵活性,但另一方面也给缔约方中具有更强谈判能力和实力地位的一方主导相关进程甚至结果留出了余地。特别是在美国—危地马拉案中,前期政府间磋商体现了明显的美国主导性,例如数次改进计划安排以及专家小组成立等。因此,仅从法律角度看,该等安排存在缺乏明确性和可预测性的疑虑。

(二)案件审理程序与条约解释简单化

善意履行是"条约必须信守"原则的具体体现,其重要内涵之

---

① Charlie Lyons & False Hopes: Why a Renegotiated North American Free Trade Agreement Will Violate Conventions 87 and 98 of the International Labour Organization, *American University International Law Review*, 34 (1), 2018, pp. 235-263.

一即为"国家间的互信和互赖创造条件"①,但是,正如本书针对欧盟—韩国案中专家小组对于自由贸易与投资协定援引国际组织文件是否构成缔约方对该等文件的条约法义务的论述,专家小组不顾韩国的明确反对,基于《欧盟—韩国自由贸易协定》约文就直接作出肯定裁决。对此,无疑从根本上损害了《欧盟—韩国自由贸易协定》缔约方对协定本身的信任,还可能进一步引发其他缔约方对欧盟提供的该等"格式条款"隐藏"陷阱"的重大疑虑,未能体现善意履行以增进互信的要求。

关于比例原则,核心问题在于美国—危地马拉案中将个案扩大化的做法,从自由贸易与投资协定促进国际经济与贸易关系的核心宗旨以及由此可能产生的国家责任大小来看,无疑是存在巨大问题的,这一维度前文已有详述,不再展开。同时,在欧盟—韩国案和美国—危地马拉案中,书面审理都占据了相当的比重。欧盟—韩国案整个过程都是通过书面审理进行,虽然存在参考"法庭之友"的意见等做法,但在争议案例较少的情况下,对于缔约方是否"未能有效执行"本国法律,在技术手段和事实调查等方面,有更多的工作应该予以考虑,以符合最终裁决结果与目的相称的合理要求。

关于因果关系,美国—危地马拉案专家小组在对保护水平的"支柱二:不减损规则"进行审理时,都排除了缔约方的主观因素,这一做法从自由贸易与投资协定劳工条款约文文义解释的角度可能存在合理性。但是,从实际情况来看,仍然存在若干客观情形可能导致"未能有效执行"的结果是可以豁免相关国际责任的,例如基于"支柱一:尊重缔约方本国管治权"。遗憾的是,专家小组对此并没有予以详细考虑并阐述。在此基础上,专家小组虽然论证了"以某种方式影响缔约方间的贸易"这一因果关系要素,但仍然没有明晰该等因果关系的必要性和充分性,因此,在实践中同样存在极大的不确定因素。

如前所述,VCLT 第 31 条和第 32 条的条约解释通则并非单

---

① 李浩培:《条约法概论》,法律出版社 2003 年版,第 272 页。

一规则,而是多种解释学派主张的折中和融合。因此,在缔约方没有形成其他有权解释,进而需要在约文适用中按照条约解释通则进行解释时,也应当综合运用多种解释规则,以获得更为准确的解释,这也是 VCLT 解释规则被视为国际习惯法的法律要求。但遗憾的是,不论是欧盟—韩国案还是美国—危地马拉案,专家小组在对相关约文进行解释时,表面上遵循了 VCLT 的解释逻辑及其推论顺序,但都不知是有意还是无意地忽略了缔约方缔结自由贸易与投资协定的核心目的和宗旨(以及由此包含的缔约时的主观意思)——促进国际贸易与投资。劳工条款尽管作为自由贸易与投资协定的一部分,但劳工权益保护本质上仍然属于主权国家管辖范围内的事项。在国际法视野里,主权国家让渡对于劳工权益保护管辖权的范围目前仍然限于 ILO 的职权范围,体现为国际劳工公约的批准机制。因此,除非缔约方明确表示将其对于本国劳工权益保护的管辖权进一步让渡给自由贸易与投资协定的管理机制,否则通过专家小组并不周全的条约解释进而增加缔约方对此问题的国际法义务,明显有悖于 VCLT 的条约解释规则。

(三)专家小组对于劳工权益保护问题的审理缺乏权威性

根据《欧盟—韩国自由贸易协定》和 CAFTA-DR 的约定,欧盟—韩国案和美国—危地马拉案仲裁阶段的专家小组均由三名仲裁员组成。其中,缔约方各自指定一名,仲裁小组主席由双方共同指定。这一安排符合国际商事仲裁的基本架构。但需要注意的是,欧盟—韩国案和美国—危地马拉案两个专家小组的七名仲裁员(美国—危地马拉案中危地马拉更换过一次本国指定的仲裁员),主要由国际贸易法领域的学者和律师组成。

然而,根据该等协定,只有缔约方在违反协定约定的劳工标准时,才可能将劳工权益保护问题纳入强制性争端解决机制。虽然自由贸易与投资协定及其以国际商事仲裁为核心的争端解决机制实践已久,但该等背景组成的专家小组容易引发外界对其审查劳工标准与缔约方本国劳动法执行情况专业性和适当性的疑虑。一个最简单的例子,在美国主导的自由贸易与投资协定劳工条款中,如何确定"国际公认的劳动权利"?在欧盟主导的自由贸易与投资协定劳工条款中,如果认为援引1998年《基本原则和权利宣言》就构成对核心劳工标准的条约义务,那么ILO结社自由委员会所作出的关于"结社自由"的规则是否就有充足的国际法基础作为案件审理的依据?这些问题,在欧盟—韩国案和美国—危地马拉案的专家小组报告中都没有得到充分阐述。

因此,欧盟—韩国案和美国—危地马拉案的审理,在一定程度上脱离了国际劳工标准和劳动法,被当作纯粹的国际贸易争端处理,缺乏对相关劳工权益保护问题的权威性和公允力,也就无法实现美国和欧盟主张通过该等方式督促缔约方推动提升劳动条件等目标,反而增加了其他国家和地区对于美国和欧盟主导的自由贸易与投资协定劳工条款的"保护主义动机"以及其他与劳工权益保护无关因素的怀疑。

第三章 自贸协定劳工条款于中国适用的现状与挑战

第一节 自贸协定劳工条款于中国适用的现状

一、中国曾长期限于 ILO 框架并拒绝自贸协定劳工条款

中国是 ILO 的创始会员国之一,但由于政治、经济、社会发展情况不同,工业化水平不高,在 ILO 早期活动中大体上采取并不积极的"从众"立场。[①] 中华人民共和国成立后,中国于 1971 年恢复在 ILO 的合法席位,但由于国内政治、经济和社会环境影响等因素,迟至 1983 年第 69 届国际劳工大会才开始全面恢复参与 ILO 活动。从中国在 ILO 的活动经验来看,中国选择并据以确定批准国际劳工公约的原则主要包括:避开政治性较强的公约(如结社自由相关的核心劳工公约);选择有一定政治影响的技术性公约,且对中国立法和实践条件基本具备的国际劳工公约加以批准。[②] 截至目前,中国批准的核心劳工公约有六项,即关于消除就业和职业歧视的 1958 年

[①] 参见张龙平:《"从众"的全球劳工治理:1919 年华盛顿国际劳工大会与中国》,载《学术研究》2017 年第 11 期。

[②] 参见佘云霞:《国际劳工标准:演变与争议》,社会科学文献出版社 2006 年版,第 391 页。

《就业和职业歧视公约》(第 111 号公约)和 1951 年《对男女工人同等价值的工作付予同等报酬公约》(第 100 号公约),关于有效消除童工问题的 1973 年《准予就业最低年龄公约》(第 138 号公约)和 1999 年《禁止和立即行动消除最有害的童工形式公约》(第 182 号公约);基于在 CAI 中所作出的承诺,中国于 2022 年最新批准加入了关于消除一切形式的强迫或者强制劳动的 1930 年《强迫或强制劳动公约》(第 29 号公约)和 1957 年《废除强迫劳动公约》(第 105 号公约)。至此,中国没有批准加入的仅剩下关于结社自由与有效的集体谈判的第 87 号和第 98 号两项核心劳工公约。

作为发展中国家,对于将劳工权益保护问题纳入自由贸易与投资协定的主张,中国很长一段时间的态度是坚决反对的。例如,在 1999 年 WTO 西雅图部长会议期间,时任中国外经贸部部长的石广生代表中国政府,明确反对将劳工权益保护等与 WTO 职能无关的问题纳入部长会议议程。①

二、中国近年逐步扩大采纳并适用自贸协定劳工条款

中国对于将劳工权益保护问题纳入自由贸易与投资协定的态度,在 2005 年与智利签订的双边自由贸易协定中发生了变化。此后,时任中国国家主席胡锦涛在出席"2008 经济全球化与工会"国际论坛开幕式致辞时,将 ILO 倡导的"体面劳动"和中国主张的"以人为本"的和谐社会与科学发展观联系起来,同时提及了保障劳动权利对于尊重和保障人权的重要意义和独特价值,被视为中国官方正式公开认可"体面劳动"理念。② 这一年,也被广泛视为中国保护劳动者权益、提升劳工标准成果显著的"中国社会立法年"。在涉及强迫和强制劳动的山西"黑砖窑"事件刺激广大民众神经的推动下,在

---

① See Statement by H.E. Mr. Shi Guangsheng, Minister of Foreign Trade and Economic Cooperation, China, 1999, https://www.wto.org/english/thewto_e/minist_e/min99_e/english/state_e/d5323e.doc.

② 参见佘云霞、刘晴:《推行体面劳动的全球趋势》,载《江汉论坛》2008 年第 10 期。

短短一年的时间内,先后出台了《劳动合同法》《就业促进法》和《劳动争议调解仲裁法》等劳动和社会保障领域的重要基础性法律,普遍认为将中国的劳动用工法律环境从以《劳动法》为代表的"用人单位友好型"转变为以《劳动合同法》为代表的"劳动者友好型"。2008年,在国际经济和贸易领域,中国与新西兰签订的双边自由贸易协定包含了附件《劳动合作谅解备忘录》。此后,中国陆续与秘鲁、冰岛和瑞士签订了包含劳工条款的双边自由贸易协定。截至目前,最大的突破在于 2020 年 12 月 30 日中国与欧盟宣布 CAI 完成谈判。从欧盟公布的原则议定文本来看,中国在劳工条款部分接受了欧盟主导的自由贸易与投资协定劳工条款。2021 年 9 月,商务部部长王文涛进一步正式向 CPTPP 保存方新西兰贸易与出口增长部部长提交了中国加入 CPTPP 的申请,标志着中国将面对美国主导的自由贸易与投资协定劳工条款。尽管如此,中国目前仍然没有形成系统、全面的自由贸易与投资协定劳工权益保护问题政策原则与制度规范。表 3-1 是对中国参加的自由贸易与投资协定劳工条款的具体呈现形式的汇总:

表 3-1 中国参加的自由贸易与投资协定劳工条款

协定名称	主要内容
《中国—智利自由贸易协定》（2005 年 11 月 18 日,2017 年 11 月 11 日升级）	正文第 108 条"劳动、社会保障和环境合作"约定"缔约双方应该通过劳动和社会保障合作谅解备忘录和环境合作协定增强缔约双方在劳动、社会保障和环境方面的交流和合作"。
《中国—新西兰自由贸易协定》（2008 年 4 月 7 日,2021 年 1 月 26 日升级）	正文第 177 条"劳动与环境合作"约定"双方应当通过《劳动合作谅解备忘录》（正文包括:一般条款、合作范围与方式、机构安排、磋商、最终条款）和《环境合作协定》,加强双方在劳动和环境问题上的交流与合作"。
《中国—秘鲁自由贸易协定》（2009 年 4 月 28 日）	序言"认识到执行本协定是为了提高生活水平、创造新的就业机会、减少贫困以及以保护和保持环境的方式促进可持续发展"。

(续表)

协定名称	主要内容
《中国—冰岛自由贸易协定》（2013年4月15日）	正文第96条"劳动和环境保护"第1款约定"双方应该加强在劳动问题上的沟通与合作"。
《中国—瑞士自由贸易协定》（2013年7月6日）	正文第13.5条"劳工和就业合作"约定："缔约双方将根据2011年6月15日在伯尔尼签订的《中华人民共和国人力资源和社会保障部与瑞士联邦经济事务部劳动和就业领域合作谅解备忘录》，以及于2013年7月6日在北京签订的《中华人民共和国人力资源和社会保障部与瑞士联邦经济事务、教育和研究部劳动和就业领域合作协议》，加强缔约双方在劳工和就业领域的合作。"其中，《中华人民共和国人力资源和社会保障部与瑞士联邦经济事务、教育和研究部劳动和就业领域合作协议》正文包括5条：目标和范围、总则、合作、制度安排和磋商、最终条款。
CAI（2020年12月30日）	正文第4节"投资与可持续发展"，与劳动问题相关的包括：内容与目标（总体原则、企业社会责任、透明度、可持续性影响审查）、投资与劳动（监管权、保护水平、投资相关劳动问题对话与合作、国际劳工标准、有利于体面劳动的投资）、解决分歧机制（磋商、共同商定解决方案、专家小组、报告与后续磋商、程序透明度、法庭之友意见书）。

与美国和欧盟主导的自由贸易与投资协定劳工条款不同，除了完成谈判的 CAI 和申请加入的 CPTPP（该两项自由贸易与投资协定由欧盟和美国主导）外，中国加入的前述其他自由贸易与投资协定劳工条款均体现出"最低限度表述"的风格。例如，在中国与智利于2005年签订的《劳动和社会保障合作谅解备忘录》中，没有提及具体的劳工标准。在《中国—新西兰劳动合作谅解备忘录》以及《中国—瑞士劳动和就业领域合作谅解备忘录》中，序言均提及"致力于谋求可持续发展"的目标。其中，《中国—瑞士劳动和就业领域合作谅解

备忘录》体现了更多欧盟主导的自由贸易与投资协定劳工条款的色彩,即大量增加了对相关国际组织文件的强调,例如,除增加"促进体面劳动"以及"所有人的充分和富有成效的就业和体面劳动是可持续发展的关键要素"等原则性内容外,还对作为 ILO 成员有效执行国际劳工公约的义务、2006 年联合国经济及社会理事会《关于充分就业与体面劳动的部长级宣言》以及 2008 年《社会正义宣言》项下的承诺予以重申。在《中国—新西兰劳动合作谅解备忘录》以及 2013 年《中国—瑞士劳动和就业领域合作协议》中则使用了与美国主导的自由贸易与投资协定劳工条款类似的"基本工人权利"(basic workers' rights)的概念,但没有明确其具体内容。

除前述特点外,中国参与的自由贸易与投资协定劳工条款还有一些内容与美国和欧盟主导的自由贸易与投资协定劳工条款相似。例如:在劳工标准方面,也提及了 1998 年《基本原则和权利宣言》以及缔约方作为 ILO 成员的承诺和义务(如《中国—智利劳动和社会保障合作谅解备忘录》《中国—新西兰劳动合作谅解备忘录》及《中国—瑞士劳动和就业领域合作协议》);在保护水平方面,中国最早将劳工权益保护问题纳入自由贸易与投资协定的《中国—智利劳动和社会保障合作谅解备忘录》中没有关于保护水平的内容。CAI 以及《中国—新西兰劳动合作谅解备忘录》都明确缔约方可以设立各自的劳工标准水平[1],中国参与的前述两个文件还规定了缔约方决定其可持续发展政策与优先事项以及采用或者修改其劳动法律法规的权利,即"支柱一:尊重缔约方本国管治权"。[2]《中国—新西兰劳动合作谅解备忘录》《中国—瑞士劳动和就业领域合作协议》和 CAI 均对为了促进实现贸易与投资目标而怠于或者降低本国劳动法律执行和劳动保护水平的做法进行否定,即"支柱二:确保高标准执行—B:不减损规则"。《中国—瑞士劳动和就业领域合作协议》还明

---

[1] 同前注《欧盟—韩国自由贸易协定》,第 13.3 条。
[2] 同前注 CAI 第 4 节第 3 小节第 1 条;《中国—新西兰关于劳动合作谅解备忘录》第 1.2 条,载北大法宝 http://jslx.pkulaw.cn/fulltext_form.aspx? Db = alftwotitle&Gid = 11e887517d12bb471d53fbbd9387d44dbdfb,访问日期:2022 年 2 月 12 日。

确了"有效实施各自国内劳动法律"的内容,即"支柱二—A:积极作为"。① 可以看出,该等规定与美国和欧盟主导的自由贸易与投资协定劳工条款保护水平的"双支柱"基本一致,只是在内容上大为简化。

当然,中国过去将劳工权益保护问题纳入自由贸易与投资协定主要采取附件备忘录的形式,而且内容明显比美国和欧盟主导的自由贸易与投资协定劳工条款要少。实践中,由于中国批准加入的国际条约并不会直接作为国内法依据而被相关监管机构以及劳动用工主体适用,需要经过国内立法的"转化",因此鲜少看到自由贸易与投资协定劳工条款的具体适用问题,或者零散而又隐蔽地转化为国内劳动用工法律的适用。与之对应,中国国内对于自由贸易与投资协定劳工条款及其适用的认知、理解、研究和实践非常缺乏,特别是与美国和欧盟等主导自由贸易与投资协定劳工条款的国家和地区相比。因此,与欧盟完成 CAI 谈判,接受欧盟主导的自由贸易与投资协定劳工条款,将劳工权益保护问题纳入"投资与可持续发展"专章下,以及申请加入 CPTPP,是中国近年来在国际贸易与投资领域,特别是自由贸易与投资协定劳工条款这一问题上的重大突破,同时也意味着中国将面临知识与技能储备以及实践应用等诸多方面的一系列挑战。

第二节　自贸协定劳工条款于中国适用的主要挑战

如前所述,包括 CAI 和 CPTPP 在内的美国和欧盟主导的自由贸易与投资协定劳工条款以及中国和新西兰等国家签订的双边贸易

---

① 《中国—新西兰关于劳动合作谅解备忘录》,第 1.4 条;《中国—瑞士劳动和就业领域合作协议》,载商务部网 http://fta.mofcom.gov.cn/index.shtml,第 2.5 条、第 2.7 条,访问日期:2022 年 1 月 5 日。

投资协定,都提及缔约方对1998年《基本原则和权利宣言》核心劳工标准的遵守。对此,针对中国早已批准加入的关于禁止童工和消除就业或职业歧视的四项核心劳工公约,中国已有较为丰富的实践,在自由贸易与投资协定的框架下,挑战相对可控。例如,中国在过去近三十年已经通过出台《劳动法》《未成年人保护法》《义务教育法》《就业促进法》《妇女权益保障法》《残疾人保障法》,并完善《刑法》等法律法规的方式,落实了前述已经批准加入的核心劳工公约的要求,尽管在实践中仍然存在一些亟待解决的问题(例如相关规则较为原则、保护水平与标准相对不高等)。对于中国新近批准的关于禁止强迫或者强制劳动的两项核心劳工公约,鉴于中国已于2013年废止了劳动教养制度,中国落实并执行第29号《强迫或强制劳动公约》和第105号《废除强迫劳动公约》的国内法律和实践障碍明显降低,应该说挑战仍然可控。相对而言,对中国挑战最大的还在于尚未批准的关于结社自由与有效的集体谈判的两项核心劳工公约及其对应的劳工标准适用,核心问题是工会的设立、运作及罢工权问题。

劳动法学界通说一般认为,团结权(即结社自由)、集体谈判权(或者称团体交涉权)和罢工权(或者称集体争议权)均属于集体劳动权,合称为"劳动三权"①,是集体劳动权的核心概念与制度基础。集体劳动权是作为与个体劳动权相对应的概念而产生的,从劳资关系的不平等以及劳动关系从属性等特征出发,主要制度目的在于矫正单个劳动者与用人单位或者说用人单位之间实质权力和地位的不平等。② 集体劳动权被认为有利于实现特定的劳动者群体与用人单位之间达成某种程度的形式平等,保障劳动者争取在劳动关系权利和利益分配中的公平与正义。对于"劳动三权"之间的关系,我国

---

① 参见〔日〕阿部照哉、池田政章、初宿正典、户松秀典编著:《宪法(下)——基本人权篇》,周宗宪译,中国政法大学出版社2006年版,第269页;程延园:《"劳动三权":构筑现代劳动法律的基础》,载《中国人民大学学报》2005年第2期。
② 参见〔德〕雷蒙德·瓦尔特曼:《德国劳动法》,沈建峰译,法律出版社2014年版,第23页。

台湾地区劳动法学者黄越钦认为,三者之间具有目的和手段的关系。其中,团结权是集体谈判权的前提,即集体谈判权通常是由团结起来的劳动者团体(典型的就是工会)而非劳动者个人所行使;劳动者行使团结权的重要目的是展开集体谈判,用于在工作场所争取和维护劳动者群体的权益;罢工权则是集体谈判权得以有效实现的保证。总的来讲,"劳动三权"是集体劳动权得以实现的不可或缺的有机组成部分。①

"结社自由与有效的集体谈判"是 1998 年《基本原则和权利宣言》明确规定的核心劳工标准,被广泛载入各国和各地区缔结的自由贸易与投资协定,包括中国加入的相关双边自由贸易与投资协定。中国工会和集体协商的立法和实践与美国和欧盟等发达国家和地区所倡导的结社自由与集体谈判权有很多共同特征。例如,从结社自由的角度来看,其重要特征包括劳动者有权选择加入或者不加入工会、工会具有独立的财权及事权、劳动者参与工会活动享有特别保护等,这些内容在《工会法》中都有规定。具体而言,根据《工会法》第 3 条、第 10 条、第 47 条、第 53 条等规定,中国境内的劳动者都有权依法参加和组织工会;工会向会员负责,接受会员监督;国家和法律保护工会的财产,不得侵占、挪用和任意调拨;职工因参加工会活动而被解除劳动合同违法等。从集体谈判权的角度来看,中国在集体谈判权方面拟定了基本的法律法规,例如《劳动法》《工会法》《劳动合同法》《集体合同规定》以及《工资集体协商试行办法》等。虽然中外表述不同,但 1998 年《基本原则和权利宣言》提及的集体谈判与集体合同制度与中国的集体协商和集体合同制度的实质内容和法律精神是基本一致的。② 但是,如果严格按照 ILO 第 87 号和第 98 号公约的规定,以及 ILO 结社自由委员会作出的相关解释,中国在结社自由与有效的集体谈判这一核心劳工标准下仍然面临相当程度的挑战,集中体现为传统"结社自由"的要求与中国特色的

---

① 参见黄越钦:《劳动法论》,政治大学劳工研究所 1992 年版,第 282、339 页。
② 参见常凯主编:《劳动关系学》,中国劳动社会保障出版社 2005 年版,第 275 页;唐鑛主编:《企业劳动关系管理》,首都经济贸易大学出版社 2011 年版,第 194 页。

一元化工会体制的矛盾以及罢工权,这也是中国尚未批准加入第87号和第98号公约的重要原因。

对此,诚如中国人民大学劳动关系学教授常凯所言,中国发展社会主义市场经济,就必须考虑如何将社会主义与市场经济两个概念和制度有机协调起来。由于社会主义市场经济并没有先例可循,因此面临的挑战可想而知,但又是中国经济与社会发展必须解决的问题。其中,如何妥善处理社会主义市场经济条件下的劳资矛盾,又是其中的关键之一。①

一、结社自由标准于中国适用的挑战

(一)"结社自由":资本主义发达工业国家的历史实践经验

团结权被视为"劳动三权"的基础与起点。一般而言,集体劳动法下的"结社",是指"劳动者或者用人单位为维持和促进其在建构劳动条件和经济条件时的利益而进行的结社"②。

在ILO框架内,《凡尔赛和约》第13部分《ILO章程草案》序言中,强调了"承认结社自由原则";1944年《费城宣言》也规定"言论自由和结社自由是不断进步的必要条件"。曾担任中华全国总工会副主席和ILO理事会工人组副理事的王家宠曾经透彻地指出,ILO制定的国际劳工标准主要反映了资本主义国家和地区的经济与社会情况及其经验,这和当今世界资本主义国家和地区占据多数的客观现实相一致。③ 这一判断同样适用于"结社自由"这一核心国际劳工标准。

"结社自由"的历史背景是工业革命之后不断深化的资本主义国家资产阶级与以大工厂产业工人为代表的无产阶级之间的深刻

---

① 参见常凯:《劳权论——当代中国劳动关系的法律调整研究》,中国劳动社会保障出版社2004年版,第3—4页。
② 〔德〕雷蒙德·瓦尔特曼:《德国劳动法》,沈建峰译,法律出版社2014年版,第363页。
③ 参见王家宠:《国际劳动公约概要》,中国劳动出版社1991年版,第41页。

矛盾。进一步而言,在社会法视野下,"结社自由"的重要主旨在于通过劳动者的团结,矫正劳资关系中的不平等格局,通过集体谈判、劳动保护等方式,推动实现"产业和平",最终促进"社会正义",核心目标还在于维持资本主义的社会秩序与根本制度。值得注意的是,传统"结社自由"的内涵与外延经历了持续发展的过程,时至今日也难以称之为已臻完美的规则。进一步而言,由于各国和各地区发生工业革命、产生工人阶级的时间早晚以及工人运动情况的不同,对"结社自由"的理解与适用体现了其特殊的历史、文化、传统以及特定时期的具体政治、经济、社会背景。例如,作为老牌资本主义强国和工业革命的发源地,英国很早就出现了资本主义劳资矛盾,但由于强大的资本和信奉个人主义的历史传统,虽然英国最早诞生了现代意义的劳动法,但其总体仍然体现出了突出的自由主义传统。在此基础上,国家和政府对于劳资矛盾与利益协调的介入和干预是极为克制的,因此催生了对自愿集体谈判的支持;与之对应,在劳资行动方面的法律却存在明确缺失。同时,与其他众多国家和地区一样,英国对于劳动用工的管制体现出根据不同时期的具体情况进行"放松—管制"的动态调整。19世纪,英国一方面诞生了保护劳工权益的1802年《学徒健康和道德法》,另一方面又限制罢工自由;1906年的《劳资争议法》豁免了工会的侵权行为,连同之后的1909年《劳资协商委员会法》等,构成了英国自愿集体谈判的机制。"二战"初期,则又开始严格限制罢工,劳动仲裁随之成为强制争端解决机制。[①] 因此,大工厂的劳动者为了争取和维护自身权益,抱团取暖,组成工人社团,并通过罢工等方式迫使用人单位与其进行集体谈判。可以看出,英国的工会以及集体谈判等集体劳动权和制度安排,是各相关方利益博弈的实践产物,而非基于某种特定的理念而专门付诸实践的检验。[②] 再来看看美国,19世纪八九十年

[①] 参见[英]史蒂芬·哈迪:《英国劳动法与劳资关系》,陈融译,商务印书馆2012年版,第35—53页。
[②] 参见[英]史蒂芬·哈迪:《英国劳动法与劳资关系》,陈融译,商务印书馆2012年版,第12页。

代,"合同自由"和"财产权"的观念通过司法审查取得了优先于劳工权益保护的地位;美国于 1912 年成为世界第一经济强国,在此前后,劳工运动呈现爆炸性增长,随之引发了对工会的限制;1919 年的 400 万钢铁工人大罢工后工会开始衰落。1929 年美国经济大衰退,随之"罗斯福新政"开启,1932 年《诺里斯—拉瓜迪亚法》通过立法完善劳资争议;1935 年《国家劳动关系法》(即《瓦格纳法》)作为"产业和平"的产物推出,并成立了国家劳动关系委员会,支持集体谈判,奠定了现代美国劳动法的基础。[1]

由此可见,一方面,诚如王宠惠所言,ILO 所确定的"结社自由与有效的集体谈判"很大程度上是源于资本主义发达工业国家的产物,从侧面看,与英国工会和集体劳动权的实践经验具有一定联系,这也同英国长期在 ILO 中发挥重要作用有关。另一方面,虽然 1919 年《凡尔赛和约》即已明确承认并促进"结社自由",但由于各国和各地区对于"结社自由"的认可度和规范并不一致,包括同属资本主义发达工业国家的英国和美国在内,导致 ILO 很长一段时间都未就"结社自由"拟定专门的国际劳工公约。

关于"结社自由"的国际劳工公约源于 20 世纪 40 年代末世界工会联合会和美国劳工联合会呼吁联合国经济及社会理事会考虑工人的团结权以及罢工权的承认及保护等问题。对此,联合国经济及社会理事会于 1947 年 3 月通过决议,要求将"保障工会权利的行使和发展"列入议程,并经国际劳工大会审议。[2] 此时,冷战的"铁幕"已经落下。从第 87 号公约和第 98 号公约通过的时间(第 87 号公约于 1948 年通过,第 98 号公约于 1949 年通过)来看,正值中华人民共和国成立前后,而且当时中国正处于以农业经济为主的阶

---

[1] 参见〔美〕迈克尔·C.哈珀等:《美国劳动法:案例、材料和问题》,李坤刚等译,商务印书馆 2015 年版,第 45—126 页;〔美〕辛西娅·艾斯特伦德:《对美国劳动法学声望下降的反思》,载叶静漪主编:《比较劳动法学》,北京大学出版社 2018 年版,第 103—117 页。

[2] See ILO, Background Document for the Tripartite Meeting on the Freedom of Association and Protection of the Right to Organize Convention, 1948 (No. 87), in Relation to the Right to Strike and the Modalities and Practices of Strike Action at National Level, 2015, https://www.ilo.org/wcmsp5/groups/public/---ed_norm/---relconf/documents/meetingdocument/wcms_344248.pdf, p. 4.

段,尚未进入大工业发展阶段。因此,关于结社自由与有效的集体谈判的核心劳工公约主要体现了英国、美国、法国等主导第二次世界大战后国际秩序的资本主义发达工业国家和地区的经验、实践、理念乃至法律规则,包括资本主义民主国家宪法中的"结社自由"[1],反映了其社会与经济情况。此后,基于当时英国、美国、法国等国家和地区对于这一劳工标准的积极态度(即其国内对于工会及集体谈判持相对积极和肯定的态度),英国、美国、法国等国家和地区进一步推动"结社自由"在国际法层面得到了更为广泛的确认。例如,1948年联合国《世界人权宣言》第20条和第23条都包含了"结社自由"和为了自身利益组织和参与工会的普遍人权。1966年联合国《经济、社会及文化权利国际公约》第8条对组织工会权利的具体内容作了进一步明确。因此,基于前述国际人权公约的背书和确认,"结社自由"已然被视为属于基本人权的范畴。

本质上,在西方资本主义的政治、经济与社会制度中,国家与政府是基于"社会契约"而提供公共产品,并维持社会秩序必要的"恶";在私有产权与市场经济条件下,国家与政府直接干预劳资关系的空间有限,且政府与资本也存在某种程度的特殊关系,对资本的管控本身也与国家及政府促进经济发展的职能存在相关性,因此不会或者仅能在有限的空间内保护或者回应劳工对资本提出的诉求。如果劳工的诉求无法得到有效回应,最后的结果通常是劳工对自身权益的主张化为广泛的工人运动,以"自力救济"的方式维护权益。

在此基础上,近现代众多政治学家、经济学家和哲学家等对于工会的作用及其功能进行了详尽论述,对了解"结社自由"特别是工会问题奠定了基础,但同时也在一定程度上限定了规范和议题的讨论边界。例如,马克思基于对英国工业革命及随之产生的劳资矛盾进行深入观察和分析后,创造性地提出了劳动价值论和剩余价

---

[1] 参见常凯:《劳权论——当代中国劳动关系的法律调整研究》,载中国劳动社会保障出版社2004年版,第223—224页。

论,并以此作为基础,指出资本主义劳资关系的雇佣性、剥削性和对抗性的特征。马克思认为,雇佣劳动是资本的条件;雇佣劳动的基础在于工人个体之间的相互竞争。因此,为了有效应对资产阶级对于工人阶级的剥削和压迫,应该通过阶级斗争的方式暴力推翻资本主义制度。团结的工人阶级掌握国家政权后,可以实现劳动者与生产资料的直接结合。为了实现前述目标,工人阶级的团结组织——工会就成为了重要行动主体及途径。与马克思主义强调阶级革命不同,与其同时期诞生的产业民主思想立足于资本主义本身,提出了工会的改良作用,即从单个劳动关系中劳动者的弱势地位出发,提出在工人阶级团结的基础上,通过集体谈判、互助保险和劳动法律"三位一体"的模式,实现对无秩序市场与用人单位专制的矫正,以社会控制和规范的方式维持或者改善劳动者的劳动条件[①],构成了当今欧洲社会伙伴思潮的重要基础。制度经济学同样在资本主义制度范畴内研究工会,认可工会是对用人单位权力的平衡和矫正,而劳动、资本、政府三方协商的宏观劳动政策则构成了现代劳动关系的基本制度形式。[②] 因此,对内为解决严重的劳资对立,减少暴力劳工运动,将劳资争议纳入法律规则的范畴,对外为预防俄国十月革命产生的共产主义影响,结社自由与有效的集体谈判作为资本主义社会的集体劳资关系协调机制被引入国际劳工标准。

按照前述非马克思主义逻辑,结社自由与有效的集体谈判能够赋予工人谈判解决工作中的问题,因此成为其他劳工标准的基础。针对工会出现的腐败和寻租等问题,增加竞争性和民主化改革是保证工会对会员负责的关键。贸易与全球化专家金伯利·安·艾略特(Kimberly Ann Elliott)和哈佛大学经济学教授理查德·B. 弗里曼(Richard B. Freeman)还特别指出,结社自由与有效的集体谈判不仅有助于提升劳工标准与劳动保护水平,同时还有

[①] 参见〔英〕韦伯夫妇:《英国工会运动史》,陈建民译,商务印书馆1959年版,第1页。
[②] See John R. Commons, Institutional Economics, *American Economic Review*, 21, 1931, pp. 648-657.

助于缓解不同劳工标准国家和地区之间关于劳动力比较优势的争论。① 可以说,前述判断均基于资本主义国家和地区的经验,制度设计的大前提是政府中立、劳资对立以及结社自由与有效的集体谈判是工人阶级维护自身权益的合法"自力救济",同时暗含社会稳定的政策目的。

(二) 中国特色的一元化工会体制的产生及其法理基础

根据第 87 号公约第 2 条和第 3 条的规定,"结社自由"的含义主要包括:(1)工人和用人单位均可以建立和参加组织;(2)该等组织无需事先批准,仅需遵守组织章程;(3)政府不得限制该等权利或者对权利的合法行使予以干涉。目前,尽管中国《工会法》第 2 条第 1 款、第 3 条对前述第(1)项和第(3)项均予以了肯定,但一元化工会体制对工人结社进行了深度控制。② 例如,根据中国《工会法》第 2 条第 2 款的规定,明确指出中华全国总工会及其各级工会代表职工的利益依法维护中国境内劳动者的合法权益;第二章"工会组织"关于工会实行垂直管理、下级工会应该服从于上级工会的领导、中华全国总工会是中国最高一级的工会、上级工会负责审批下级工会的设立等内容,被视为与第 87 号公约关于"结社自由"的要求并不相符。分析中国现有一元化工会体制的产生及其正当性,必须回顾中国工人阶级以及中华人民共和国的成立等历史。

1. 中国工会独特的政治属性源于其产生的背景、革命目的及历史

1912 年,辛亥革命推翻清王朝的封建统治,建立中华民国。北洋军阀和中华民国政府均代表资产阶级的利益,推行资本主义经济模式。在此过程中,李大钊、陈独秀等受俄国十月革命的影响,将马

---

① Kimberly Ann Elliott & Richard B. Freeman, Can Labor Standards Improve Under Globalization? Institute for International Economics, 2003, pp. 12–13.
② 参见林燕玲:《TPP 中劳工标准对中国劳动关系的影响和对策研究》,载《中国人力资源开发》2016 年第 5 期。

克思主义引入中国,并逐渐团结并依靠北京长辛店等地区的中国早期工人阶级,与压迫工人阶级的大资本家和代表大资产阶级的反动政府展开积极斗争,成立了代表工人阶级利益的马克思主义政党——中国共产党,揭开了探索中国社会主义道路的序幕。1921年,中国共产党第一次全国代表大会通过的《中国共产党第一个决议》就明确中国共产党的中心工作是领导、组织和推进工人运动,强调党"应在工会里灌输阶级斗争的精神"。[①] 从中国唯一的工会——中华全国总工会的历史来看,其可以追溯到1921年8月中共中央为了集中力量领导中国工人运动在上海成立的中国劳动组合书记部。1922年5月1日,中国劳动组合书记部第一次全国劳动大会召开。1925年5月1日,第二次全国劳动大会在广东大学礼堂开幕,标志着中华全国总工会的正式成立。因此,中华人民共和国成立之前,从中国的经济模式、劳资对立以及政府中立(实质上是保护资本的利益)的角度,包括结社自由以及游行、示威、罢工等在内的集体行动,其客观需求与社会条件大体上与结社自由与有效的集体谈判这一核心劳工标准诞生时的背景与制度考虑存在相似之处。

但是,与美国和欧盟等西方资本主义国家和地区的工会远远早于工人阶级政党不同,中国的工会与苏联工会更为相似,即工会主要是在工人阶级政党产生之后,由先进的工人阶级政党组织和团结起来,以实现工人阶级革命专政为重要目的的产物。[②] 可见,前者是先有工会实践,后有关于结社自由与有效的集体谈判的理论与规则;后者则是先有马克思主义工人运动理论,而后才有在马克思主义政党领导下的工会实践。进一步而言,由于当时中国的工业化大生产水平相对较低,工人阶级的规模较小,且遭受战争影响,在中国共产党人的带领下,中国工人阶级维护自身权益的方式和目标并非

[①] 参见中国工运研究所编写组:《中共工会简史》,中国工人出版社2020年版,第6页。
[②] 参见〔苏〕马尔科夫:《苏联工会——为布尔什维克党政策忠实的和积极的推行者》,工人出版社1950年版,第1页。

为了稳定既有资本主义政体,进而在既有法律与规则中进行集体谈判,从目的结果来看,是推翻了旧的国民党反动派的统治,建立起工农联合、无产阶级专政的社会主义新中国。因此,与资本主义工业强国主导制定的结社自由相关的国际劳工公约主要体现为经济功能不同,中国工会从其起源和历史来看,是中国近代工人阶级和中国共产党团结夺取并建立工人阶级政权的重要手段与产物,带有鲜明的马克思主义革命性和政治性。在此基础上,中华全国总工会是中国工人阶级在马克思主义革命工会理论指导下,参与、支持中国工人阶级在中国革命的先进政党——中国共产党领导下建立新中国的重要组成部分。

2. 现行工会体制的主要法理基础是《宪法》的"工人阶级领导"

关于中国工会和新中国政府的关系,李立三作出了经典论述:"政府是工人阶级和广大人民群众长期牺牲奋斗、推翻反动统治后所亲手建立起来的,只有巩固自己的政府,才能保障工人阶级达到自己解放的最终胜利,才能逐渐改善生活条件达到最高的美满幸福的生活。"[①]因此,在筹备成立中华人民共和国的1949年《中国人民政治协商会议共同纲领》序言和第1条中均明确指出,中国实行工人阶级领导的、以工农联盟为基础的人民民主专政。1954年《宪法》第1条保留了1949年《中国人民政治协商会议共同纲领》序言和第1条的规定,同时还强调了政府与工会的关系,即工会拥护政府、政府保护工会。1975年、1978年《宪法》第1条、第2条以及1982年《宪法》第1条延续前述内容,并对中国社会主义国家的性质进行了明确。其中,1975年、1978年《宪法》还特别提及中国共产党作为中国工人阶级先锋队的领导核心地位和作用。

可以看出,中华人民共和国不同于资本主义国家的社会主义性质,直接由宪法确立,在中国共产党从革命党转变为执政党以及工人阶级从受压迫的、受奴役的阶级成为中国的统治阶级后,确定了

[①] 《李立三委员关于中华人民共和国工会法草案的几点说明》,载《中华人民共和国工会法》,人民出版社1950年版,第12页。

中国工会不仅具备资本主义国家工会的社会与经济功能,还具有相当的政治职能。这些内容是在以资本主义为重要的政治、经济、社会和制度背景下产生的《凡尔赛和约》《ILO 章程》以及第 87 号公约和第 98 号公约中都没有体现的。对此,《中国工会章程》对于中国工会和国家以及中国共产党的关系进行了明确阐述,例如:工会首先是包括工人阶级在内的劳动者自愿组成的群众组织;中国共产党是领导中国工会的重要政治力量;中国工会除了承担代表和维护作为工会会员的职工的合法权益外,还扮演着中国共产党联系职工和群众的桥梁和纽带的作用;中国工会是国家政权的重要组成部分,提供了中国共产党领导下的社会主义中国的社会支撑;等等。客观上来看,《中国工会章程》对于中国工会性质、地位和作用的界定,特别是与社会主义政权和中国共产党关系的论述,充分凸显了其政治地位和政治性职能,与苏联工会体制类似,体现了社会主义国家工会和工人运动的鲜明特点。[①] 正因如此,中国《工会法》规定了具有中国社会主义特色的一元化工会体制,包括所有工会从属于单一的中华全国总工会、上级工会组织领导下级工会组织以及设立工会必须报上一级工会批准等。

综上可见,中国实行中华全国总工会及其各级工会为核心的垂直领导与被领导的一元化工会体制。中国所有的工会必然从属于中华全国总工会,否则将不被认为属于中国法律项下合法的工会组织。中国的工会制度的历史、政治和社会背景和制度基础与《ILO 章程》以及第 87 号公约和第 98 号公约等语境下所强调的"结社自由"的前提不同。本质上,中华人民共和国成立的基础以及中国《宪法》所规定的中国共产党领导的社会主义人民民主专政的政体,从理念上明确了工人阶级是中国的领导阶级,而中国政府"以人民为中心"。作为中国国家和社会的领导阶级,中国的国家机器本身是由工人阶级所掌握并可以利用国家机器实现工人阶级的合法权益,因

[①] 参见〔苏〕马尔科夫:《苏联工会——为布尔什维克党政策忠实的和积极的推行者》,工人出版社 1950 年版。

为所有的立法、执法与司法的基础与权力理论上都掌握在工人阶级手中。正因如此，中国工会是国家政权的一部分，扮演着人民民主专政的国家社会管理与协调职能。相对而言，资本主义国家是由资产阶级统治，代表资产阶级利益，因此政府不愿也无法有效地代表和维护工人阶级的切身利益。作为一种调和劳资矛盾的工具，结社自由与有效的集体谈判被推上了资本主义国家的舞台。因此，从历史和理论的角度来看，中国的工人阶级并不存在与资本主义国家工人阶级同样的依靠结社自由与有效的集体谈判权来维护自身权益、调节劳资矛盾乃至维护社会稳定的客观需要。这是 ILO 确定的结社自由与有效实施的集体谈判这一核心劳工标准与中国社会制度、政权性质以及《宪法》规定不一致的根本原因。

对此，中国政府在 2001 年批准《经济、社会及文化权利国际公约》时，对该公约第 8 条第 1 款(甲)项关于自由组建和参加工会的规定发表声明，虽然没有明确提出保留，但表示将按照中国的相关法律法规，即《宪法》《工会法》《劳动法》等依法办理，由此继续坚持和维护了具有中国特色的社会主义一元化工会体制。[①]

二、罢工权标准于中国适用的挑战

(一) ILO 关于罢工权的实践

1. 国际劳工公约没有纳入罢工权

关于"罢工"(strike)，新华字典的定义是"工人为了表示某种抗议或者实现某种要求而联合起来集体停止劳动"；牛津词典的定义是"由于在工资或者工作条件上的分歧而拒绝工作"。ILO 的定义则是"通常是为了从其用人单位那里获得让步，作为抗议的形式，有组织的劳

[①] 参见《全国人大常委会关于批准〈经济、社会及文化权利国际公约〉的决定》，载《人民日报(海外版)》2001 年 3 月 1 日。

动者团体决定拒绝工作"①。因此,罢工是由于对既存的或者主张的工作条件存在争议,工人集体拒绝工作以对抗用人单位的行为。②在我国台湾地区,罢工被归为"劳动斗争",主体为工会,手段包括罢工和闭厂,目标则指向缔结团体协约(即集体合同)。③学界通说认为,罢工权是实现有效集体谈判常见的最终压力手段。对于工人群体而言,可以说是其行使集体劳动权争取权益的"牙齿"与"拳头"。

对于如此重要的权利,在现有国际劳工公约中,却至今没有关于"罢工"的规定,而是依托于包括 ILO 结社自由委员会为主的监督机制发展出的一套复杂规则。如此安排,有其特定的历史原因。国际劳工局在 1947 年 6 月提交了关于"结社自由和劳资关系"的报告,拟议的决议和相关要点清单中均没有提及罢工权。尽管 ILO 认为在第 87 号公约的讨论过程中罢工权被认为理所当然④,并且的确曾经围绕公职人员的结社权与罢工权在内的相关问题进行讨论,但是发达国家和地区与发展中国家和地区对于是否明确公务员罢工权或其限制没有达成一致。在此基础上,为了不影响对于更为广泛的结社自由权和集体谈判权的认可,第 87 号公约没有涉及罢工权。⑤ 同时,第二次世界大战后,各国和各地区对于罢工权的演进和

---

① See ILO, Background Document for the Tripartite Meeting on the Freedom of Association and Protection of the Right to Organize Convention, 1948 (No. 87), in Relation to the Right to Strike and the Modalities and Practices of Strike Action at National Level, 2015, https://www.ilo.org/wcmsp5/groups/public/---ed_norm/---relconf/documents/meetingdocument/wcms_344248.pdf, p. 3.
② 参见唐鑛主编:《企业劳动关系管理》,首都经济贸易大学出版社 2011 年版,第 182—183 页。
③ 参见黄越钦:《劳动法论》,政治大学劳工研究所 1992 年版,第 339 页。
④ International Labor Conference 81st Session, Freedom of Association and Collective Bargaining, International Labour Office, 1994, https://www.ilo.org/public/libdoc/ilo/P/09661/09661(1994-81-4B).pdf, p. 62.
⑤ See Background Document for the Tripartite Meeting on the Freedom of Association and Protection of the Right to Organize Convention, 1948 (No. 87), in Relation to the Right to Strike and the Modalities and Practices of Strike Action at National Level, 2015, https://www.ilo.org/wcmsp5/groups/public/---ed_norm/---relconf/documents/meetingdocument/wcms_344248.pdf, pp. 4-5.

规制是不同的,起码在第 87 号公约和第 98 号公约讨论制定时并未达成广泛共识。第 87 号公约讨论时正处于冷战开始时期,在 ILO 占据主导地位的英美传统仅将"结社自由"看作政治性权利予以规范,罢工权则是作为集体谈判重要手段的社会经济权利而被排除在强制性权利安排之外。同时,罢工权也被认为在当时的社会主义国家更具有领先性①,自然并非主导 ILO 的西方资本主义国家所乐见。此外,如果争取将"罢工权"纳入国际劳工公约,考虑到国际劳工公约的"普遍性"和"一致性",可能使不同国家和地区的罢工实践出现一定程度的妥协和修正,以满足作为国际劳工标准"最低限度的共识"。对此,工人代表担心在国际劳工公约明确"罢工权"将会无可避免地对其加以限制,也倾向于在国际劳工公约中对罢工权保持沉默,而将具体规则留给各成员。② 这些深层次的考虑是罢工权最终未能纳入第 87 号公约和第 98 号公约的根本原因。

可以看出,罢工权之所以没有被纳入国际劳工公约,是 ILO 各成员对该问题持有较强主权保留意图下的妥协结果。

2. ILO 监督机制建构罢工权规则

第 87 号公约和第 98 号公约通过后,ILO 和联合国经济及社会理事会于 1950 年达成协议,成立了关于结社自由的事实认定与调解委员会以及 ILO 理事会常设机构结社自由委员会,建立了关于结社自由问题的特殊监督机制。尽管该等特殊监督机制与国际劳工公约原则上只对批准加入的会员具有约束力的一般规则并不一致,但如前所述,ILO 认为《ILO 章程》明确"结社自由"是 ILO 的基本原则之一,承认"结社自由"原则是 ILO 的重要性也在《ILO 章程》序言和 1944 年《费城宣言》中被先后提及。因此,作为 ILO 成员,当其遵照《ILO 章程》加入时,就意味着承担实施"结社自由"原则的义务。

在此基础上,ILO 结社自由委员会对于包括第 87 号公约和第 98

---

① See Bob Hepple, The Right to Strike in an International Context, *Canadian Labor & Employment Law Journal*, 15(2), 2009.

② See Tonia Novitz, *International and European Protection of the Right to Strike*, Oxford University Press, 2003, p. 118.

号公约在内的有关结社自由的国际劳工公约与建议书一般原则的决定和解释,被视为构成了类似"判例法"的 ILO 补充渊源,其中最具有代表性的即罢工权问题。① ILO 结社自由委员会在 1952 年处理牙买加罢工案时,明确指出罢工权和组织工会会议是工会权利的基本要素,但并未明确罢工权为绝对权,而需要基于具体情况以判定政府的限制是否具有合法性。② 经过此后数十年对结社自由劳工标准相关投诉的处理,ILO 结社自由委员会形成的汇编指出:工人及其组织的罢工权利是捍卫其经济和社会利益的合法手段,仅在将其用作捍卫其经济利益的手段时才是工人及其组织的一项基本权利;罢工权是受第 87 号公约保护的组织权的内在必然结果。同时,自 1959 年起,ILO 公约和建议书适用专家委员会(Committee of Experts on the Application of Conventions and Recommendations, CEACR)也定期就罢工权发表意见,其中包括认为成员方政府针对罢工权的限制措施可能违反第 87 号公约的情形。ILO 关于罢工权的后续实践,遵循某种程度的"普通法"轨迹,由各成员方提出关于罢工权问题的投诉,再由结社自由委员会和专家委员会作出决议与观察意见,形成了一系列虽然不具有国际条约的强制性,但同样具有相当程度影响力的规则体系。③

值得注意的是,自 2012 年起,在 ILO 三方机制下,相关方对于罢工权产生了不同看法。其中,用人单位组代表发起了对 ILO 公约和建议书适用专家委员会关于罢工权解释的挑战,认为罢工权并非第 87 号公约隐含的权利,ILO 公约和建议书适用专家委员会基于对第 87 号公约的评论,呼吁各国政府的法律和实践与其看法保持一致的做法,与国际劳工标准的三方机制冲突,其对罢工权制定的规则也并不平衡;ILO 公约和建议书适用专家委员会对罢工权的评注规则

---

① 参见王家宠:《国际劳动公约概要》,中国劳动出版社 1991 年版,第 328—333 页。
② See Janice R. Bellace, Back to the Future: Freedom of Association, the Right to Strike and National Law, *King's Law Journal*, 27(1), 2016.
③ See CFA, Compilation of Decisions of the Committee on Freedom of Association (6Th Edition), 2018, https://www.ilo.org/wcmsp5/groups/public/---ed_norm/---normes/documents/publication/wcms_632659.pdf.

构成了一种影响深远的、不受限制的罢工自由,即便按照 VCLT 最松散的解释,也难以得出第 87 号公约隐含了罢工权。[1] 2015 年 2 月,三方会议通过的政府集团声明明确:"罢工权与结社自由有关,结社自由是 ILO 的一项工作中的基本原则和权利……如果不保护罢工权,结社自由,尤其是为促进和保护工人利益而组织活动的权利,就无法充分实现……罢工权并非一项绝对的权利,其范围和条件由国家层面规制。"[2]进一步而言,"ILO 成员可以自主决定自己在这一问题上的法律和做法"[3]。对此,工人组和用人单位组发布联合声明,重申了 ILO 公约和建议书适用专家委员会的意见和建议不具有约束力,旨在指导国家行动;同时,尽管工人组认可"罢工权并非绝对权",但同时强调"罢工权是民主的一个基本特征,也是工人的一种基本行动手段,受到第 87 号公约的保护"[4]。应该说,国际劳工大会内部过去关于罢工权的共识已经瓦解。[5] 此外,联合国人权委员会在 1986 年的决议中指出,结社自由并不必然意味着罢工权,联合国人权公约也并无意保障罢工权,其将取决于各国和各地区自身法律的规定。尽管如此,考虑到 ILO 监督机构过去数十年对罢工权问题的实践、第 87 号公约缔约方的认可及其他国家与地区的司法惯例,仍有学者认为罢工权在某种程度上已经成为习惯国际

---

[1] See Alfred Wisskirchen, The Standard-Setting and Monitoring Activity of the ILO: Legal Questions and Practical Experience, *International Labour Review*, 144(3), 2005.

[2] See ILO, Outcome of the Meeting, Tripartite Meeting on the Freedom of Association and Protection of the Right to Organize Convention, 1948 (No. 87), in Relation to the Right to Strike and the Modalities and Practices of Strike Action at National Level, https://www.ilo.org/wcmsp5/groups/public/---ed_norm/---relconf/documents/meetingdocument/wcms_346764.pdf.

[3] See ILO, Outcome of the Meeting, Tripartite Meeting on the Freedom of Association and Protection of the Right to Organize Convention, 1948 (No. 87), in Relation to the Right to Strike and the Modalities and Practices of Strike Action at National Level, https://www.ilo.org/wcmsp5/groups/public/---ed_norm/---relconf/documents/meetingdocument/wcms_346764.pdf.

[4] See International Labor Conference 104th Session, Conference Committee on the Application of Standards: Extracts from the Record of Proceedings, 2015, https://www.ilo.org/wcmsp5/groups/public/---ed_norm/---normes/documents/publication/wcms_412826.pdf, paras. 39, 46, 56, 69.

[5] See Janice R. Bellace, Back to the Future: Freedom of Association, the Right to Strike and National Law, *King's Law Journal*, 27(1), 2016.

法。① 事实上,早在1953年,ILO结社自由委员会主席就声称相关决定是"普通法中的一种习惯规则,不属于或者高于任何公约的范围"②。

(二) 中国的"罢工"规定与实践

1. "政治化"的权利:"大民主"、罢工自由与"文革"

中国目前并没有关于罢工的明确规定,罢工处于一种无法可依的状态。具体而言,中国既没有关于"罢工自由"的规定,也没有"禁止罢工"或者"罢工违法"的规定。对于公民而言,依照"法无禁止即可为"的基本法理规则,只要法律没有明文禁止,便是可以作为的。尽管《工会法》和一些地方性法规以消极的方式认可了劳动者的罢工合法性,但由于《宪法》和其他国家层面的劳动法律法规没有明确规定"有权罢工",且缺乏对罢工权利保障和行使的具体法律规范,致使目前中国集体劳动权利的法律规定并不完备,对以罢工为核心的集体争议权缺乏规制。③ 与一元制工会一样,在其背后,同样是由于中国是工人阶级领导的政府,因此理论上设置罢工权没有必要,甚至会损害政权秩序,与发展经济这一核心目标以及工会可以通过意见、建议或者抗议等方式处理的理念相违背。④

回顾历史,1954年《宪法》中没有规定罢工权。针对社会主义改造基本完成后国内出现的罢工和罢课等社会问题,毛泽东在1956年中共八届二中全会期间提出可以针对"官僚主义者"实行"无产阶级领导下的大民主"⑤,把罢工和"闹事"作为阶级斗争和政府管理的

---

① See James J. Brudney, The Right to Strike as Customary International Law, *The Yale Journal of International Law*, 46 (1), 2021.
② ILO, Minutes of the 121st Session of the Governing Body, 1953, https://www.ilo.org/public/libdoc/ilo/P/09601/09601(1953-121).pdf, pp. 38-39.
③ 参见常凯:《关于罢工的合法性及其法律规制》,载《当代法学》2012年第5期。
④ 参见邱少晖:《二十世纪中国工会法变迁研究》,中国政法大学出版社2013年版,第167—168页。
⑤ 参见沈志华:《中国对东欧十月危机的反应和思考——"波匈事件与中国"研究之二》,载《史学月刊》2007年第1期;许崇德:《中华人民共和国宪法史》,福建人民出版社2003年版,第736、791—794页。

手段。例如,提出"以后修改宪法,我主张加一个罢工自由,要允许工人罢工。这样,有利于解决国家、厂长同群众的矛盾"①。"如果由于我们的工作做得不好,闹了事,那就应当把闹事的群众引向正确的道路,利用闹事来作为改善工作、教育干部和群众的一种特殊手段,解决平日所没有解决的问题。"②因此"坏事也可以转变成为好事。乱子有二重性。我们可以用这个观点去看待一切乱子"③。但当时的实践中主要通过整风以及批评与自我批评等"小民主"的方法反对官僚主义④,这也与党的八大关于国内主要矛盾从阶级矛盾转为人民内部或者说发展与需求之间的矛盾的判断一致。值得注意的是,毛泽东对"无产阶级大民主"(包含罢工等在内的公开冲突形式)以及"乱子有二重性"的观点,某种程度上被视为后来开展"文化大革命"的理论基础之一。⑤ 从结果来看,受到"文化大革命"影响的 1975 年和 1978 年《宪法》,都在 1954 年《宪法》的基础上增加了"罢工自由"。

但是,在 1982 年《宪法》中,出于对"文化大革命"社会动乱的纠正,取消了 1975 年和 1978 年《宪法》增加的"罢工自由"的规定⑥,奠定了时至今日的中国现行《宪法》基础。在这一次《宪法》修改过程中,彭真作为负责人所确定的修改原则包括:1954 年《宪法》作为修改《宪法》的基础;依据《关于建国以来党的若干历史问题的决议》;

---

① 毛泽东:《在中国共产党第八届中央委员会第二次全体会议上的讲话》(1956 年 11 月 15 日),载中文马克思主义文库 https://www.marxists.org/chinese/maozedong/marxist.org-chinese-mao-19561115.htm,访问日期:2022 年 3 月 10 日。
② 毛泽东:《关于正确处理人民内部矛盾的问题》(1957 年 2 月 27 日),载央视网 http://www.cctv.com/special/756/1/50062.html,访问日期:2022 年 3 月 10 日。
③ 毛泽东:《关于正确处理人民内部矛盾的问题》(1957 年 2 月 27 日),载央视网 http://www.cctv.com/special/756/1/50062.html,访问日期:2022 年 3 月 10 日。
④ 参见中央文献研究室:《八大之后毛泽东对正确处理人民内部矛盾问题的思考》,载人民网 http://dangshi.people.com.cn/n/2013/1128/c85037-23681854.html,访问日期:2022 年 3 月 10 日;逢先知、李捷:《一篇重要的马克思主义理论著作的诞生——〈关于正确处理人民内部矛盾的问题〉形成过程(上)》,载《党的文献》2002 年第 4 期。
⑤ 参见沈志华:《中国对东欧十月危机的反应和思考——"波匈事件与中国"研究之二》,载《史学月刊》2007 年第 1 期。
⑥ 参见《中华人民共和国宪法制定和发展完善历程》,载中国人大网 http://www.npc.gov.cn/npc/dzlfxzgcl70nlflc/202108/8495c61fa0dc4cc8b69079fef7fa8af8.shtml,访问日期:2022 年 3 月 10 日。

宪法里面只写党中央确定的事情;从中国实际出发以及宪法要起到统一思想、安定团结、保证"四个现代化"建设等工作顺利进行的作用。① 修改过程中对于是否取消"罢工自由"存在不同意见,最后决定取消"罢工自由"。对此,宪法修改委员会作出解释:"我们是人民当家作主的社会主义国家,在通常情况下劳动者不需要采用罢工的手段,所以不把罢工列为公民的基本自由权利之一。"② 胡乔木在1982年4月12日所作的宪法草案修改稿说明上也指出,"首先,罢工是资本主义国家工人对付资本家、反抗压迫的手段,社会主义国家工人不应该有罢工;其次,罢工不仅影响生产,还会影响社会秩序、安定团结,对'四化'建设不利;最后,资本主义国家也不是随便可以罢工的;对付官僚主义可以用其他手段,而不必采取罢工的方法。由于工人和国家的利益是一致的,罢工不符合全体人民的利益,所以,罢工自由的规定不予保留"③。这一说明被视为中国政府对于取消"罢工自由"的权威解释。彭真在1982年4月22日向全国人大常委会所作的《关于中华人民共和国宪法修改草案的说明》中,对于公民基本权利修改的说明也是同样的意见。④

从历史的角度来看,取消"罢工自由"最直接的原因可能还在于对"文化大革命"的反思⑤,因为"罢工"这一"大民主"的手段在"文化大革命"期间被用于特定的政治目标(如工人造反组织颠覆、夺取地方政权等),作为阶级斗争的手段⑥,已经脱离其服务经济基础以及中国人民民主专政的根本属性,引发了更多的冲突、动荡甚至严

---

① 参见刘荣刚:《彭真与1982年宪法的制定》,载《人大研究》2004年第9期;顾昂然:《社会主义法制建设与立法工作》,中国政法大学出版社1989年版,第58页。
② 宪法修改委员会第二次全体会议《〈中华人民共和国宪法修改草案(讨论稿)〉的说明》,参见许崇德:《中华人民共和国宪法史》,福建人民出版社2005年版,第386—387、390页。
③ 《宪法修改委员会秘书长胡乔木在宪法修改委员会第三次全体会议上的说明》,参见蔡定剑:《宪法精解》,法律出版社2006年版;许崇德:《中华人民共和国宪法史》,福建人民出版社2005年版,第417—418页。
④ 参见许崇德:《中华人民共和国宪法史》,福建人民出版社2005年版,第436页。
⑤ 参见翟志勇:《八二宪法的生成与结构》,载《华东政法大学学报》2012年第6期。
⑥ 参见问清泓:《关于罢工权的反思》,载《江汉论坛》2004年第7期。

重的破坏①。这种深刻的印象,与笔者征询经历过"文化大革命"时期的诸多长辈纷纷表示不应恢复"罢工自由"的强烈表态一致。可以看出,在相当一部分的中国人心中,罢工与严重破坏性和非法治的"闹事"基本画上了等号。因此,由于"文化大革命"的影响,罢工被作为阶级斗争与对抗的手段,在政治上被摒弃了,成为一种"禁区"。与之对应的是,1978年十一届三中全会停止使用"以阶级斗争为纲"的口号,转移到经济发展与社会主义现代化建设上来。② 可以看出,从以大规模群众运动为特征的阶级斗争转向稳定社会局面安心搞建设,是罢工这一在中华人民共和国成立过程中曾经发挥重要作用但却又在"文化大革命"时期被异化的工人阶级集体行动机制退出历史舞台的重要政治与历史原因。

从马克思主义学说的角度,1981年中国共产党《关于建国以来党的若干历史问题的决议》强调,基于"大力发展社会生产力"以及"完善和发展社会主义的生产关系和上层建筑",以"逐步消灭一切阶级差别"和"重大社会差别和社会不平等"。③ 因此,与革命时期反对剥削和压迫的"阶级斗争"不同,通过发展经济和生产的方式消灭阶级差异的基础和前提发生了变化。最重要的是,这种方式是在无产阶级掌握国家政权,通过中国共产党的坚强有力领导,团结全国各族人民,以促进经济社会发展为核心目标,有组织、有条件、有秩序、有计划、有保障的过程,是推动历史发展逐步解决现实问题的可持续的方式。2021年11月11日中国共产党第十九届中央委员会第六次全体会议通过的《中共中央关于党的百年奋斗重大成就和历史经验的决议》也基本延续了《关于建国以来党的若干历史问题的决议》的相关论断。

可以看出,中国很长一段时期的罢工逻辑都是顺应马克思主义

---

① 参见许崇德:《中华人民共和国宪法史》,福建人民出版社2005年版,第494页。
② 参见《关于建国以来党的若干历史问题的决议》,载中国政府网 http://www.gov.cn/test/2008-06/23/content_1024934.htm,访问日期:2022年3月10日。
③ 《关于建国以来党的若干历史问题的决议》,载中国政府网 http://www.gov.cn/test/2008-06/23/content_1024934.htm,访问日期:2022年3月10日。

关于阶级斗争的理论展开的,突出了罢工的革命性和政治性,与西方资本主义国家和 ILO 所倡导的经济性罢工以及立足解决具体劳资矛盾而非阶级矛盾的出发点和落脚点存在明显差异。

2. 现实中的罢工:"灰色地带"的"群体性事件"

如果说在 20 世纪 50 年代因为"官僚主义"等人民内部矛盾导致出现罢工等"少数人闹事",那么,从某种意义上讲,这一现象在当今中国社会同样存在。例如,2015 年《中共中央关于加强和改进党的群团工作的意见》明确指出:"群团组织工作和活动方式单一,进取意识和创新精神不强,存在机关化、脱离群众现象;群团干部能力素质需要进一步提高,作风需要改进。"①2018 年 10 月 29 日,习近平接见了中华全国总工会新一届领导班子成员,并发表了重要讲话。习近平强调,当前以及未来一段时间的中国工会工作需要"坚决防止'四风'特别是形式主义、官僚主义。"②更具有挑战性的问题同样来自于本书对于中国工会体制的分析,由于社会主义市场经济的深度发展、劳动者权利意识的提升与不断增长的对分享经济发展利益的诉求以及现有工会在维护职工权利方面的缺失与不足等原因,导致实践中出现了众多被冠以"群体性事件"的罢工。王全兴等认为,中国的罢工具有劳资性与政治性混合、权利争议与利益争议混合、群体性、谈判前、非法等特点,应当积极推动转向劳资性和利益争议罢工、团体性、谈判中罢工。③ 实践中,罢工经常成为倒逼政府介入、引起公众和社会舆论关注、推动集体谈判的手段。④

1992 年《工会法》第 25 条和 2001 年《工会法》第 27 条(2021 年《工会法》第 28 条)均有关于"企业发生停工、怠工事件"的表述。对

---

① 《中共中央关于加强和改进党的群团工作的意见》,载中国政府网 http://www.gov.cn/govweb/xinwen/2015-07/09/content_2894833.htm,访问日期:2022 年 3 月 10 日。

② 《习近平同中华全国总工会新一届领导班子成员集体谈话并发表重要讲话》,载中国政府网 http://www.gov.cn/xinwen/2018-10/29/content_5335515.htm,访问日期:2022 年 3 月 10 日。

③ 参见王全兴、倪雄飞:《论我国罢工立法与罢工转型的关系》,载《现代法学》2012 年第 4 期。

④ 参见程延园、谢鹏鑫、王甫希:《我国集体争议处理制度:特点、问题与机制创新》,载《中国人民大学学报》2015 年第 4 期。

此,学界有不同看法。例如,周长征认为,该规定可以推理出罢工合法,但没有得到法律明确①;王全兴等的看法类似,认为没有法律依据表明"停工、怠工"是对罢工的替代,故该条不宜作为罢工合法的依据②。相对而言,常凯认为此处所指为罢工是没有疑义的③;陈步雷也认为停工实际上就是罢工,而怠工可以称之为"隐形罢工"④。司法实践中,法院则形成了罢工形式"本身违法原则"为主,兼有目的"合理原则"的两种裁判尺度。⑤

实际上,中国已于2001年3月批准了《经济、社会及文化权利国际公约》,其中第8条第1款(丁)项规定劳动者"有权罢工,但应按照各个国家的法律行使这项权利"。公约的规定构成了成员的一项法律义务。在中国批准这一公约发表的声明中,没有对这一内容作出特别说明。2015年2月,在涉及第87号公约及罢工权的相关会议讨论中,中国政府代表作为亚太国家集团(Asia Pacific Group, AS-PAG)代表发言,指出罢工行动是用尽所有其他手段的最后手段。然而,罢工权并非一项绝对权利,它在150个国家的法律中得到承认,并由各国根据法律进行管理。⑥

中国政府在2020年1月和4月针对关于中国违反结社自由权的指控向ILO结社自由委员会作出的回复中表明,《宪法》和相关法律充分保障公民的结社自由。特别是《集会游行示威法》是一部规

---

① 参见周长征:《全球化与中国劳动法制问题研究》,南京大学出版社2003年版,第63—64页。
② 参见王全兴、倪雄飞:《论我国罢工立法与罢工转型的关系》,载《现代法学》2012年第4期。
③ 参见常凯:《罢工权立法问题的若干思考》,载《学海》2005年第4期。
④ 参见陈步雷:《罢工权的属性、功能及其多维度分析模型》,载《云南大学学报(法学版)》2006年第3期。曹艳春也认为该条是对罢工权的默认,参见曹艳春:《劳动者罢工权初论》,载《燕山大学学报(哲学社会科学版)》2002年第2期。
⑤ 参见王天玉:《劳动者集体行动治理的司法逻辑——基于2008—2014年已公开的308件罢工案件判决》,载《法制与社会发展》2015年第2期。
⑥ International Labour Office, Final report of the Meeting: Tripartite Meeting on the Freedom of Association and Protection of the Right to Organize Convention, 1948 (No. 87), in Relation to the Right to Strike and the Modalities and Practices of Strike Action at National Level, 2015, https://www.ilo.org/wcmsp5/groups/public/---ed_norm/---relconf/documents/meeting-document/wcms_349069.pdf, p. 4.

范中国公民游行示威的特别法,其制定有两个目的:(1)保障公民依法行使集会、游行、示威的权利;(2)维护社会稳定和公共秩序。因此,"维护示威权"和"维护公共秩序"都属于法律的规制范围,两者是紧密相连、密不可分的。它们在执法过程中统一、规范、协调。不存在经常适用与公共秩序有关的法律来限制行使示威权的情况。[①] 这一回复意见,或可扩展到罢工问题的解决。

[①] See Interim Report - Report No 392, October 2020, Case No 3184 (China), https://www.ilo.org/dyn/normlex/en/f? p = 1000:50002:0::NO:50002:P50002_COMPLAINT_TEXT_ID:4059166,访问日期:2022 年 1 月 9 日。

第四章　自贸协定劳工条款协调适用论的立论

第一节　自贸协定劳工条款协调适用论的理念、内涵与特征

一、自贸协定劳工条款协调适用的理念

(一)静态视角:"全球化不可能三角"阐释自贸协定劳工条款

自由贸易与投资协定劳工条款是由相关国家和地区所订立的国际条约的重要组成部分,在谈及其适用问题时,除追求"社会正义"的价值目标外,有必要从理论角度深入探讨相关国家和地区将劳工权益保护问题纳入自由贸易与投资协定的根本动因,洞悉劳工条款协调适用的事实和法理基础。

按照西方主流国家理论,国家与其人民之间,是基于"社会契约"而建立起来的权力授予与代行关系,即人民让渡其诸多自然权力,交由国家和政府组织并提供公共产品,以保障公民的安全并维持良好的经济、社会与生活环境。相对应的,如果国家或者政府无能或者不义,违背了"社会契约",则人民有权从国家收回权力,推翻政府,这也体现了"主权在民"的思想。[①] 在此基础上,国家在对外的国际交往中应该最大限度地维护本国国家和人民的利益,对内则应

---

① 参见〔法〕卢梭:《社会契约论》,何兆武译,商务印书馆2003年版。

该采取合理措施保障并促进人民生活水平的提升,包括体面的劳动。应该说,现代民族国家的所有对外交往和对内治理都围绕前述核心目标。对于一个国家或地区的公民而言,特别是在实行选举民主的国家,公民可以通过宪法及法律规定的选举权行使对国家和政府的监督权利。特别是在美国和欧盟等国家和地区的多党竞争环境中,为了获得并稳定执政权,满足本国或本地区人民的诉求,即便基于短期利益并由此导致国家或地区政策的"功利化",前述核心目标也都成为相关国家或地区政党工作的核心。可以看出,国家围绕公民的意志行事,维护并促进公民的权益,而公民通过选举保障国家切实履行前述职责,可以视为以美国和欧盟为代表的现代国家和地区的典型特性,即"国内民主决策"。

1648年《威斯特伐利亚和约》标志着以平等、主权为基础的国际关系体系成为近现代世界主流,第二次世界大战后反殖民主义运动中诞生的众多新的民族国家,共同造就了当今国际社会民族国家之林的现状。对于本国范围内及针对本国公民的劳动用工管治和劳工权益保护,一般认为属于一国主权范围内的事项。根据国际法的基本原则,各国不论大小,一律主权平等,一国不得干涉他国内政。因此,任何国家或地区均可以根据其自身需要确定本国或本地区的劳动用工制度、劳动保护条件以及对应的劳动法律法规,即体现"国家主权"。

众所周知,国际社会并没有统一的世界政府,因而处于无政府状态。在各国追求本国利益而又无所限制的情形下,导致了20世纪的两次世界大战。人类社会由此得到惨痛教训,促成了第一次世界大战后的国际联盟和第二次世界大战后持续至今以联合国和国际法为中心的国际秩序,维持了七十多年的总体和平。在此基础上,经济全球化在20世纪后半叶以来得到快速发展,为各民族国家间的密切交往奠定了坚实基础。与之相伴的是,越来越多的传统上属于各国主权管辖范围内的事务愈发呈现出国际性和共同性,从传统的国际贸易、投资与金融监管,到减贫、公共卫生安全,再到气候变化乃至劳工权益保护,等等。根据新自由主义经济学理论,经济全球化就是不断降低、统一乃至最终彻底消除世界范围内各国和各地区之间对于资金流动、货物贸易与资源配置的各种障碍,实现市场经济的最大化效益,体现在国际经济与贸易领域的主要就是全球范围内的关税消减。①

经过数十年的国际经济与贸易发展,特别是全球范围内关税水平的整体降低之后,经济全球化的进一步发展要求各国对传统的本国管制范围内的事项进行协调整合,即边境后措施,引发了所谓的"超级经济全球化"(或者称"高度全球化")。"高度全球化"实现的可能性和关键在于民族国家可以在多大程度上基于经济全球化的需求让渡本国的"国家主权",且能否与"国内民主决策"对本国国家和政府的制约形成有效平衡。同时,在自由主义的推动下,市场这只"看不见的手"在发挥其最大效力推动全球经济总量和社会进步的同时,由于政府管治这一"看得见的手"的缺位或者基于全球经济竞争考量有意的不作为,导致全球范围内国家和地区之间以及诸多国家和地区内部的财富分化与不平等加剧,出现了一大批经济全球化的"受害者"。作为主权国家的公民,出现了要求其政府采取更具有保护主义和民族主义的政策措施,引发了主权国家内部"社会契约"的巨大裂痕。

对于上述现象,哈佛大学政治经济学教授丹尼·罗德里克(Dani Rodrik)在 2000 年提出了著名的"全球化不可能三角"(Trilemma of Globalization)理论,认为高度全球化、国家主权和国内民主决策机制不可能同时共存,只能选择其中之二(见图 4-1)。具体而言,如果选择高度全球化和国家主权,将有利于资本与经济在全球范围内的自由发展,同时民族国家也将相应舍弃或者放松对包括本国劳工权益保护在内的大众政治诉求,但前两者的结合程度又将最终受制于国内民主决策的结果;如果选择国家主权和国内民主决策,虽然在一定程度上仍然可以促进国际贸易与经济一体化,但很快就将遇到瓶颈;相比之下,限缩国家主权,让高度全球化和国内民

---

① 参见〔美〕米尔顿·弗里德曼、罗丝·D.弗里德曼:《自由选择》,张琦译,机械工业出版社 2013 年版。

主决策结合的全球联邦主义,即推动全球治理的不断优化,是罗德里克推荐的发展方向。①

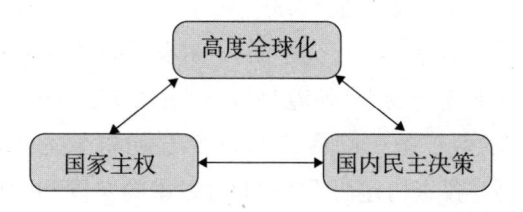

图4-1　丹尼·罗德里克的"全球化不可能三角"

应该说,"全球化不可能三角"理论在相当程度上深刻揭示了当前经济全球化的困境,即由于国内民主决策对于本国政府施行的经济全球化政策不满,导致国家进一步参与经济全球化并为此将国家主权部分让渡给全球治理出现了高度紧张局面,国家主权和国内民主决策两个部分快速靠拢,疏离高度全球化。在此基础上,基于本国利益的考量,加剧了国家之间的权力较量与利益争抢。

具体到劳工权益保护领域,经济全球化让跨国资本在无政府状态的全球范围内恣意徜徉,囿于"社会契约"的民族国家仅对其主权范围内的公民负责,缺乏国际范围内的监管能力。主权国家之间的相互竞争和难以合作,更是加剧了资本与劳工之间的能力分化,并显著扩大其话语权差距。最终,导致资本无限扩大,竞争成功的国家、地区及其劳工群体享有霸权或者占据优势地位,同时大量竞争失败的国家、地区及其劳工群体则要求修正"社会契约"。遗憾的是,由于ILO并没有对于国际劳工标准的强制执法权(在可以预见的未来,相信主权国家也不会赋予ILO该等权力),同时各个国家和地区已经决议优先发展国际经济和贸易关系而将尚且存在较大争议的劳工权益保护问题排除在WTO框架外,因此全球劳工权益保

---

① 原文使用的表述为"世界经济的政治三重困境"(political trilemma of the world economy)。参见 Dani Rodrik, How Far Will International Economic Integration Go?, *Journal of Economic Perspectives*, 14 (1), 2000;〔美〕丹尼·罗德里克:《全球化的悖论》,廖丽华译,中国人民大学出版社2011年版,第167—171页。

护的多边治理框架总体而言是存在不足的。因此,在经济全球化下,相对于资本的成功,劳工权益保护的协作和提升进展缓慢。

劳工权益保护问题尽管传统上属于一国主权管辖范围内的事项,但基于"全球化不可能三角"结构,其将伴随着主权国家参与国际经济和贸易活动而发生"外溢"效应。事实上,ILO 的产生、《哈瓦那宪章》规定的劳工条款以及自 1994 年最初将劳工权益保护问题纳入自由贸易与投资协定(即 NAALC)以来的美国和欧盟等发达国家和地区所主导的自由贸易与投资协定劳工条款,都是源于在国际秩序中占据主导地位的国家和地区内部劳动用工保护和管治模式的压力[1],是国内民主决策的体现。

可以看出,自由贸易与投资协定劳工权益保护问题的实质在于"全球化不可能三角"框架中,高度全球化与国内民主决策之间的紧张关系,会进而传导至国家主权。通过相关主权国家在全球治理层面推动该议题(或可称为全球劳动治理),以法律规则的形式为本国或本地区内民主决策对国家主权施加的压力和提出的诉求寻求突破,本质上是经济全球化下国家和地区之间新一轮竞争内部主张的外部化。因此,自由贸易与投资协定劳工权益保护问题深刻体现了处于不同发展阶段的国家和地区在经济全球化过程中"全球化不可能三角"三者之间的紧张关系。ILO 曾指出,经济全球化的结果只是让世界范围内的极少数人受益,却令世界大多数人遭受更深重的不幸。[2] 如同资本在全球范围内的快速发展,贫富差距的扩大也如同"瘟疫"一般早已超越了各个国家和地区的界限,成为一个全球范围内的普遍现象。与此同时,不同国家和地区内部,不同产业、行业、地区甚至种族之间,也出现了巨大的经济与社会分裂,进一步加剧了贫富分化的影

---

[1] See Carol Riegelman, War-time Trade-union and Socialist Proposals, in James T. Shotwell, ed., *Origins of the International Labour Organization*, Columbia University Press, 1934, p. 57; Jose M. Salazar-Xirinachs & Jaime Granados, The US-Central America Free Trade Agreement: Opportunities and Challenges, https://www.piie.com/publications/chapters_preview/375/09iie3616.pdf, p. 254.

[2] 参见全球化社会影响世界委员会:《一个公平的全球化:为所有的人创造机会》(2004),载 https://www.ilo.org/public/chinese/standards/relm/ilc/ilc92/pdf/rep-wc.pdf。

响和结果。贫富分化现象是多种因素影响和作用的产物,但随着经济全球化的深入,其与劳工权益保护问题的关联更加密切、更为直接。因此,可以说贫富分化与当前越发严重的"逆全球化"一起,成为世界各个国家和地区及其人民所面对的"全人类的共同挑战"。

国际社会并不存在世界政府,但世界和平与发展仍然占据主流,在联合国和国际法框架下,前述主张必然继续转化为全球劳动治理的形式,以促进"社会正义"和"公平贸易"。主导自由贸易与投资协定劳工条款的国家和地区,本质上期望通过条约化的法律手段,增加其他国家和地区的国际法义务,最终实现本国和本地区的利益目标。与此同时,包括中国在内的诸多发展中国家和地区参与经济全球化的程度不同,基于包括相对廉价的劳动力在内的比较优势以及本国或本地区特有的经济社会发展条件,继续积极参与并推动经济全球化明显仍然是"利大于弊"。因此,发展中国家和地区对于将过去美国和欧盟等发达国家和地区在大力推动"自由贸易"未曾受到限制,且目前并不占据优势的劳工权益保护问题等边境后措施纳入自由贸易与投资协定,当然并不积极。

但是,正如本书第二章所分析的,在美国和欧盟主导的自由贸易与投资协定劳工条款实践中,出现了美国和欧盟等发达国家和地区基于优势地位而引发的劳工条款的政治性、单边性、不确定性和非民主性等问题,不仅给参加相关自由贸易与投资协定的发展中国家和地区带来在劳工权益保护方面的巨大压力和国际责任,从根本上也不利于各国和各地区共同协作推动实现"社会正义"。

(二)动态假设:历史情景演绎分析自贸协定劳工条款

应该说,罗德里克的"全球化不可能三角"理论在相当程度上深刻揭示了20世纪90年代以来"逆全球化"趋势的重要根源。用于解释当今经济全球化面临的问题,依然具有相当的解释力。但是,通过第一章对劳工权益保护问题和自由贸易与投资协定关系的主要理论的分析,不难发现其关注重点都是发达国家和地区或发展中国家和地区在特定时空中,对于短期的现实情境的评价与判断,且大多基于本国和本地区的现状,缺乏更长维度的动态视角。类似的问题似乎在"全球化不可能三角"中也未得到足够强调。基于历史考察,我们不难发现,人类社会在面临一次次类似挑战时,绝大多数时候都在不断地进行利益博弈。基于特定时期的各自实力,相互试探底线,但又总会寻求合作,呈现出"分分合合""斗而不破"的调整机制,最终在国家之间、国家内部或其他特定范围内维持利益相对平衡的社会秩序。因此,基于"全球化不可能三角"理论,加上历史的维度,在国际贸易与投资领域,或许可以尝试进一步作出以下简单的情景演绎:

第一,特定时期内,在全球资源(包括生产资料、消费者市场等)有限的情况下,"蛋糕"的大小是确定的。基于各民族国家的"社会契约",为了各自国民的利益,各国应该采取一切手段争抢"蛋糕"。不论是和平的,还是暴力的。在这一过程中,必然有赢家,也有输家。——"有限资源"

第二,时间是流动的,事物也因此并非一成不变的。在特定的历史时期内,获取更多资源的国家及其人民从理论上讲应该享有更好的发展条件,并可以不断强化其继续获取有限资源的能力。在无政府的国际社会,如果将该等情形推向极端,则会呈现"富者愈富,穷者愈穷"的现象,直至剩下最后的赢家。——"相对地位"

第三,人类社会是动态发展的,前述极端推论受制于一系列难以标准化甚至无法预见因素的影响,包括复杂的人性和多变的自然环境等。比如,曾经的赢家可能由于贪腐、管理者效能下降、人民因富足而懒惰或者突发的自然灾害等,导致失去绝对的资源攫取优势,甚至沦落为竞争的输家;与之对应,曾经的输家,也可能因为"卧薪尝胆""勠力同心"或者在新的技术革命中抓住了机会,收获前述衰败赢家所空出来的份额。——"历史调整"

第四,如果说前述推论显得有些偶然,那么中国古语所谓的"不患寡而患不均"则可以很好地揭示人类历史上人民对于国家与政府的"造反"。当穷人一无所有的时候,就是揭竿而起通过暴力重新分配的时候。在国际社会,不论是第一次世界大战还是第二次世界大战,都间接印证了这个道理。——"最终矫正"

第五,特别是,当今经济全球化已经将世界各国和各地区紧密地联系在一起,以跨国公司为代表的全球资本早已超越了民族国家的界限,其理论上只需要对其"人民"(即公司股东)负责。在跨国公司深度参与全球资源分配的过程中,会给民族国家所代表的人民造成或好或坏的影响。最简单的例子,对于优势产业的劳工,跨国资本将会带给其巨大红利;而对于弱势产业的劳工,经济全球化则可能抢走其饭碗。因此,对于一个特定国家和地区的人民而言,他们的利益可能是分裂的;对不同国家和地区相互竞争的劳工而言,也很难看到"世界工人阶级的大团结"。与此同时,不论是获利或是受损,这些劳工都是民族国家的人民,基于"社会契约"的义务,"政府必然会努力将这些调整的代价转嫁到其他国家,或者至少避免由它们自己来承担"[1],进而在国家和地区之间产生矛盾并引起纷争,国家和地区及其政府的决策与行为面临着前所未有的挑战。——"国家困境"("全球化不可能三角"理论中,国家主权与国内民主决策二者之间紧张关系的体现)

第六,关于战争的惨痛经历和剧烈冲突的失序使人类明白,和平与发展远远好于剧烈的冲突。因此,国际秩序和全球治理的核心就在于保持不同国家和地区及其人民之间的利益冲突与诉求在某种程度上维持"斗而不破"的合理张力。20世纪以来,各国和各地区之间交往的广度与深度可谓前

---

[1] 〔美〕罗伯特·基欧汉:《霸权之后:世界政治经济中的合作与纷争》(增订版),苏长和、信强、何曜译,上海人民出版社2016年版,第235—236页。

> 所未有,如何建立并维持各国和各地区之间稳定的交往秩序成为关键。应该说,基于特定"正义"论述的国际法律秩序成为维持这一关系的重要机制之一。——"法律规制"

前述情景演绎归纳的因素是如何反映在自由贸易与投资协定劳工权益保护问题中的呢? 尽管当今世界并不存在一个基于全人类共同授权的"世界政府",目前以及在可以预见的未来,人类可能也不会就建立"世界政府"达成与其所在国家和地区之间相同的"社会契约"。美国普林斯顿大学国际关系大师罗伯特·基欧汉(Robert Keohane)认为,在无政府的国际关系中,国家才是国际关系和行为最重要的主体。国家不仅直接参与财富和权力的竞争,而且还通过建构国际和国内的秩序、机制和法律规则,为其长远而稳定地实现前述目标服务。[1] 因此,国家和地区之间的竞争,最终也会导向专制,建立由强者及其伙伴建立的秩序,并且凭借其"实力地位"维持对其他国家和地区的优势和控制。[2] 根据马克思主义的观点,"法是统治阶级意志的体现"[3]。在国际秩序与全球治理中同样如此,体现为大国特别是强国的意志与主张。

回顾历史,中国国际经济法学家赵维田透彻地指出,在国家资本主义开始逐渐兴起的17世纪以来,重商主义是指导欧洲在国际经济与贸易领域实践的重要原则。根据重商主义,依靠国家和地区的政治地位和实力,通过扩大出口、限制进口的方式,尽量实现巨额贸易顺差,完成财富积累与扩张。因此,从欧洲国家近代国际经济与贸易的发展历程来看,国际贸易与投资从来都是一个国家或地区带有政治性的外交政策和活动的体现与重要组成部分。[4] 在欧洲维持了上百年的大国均势之后,包括国际贸易与投资在内的相互竞争

---

[1] 参见〔美〕罗伯特·基欧汉:《霸权之后:世界政治经济中的合作与纷争》(增订版),苏长和、信强、何曜译,上海人民出版社2016年版,第24页。
[2] 参见〔美〕博登海默:《博登海默法理学》,潘汉典译,法律出版社2015年版,第8—9页。
[3] 张文显主编:《法理学》(第五版),高等教育出版社2018年版,第69—70页。
[4] 参见赵维田:《世贸组织(WTO)的法律制度》,吉林人民出版社2000年版,第1—2页。

("有限资源"及"国家困境"的体现)的加剧导致了第一次世界大战的爆发("最终矫正"的体现)。战后,基于对战争惨痛经历的反思,以美国前总统、第一次世界大战后国际秩序主要缔造者威尔逊为代表,提出放弃强权政治以谋求自身利益的国家行为,通过道义与教育唤醒人类良知(即崇尚"人性本善"),通过建立国际联盟等国际组织加强各国之间的协调与合作,健全国际法机制,维持稳定和平的国际秩序。这些主张和举措,使得理想主义成为彼时国际关系的显著特征("法律规制"的体现)。如前所述,尽管对于劳工权益保护问题在多大程度上和国际贸易与投资有关存在诸多争议,无法证明劳工标准水平和经济增长以及劳动力成本之间具有联系或者存在某种有意义的关系,也没有研究支持对在低劳工标准国家和地区进行的外国直接投资有损于东道国和地区劳动保护或者母国和地区劳工权益的指责,或者这些东道国和地区因此获得了更多的出口份额,亦没有实证研究证实采纳核心劳工标准将会削减发展中国家和地区的比较优势。① 但从另一个角度来看,正如当代西方最著名的国际关系和国际政治经济学学者之一的罗伯特·吉尔平(Robert Gilpin)所言:"除了决定经济活动的目的之外,社会政治体系和社会价值观念还会决定某个社会中市场或者价格机制所能合法发挥的作用和人们普遍同意的实现经济目标的方法。"②鉴于工业革命快速推进了资本主义在全球范围的发展,劳资矛盾因此不断加剧。1917年俄国十月革命的爆发,让以英国和法国为代表的欧洲老牌资本主义国家意识到,必须协调国际间的劳工权益保护问题。由此,在第一次世界大战结束后的1919年,英国和法国根据《凡尔赛和约》主导建立了ILO。ILO成员带着对"社会正义"的道义追

---

① See Kimberly Ann Elliott & Richard B. Freeman, Can Labor Standards Improve Under Globalization? Institute for International Economics, 2003, pp. 20−25; Margaret McMillan & Íñigo Verduzco, New Evidence on Trade and Employment: An Overview, in Marion Jansen, Ralf Peters & José Manuel Salazar-Xirinachs, eds., *Trade and Employment: From Myths to Facts,* International-al Labour Office, 2011, pp. 36−49.

② 〔美〕罗伯特·吉尔平:《全球政治经济学:解读国际经济秩序》,杨宇光、杨炯译,上海世纪出版集团2013年版,第35页。

求,让渡了部分成员方对于劳动用工的管治权,允许 ILO 通过国际劳工公约和建议书等机制,成为各国劳动用工政策、法律与实践的咨议机构;而统一的劳工标准,则为各国和各地区之间的诸多竞争增加了追求更好生活与"社会正义"的美好愿景和合作契机,客观上成为当时逐渐崛起的美国牵头与欧洲老牌资本主义强国重新建构并共同维持的国际秩序的重要组成部分①,这可以算是劳工权益保护问题在全球治理体系中的首次重大试验与创举("国家困境"和"法律规制"的体现)。

遗憾的是,第二次世界大战的爆发("最终矫正"的体现)以及战后国际秩序的重构,现实主义国际关系取得主导地位与胜利。个人的私欲(笃信"人性本恶")通过"社会契约"转化为国家的"权力意志"、国家间的关系被视为无政府状态下的权力争夺、国家权力和利益是国家行为和国际交往的核心等观点成为诸多国家和地区特别是强国和地区国际交往的重要参考("相对地位""国家困境"和"法律规制"的体现)。② 例如,冷战后,国际政治与安全的对立与风险大为降低。伴随着经济全球化的快速发展,特别是发展中国家和地区全面而深入地参与到国际贸易与投资体系中,发展中国家和地区在利用包括相对廉价的劳动力在内的比较优势参与国际经济和贸易活动时,给发达国家和地区的国内产业与劳工带来了巨大竞争压力("历史调整"的体现)。对此,发达国家和地区开始强调国际贸易与投资的"公平"价值,要求相关发展中国家和地区提升本国和本地区的劳动保护水平,甚至将其与人权挂钩,不惜利用政治手段以及新型贸易壁垒和经济制裁等实力地位迫使发展中国家和地区就范("相对地位""国家困境"和"法律规制"的体现)。发展中国家和地区经常面临"要么接受,要么放弃"(take it or leave it)的高压选

---

① 参见陈乐民主编:《西方外交思想史》,中国社会科学出版社 1995 年版,第 188 页。
② 参见倪世雄:《当代西方国际关系理论》(第二版),复旦大学出版社 2018 年版,第 30—88 页;秦亚青编:《西方国际关系理论经典导读》,北京大学出版社 2009 年版,第 3—24 页;秦亚青编:《西方国际关系理论经典导读》,北京大学出版社 2009 年版,第 25—39 页;〔美〕汉斯·摩根索:《国家间政治:权力斗争与和平》,徐昕、郝望、李保平译,北京大学出版社 2006 年版。

择,难以形成有效的谈判局面,更遑论参与构建相关国际机制。在此基础上,"公平"与"发展"这一对本来并不冲突的价值,引发了发达国家和地区与发展中国家和地区在自由贸易与投资协定是否以及如何与劳工权益保护问题挂钩这一议题上持续数十年的争议。

因此,在经济全球化进一步深化以及新兴经济体国际地位相对上升、发达国家和地区国际地位相对下降的宏观背景("历史调整"的体现)下,"内卷"的国际社会只不过是在当前这一特定的历史时空下,由于"蛋糕"("有限资源"的体现)尚不够大,因此需要重置分配规则("国家困境"和"法律规制"的体现)罢了。作为人类社会,特别是主权国家之间经济利益交往最为密切的手段和途径,将劳工权益保护问题这一非传统议题纳入自由贸易和投资协定,是一种通过设置新议题,开辟新战场,以增加发达国家和地区国际经济与贸易利益的谈判筹码,本质上还是国家竞争背景下调整经济利益交换的短期妥协方式,无法从根本上解决前述情景演绎的"历史周期律"。

(三)综合分析:动态利益调整下自贸协定劳工条款的协调适用

通过上述历史情景阐释,不禁让人感到人类社会的历史似乎不断地按照类似的剧本轮转,而自由贸易与投资协定劳工权益保护问题不过是沧海一粟。从本质上看,这与历史的不确定性和人们对于未来的不可知性密切相关。借鉴中国著名科幻作家刘慈欣在其著作《三体》中提出的"黑暗森林法则",任何国家或地区都无法保证其永远处于相对于其他国家和地区的优势地位,也无法确认当前的优势或者困境未来是否会在不同国家和地区之间发生转移。因此,从现实主义出发,虽然某个国家和地区在短期内会由于现实的压力选择追求利益最大化,并因此不惜挤压其他国家和地区的权力和利益,但站在更为谨慎和长远的角度来看,不论是国际关系与国际政治中的"均势""绥靖",还是军事上的"战略威慑",或者是国际法规则中对于尊重他国主权的强调,都体现了各国和各地区之间应该就相关问题保持最起码的克制与容忍,为未来的各类变化留下灵活空间,保证国家和地区及其人民的长期利益不会遭受毁灭性损害,即避免因为在特定时空内对其他国家和地区进行过度的挤压,导致未来在不可预知的情势变化下遭受来自于其他国家和地区的"报复"。

针对当前经济全球化的具体困境,罗德里克的建议是人类社会不得不作出"次优选择",即"有限的全球化"——通过全球叙事争取国内民主决策的支持,完善全球治理并因此限制国家主权。[1] 具体到发达国家和地区与发展中国家和地区关于劳工权益保护问题和自由贸易与投资协定的争议,似乎意味着强化全球劳动治理,进一步压缩国家和地区对于劳动用工问题的管辖主权,将劳工权益保护问题尽可能多地纳入包括自由贸易与投资协定等国际机制治理,或许是有利于推动经济全球化进一步发展的"次优选择"。关键是,这样的结论是否具有必然性、可行性和合理性?答案并不是肯定的。从法律的角度,相对的稳定性、确定性和可预见性是其重要特征。如果仅仅因为一个国家或地区或者某些国家或地区在国际竞争中的条件、地位、优势和挑战发生了变化,就不断地改变相关国际规则,那么,这本质上就不属于国际法的范畴,而变成了国际关系政策和实力的大国角力。类似的问题已经清晰地呈现在本书前面的论述中。如果再次认真审视历史情景阐释,就会发现其提供了一种最低限度却又相对稳定的国际法律规则,特别是关于全球劳动治理的线索,笔者将其称为"基于现实和未知的动态利益平衡机制"。

首先,"有限资源""历史调整"和"最终纠正"是具有某种必然性的偶然,我们可以将其称之为"未知之路"。借用人类学家贾雷德·戴蒙德的著作《枪炮、病菌与钢铁》的著名隐喻,代表着在人类社会发展前进的道路上,可能出现改变各国和各地区政治、经济、社会与文化等方面的经济与科技大发展(例如"钢铁"相对于石器和青

---

[1] 参见〔美〕丹尼·罗德里克:《全球化的悖论》,廖丽华译,中国人民大学出版社2011年版。

铜器对于人类社会的影响)、战争("枪炮")以及重大自然灾害与大流行病(即"病菌",例如历史上欧洲发生的"黑死病"和"西班牙流感",以及全球经历的新冠肺炎疫情,都深刻改变了相关国家和地区)等不可知因素(统称为"未知之路"),都将影响"全球化不可能三角"理论中任何二者的靠近或者疏离。

具体而言,笔者认为,在"全球化不可能三角"结构中,高度全球化、国家主权与国内民主决策三者之间的关系并非稳定的等边三角形,而是随着时空的变化,特别是不可知的"未知之路"的"牵引",呈现出不同的关系。在时空通道中围绕"全球化不可能三角"的"未知之路",没有确定的轨迹和规律可循,因此对"全球化不可能三角"三者之间的关系的影响也是未知的。但是,在特定时空下,它们之间的状态又是相对确定的(见图4-2)。正是因为这种绝对的未知性和相对的确定性,使得在经济全球化深入发展下谈论全球治理增加了很大难度。但从另一个角度来看,对于"未知之路"的认知和理解,有可能使得人类社会在讨论国际秩序和全球治理的过程中,特别是建立相关具体国际法规则的时候,带有敬畏之心。具体而言,在特定的、相对确定的时空场景(比如相对较短的十年或二十年)中,保持对于自身利益追求,特别是涉及挤压其他国家和地区权益的做法的必要"克制",同时适当关切并回应其他国家和地区所面临的问题与挑战;从更长远的必然的未知(比如相对长期的三十年或五十年)的角度出发,减少"历史终结"般的傲慢与不自量力,更多地从动态发展、历史战略、最小限度干预乃至"共克时艰"等角度思考问题,建立更具可持续性的国际秩序,完善包括劳工权益保护问题在内的全球治理。

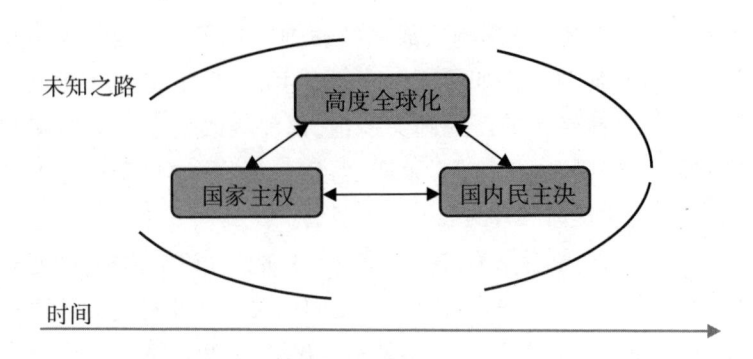

图 4-2 基于现实与未知的动态利益平衡

其次,正如笔者反复强调的,劳工权益保护问题本质上属于民族国家主权管辖事项,与各国的历史、文化、传统以及特定时空环境中的政治、经济与社会情况等复杂因素密切联系,将通过国内民主决策的方式影响一国国家主权的行使,进而对经济全球化及其全球治理产生作用力。基于"社会契约",一个国家或地区特定时期的对内和对外政策主张也必然反映前述情景。在国际秩序与全球治理上,一个国家或地区,特别是强国的国内意见,必然会外溢并投射到国际法构建上,导致经济全球化与特定国家和地区的国内制度与需求发生冲突,这构成了当今经济全球化的核心特征。① 现实中,各国和各地区的劳动用工管理千差万别,即便按照最简单的政府对于劳动用工的"放松—管制"关系分析,也存在时间和程度上的差异。如果我们将时间线拉长,从很多国家和地区本身的劳动用工管理来看,大体会在不同程度上呈现出一个动态波动的趋势,即各国和各地区的政府对于劳动用工的"放松—管制"总会围绕一定的区间来回波动。简单来说,当倾向于减轻企业负担,增强用工灵活性时,政府就会放松劳动用工管制;反之,如果政府不堪对劳动者的社会保护责任,或者过度灵活用工损害劳动者权益,甚至引发严峻的社会矛盾时,政府就会倾向于加强劳动用工管制。此外,总体来看,当

---

① 参见〔美〕丹尼·罗德里克:《全球化的悖论》,廖丽华译,中国人民大学出版社 2011 年版,第 160 页。

一个国家和地区的经济发展情况良好,且劳动者在物质利益获得和自我感受上都更为满足和自信时,其可能更倾向于支持开放的国际经济秩序和全球治理;反之,则可能更倾向于保护主义。因此,这种一个国家或地区的内部劳动用工情形、政府对劳动用工的"放松—管制"变化及其与对开放经济及全球治理的态度,或可以简单概括为图4-3所示。

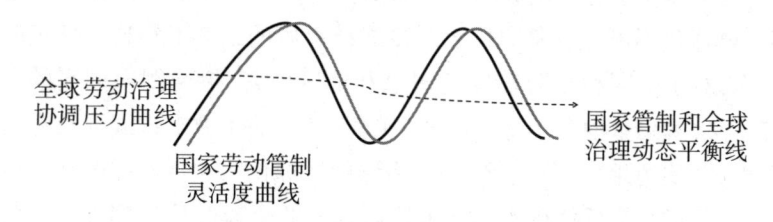

图 4-3 国家劳动"放松—管制"与全球劳动治理关系

可以看出,作为国内压力的外部化,全球劳动治理的协调压力在一定程度上是随着国家和地区的劳动管制的灵活度变化而变化的,虽然稍有迟滞。如果考虑不同国家和地区劳动管制灵活度变化的时间存在差异,特别是强国对国际秩序和全球治理的巨大影响,就会使得在全球层面寻找某种程度的利益平衡变得十分困难。但是,并不排除在某些特定的时间和事项上具有阶段性的"共同利益",那将为全球劳动治理实现有效协调的可能性和有效性创造宝贵契机(见图4-4)。

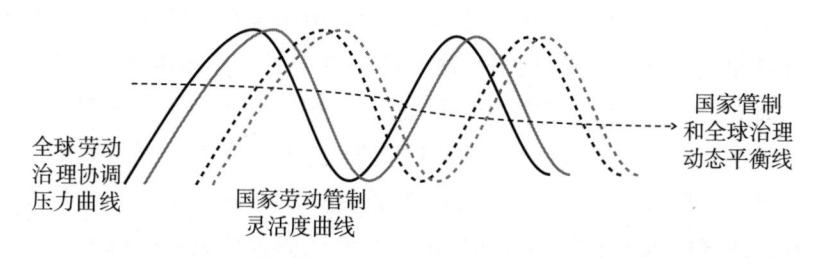

图 4-4 国家劳动"放松—管制"与全球劳动治理关系(多个国家)

客观来看，第二次世界大战后，经济全球化在全球突飞猛进，但由于各国和各地区融入这一趋势的时间并不相同，其当前以及未来所面临的问题以及国内劳动用工的情况也是不同的。例如，美国和欧盟等诸多发达国家和地区在冷战之后即开启了反对全球化的"逆全球化"运动；而同期甚至持续至今的中国及诸多发展中国家和地区，则仍然并始终是经济全球化的热烈拥护者。这种现象的背后，无不体现了各个国家和地区内部劳动用工情况的时际差异。根据"全球化不可能三角"理论，在冷战结束后的二三十年这一特定时期内，对于美国和欧盟等发达国家和地区而言，拒绝倒向彻底的民粹主义，解决本国和本地区内部"逆全球化"的压力出口或许只有借助于其"实力地位"作为保障的"有限的全球化"，包括本国劳工群体在内支持的、尽量体现本国和本地区利益的全球劳动治理方案成为"次优的选择"；而对其他国家和地区而言，面临的则是如何评判前述美国和欧盟等发达国家和地区主导的自由贸易与投资协定劳工条款的"正义"与否的问题。如前所述，如果将前述问题纳入"基于现实与未知的动态利益平衡"机制考察，从"未知之路"出发，从更加长远的角度协调政策、制定规则、分配资源，特别是对新的经济动能与科技发展的关注与投入，针对全球资本以及劳资关系构成一种良性的、公平的、可持续的动态平衡，或将给当前阶段性的困局提供新的可能。

在既有的国际秩序和全球治理框架下，任何无限制地单方强调本国和本地区利益的行为，无论以何名义进行，包括美国和欧盟等国家和地区主导的"公平贸易"以及发展中国家和地区强调的比较优势和发展权益等，从最终解决矛盾和寻求共识的角度来看，都并无太大助益。从历史和发展的角度出发，国际关系以及全球劳动治理都需要充分考虑"基于现实与未知的动态利益平衡"，并在此基础上寻求实现自由贸易与投资协定劳工条款的协调适用。因此，各国和各地区应该且不得不对其他国家和地区的合理关切予以关注并回应，进而成为自由贸易与投资协定劳工权益保护问题妥善处理的共同基础。

不论是当今美国和欧盟等面对的国内政治压力,还是各国所谓的比较优势,都可以说是发展中的历史问题。伴随着国家之间在"无知之路"上的互动,当前的"有限资源"可能再次变得更为充分,新科技和新经济将带来新的和更好的就业机会;而当下的"相对优势",同样会如同过去数百年来所经历的,在不同国家、不同行业、不同个体之间转换。因此,自由贸易与投资协定劳工权益保护问题最终的解决,只能是在充分考虑各国和各地区实际情况的基础上,确定最大程度的共同点,争取利益与规则适用的有效协调。

然而,从WTO等国际制度设计发展来看,世界由主权国家构成,决策制定的过程要么是在形式上反映大国的意志,要么就是以能表现大国实力的非正式行为作为补充。[①] 从美国和欧盟所主导的自由贸易与投资协定劳工条款的发展来看,即便长期面临众多发展中国家和地区的反对,但美国和欧盟基于其在国际关系中的实力地位、超大市场规模等带来的谈判优势以及作为战后国际秩序的制定者对国际法和全球治理体系的娴熟掌握,也可以通过各种方式迫使其他国家和地区予以配合,以实现其目标。

因此,经济全球化下潜在利益的分享与协调就成为问题的关键。如果需要进一步推进经济全球化的发展,就不得不在国家主权和全球治理之间取得一个有效的平衡。这种平衡,需要从历史和发展的角度掌握,并通过对"未知之路"的探索,通过协调适用相应规则,维持动态调整的空间与可能。在此基础上,重新去识别每一群体(包括国家和工人群体)的具体诉求,寻找一种相对的模式,以保证各自都有"选择生活的自由"。

总的来说,一方面,对自由贸易与投资协定劳工权益保护问题应当予以重视,对于美国和欧盟等发达国家和地区将其纳入国际机制应该表示某种程度的理解,缓解基于该问题无法有效协调的民粹主义和保护主义压力;另一方面,应该通过全面而深度的政策协调

[①] 参见〔美〕约翰·H.巴顿、〔美〕朱迪斯·L.戈尔斯坦、〔美〕蒂莫西·E.乔思林、〔美〕理查德·R.斯坦伯格:《贸易体制的演进——GATT与WTO体制中的政治学、法学和经济学》,廖诗评译,北京大学出版社2013年版,第11—12页。

与沟通,确定合理的自由贸易与投资协定劳工权益保护问题的标准,特别是具体劳工条款的适用,避免部分国家和地区通过该等机制不合理地转嫁本国或本地区的矛盾,并由此侵害其他国家和地区的发展权益。从每个国家或地区自身利益的现实考虑,也为未来各自在"无知之路"上"相对地位"的潜在变化,留下灵活调整的空间。

进一步而言,笔者认为,尽管不能否认追求"社会正义"的积极价值,但自由贸易与投资协定劳工权益保护问题本质上是任何国家或地区在经济全球化过程中难以避免的发展差异问题,是当下强国及其伙伴国国内压力的外部化。从历史动态发展以及未来不可预知的角度考虑,为了维持有利于经济全球化(或者起码相对稳定的国际秩序),在必要的最低程度上将劳工权益保护问题纳入自由贸易与投资协定框架处理,是当前各国和各地区之间既相互竞争又必须共存的、对各国和各地区自身利益的必要"克制"(即指向某种程度的"全人类共同利益")。在前述基础上,作为自由贸易与投资协定劳工权益保护问题的法律载体和具体体现,自由贸易与投资协定劳工条款的适用应当始终承认并秉持如下三条核心原则:

A. 经济全球化条件下,一个国家或地区(特别是强国)特定时空场景中的国内劳工权益保护问题必然通过某种形式反映到国际机制中。

B. 基于历史的动态变化和未来发展的未知性,任何国家或地区在特定时期追求自身利益的同时,必须顾及其他国家和地区的合理关切。

C. 在前述两条原则有效平衡的基础上,自由贸易与投资协定劳工条款的适用应当兼具长期的可持续性和包容性以及短期的相对确定性和公允性。

二、自贸协定劳工条款协调适用论的内涵与特征

(一)自贸协定劳工条款协调适用论的内涵

从 ILO 特别是美国和欧盟等主导的自由贸易与投资协定劳工条款的实践来看,理念上可以说都在追寻某种理想状态的"正义"(the just),其核心是围绕"社会契约"的主权国家(即国际关系中的强权及其伙伴)所强力推行的"先验制度主义"或者"着眼于制度安排"(arrangement-focused)的方法,而没有考虑不同国家和地区的具体情况。对此,发展经济学家阿马蒂亚·森(Amartya Sen)认为,应该从"实践理性"(practical reasoning)出发,关注一系列重要的思想理念,通过对日常生活方式的比较,识别制度、行为及其互动等的共同影响,寻找相对"更为公正"(less unjust)或者"着眼于现实"(realization-focused)。特别是,"在理智思考的基础上,就明显的非正义达成共识,而不是寻找绝对的正义",让"全球正义"成为可能。①

必须认识到,当前的国际社会仍然是由民族国家组成。因此,国际经济和贸易往来的主体也同样是各个国家和地区。② 相对于政治的千变万化带来的不确定性,特别是容易对国际秩序产生重要影响的强国及其伙伴国和地区内部的政治变化,法律制度都具有相对的稳定性,能够为相关方的行为提供有效指引,增强各个国家和地区相互之间经济和贸易往来的可预测性,最大限度避免因为各个国家和地区内部政治因素等难以预判导致出现的冲突和失序,陷入因为一个国家或地区或者某些国家和地区的强权或所谓的"实力地位"产生新的"不正义"。因此,不论谈及自由贸易与投资协定劳工标准适用的任何应对方案,"法治化"都应该成为核心。

遗憾的是,在经济全球化深入发展导致全球范围内劳资冲突加

---

① 参见〔印〕阿马蒂亚·森:《正义的理念》,王磊、李航译,中国人民大学出版社2013年版,序,第 2—4、9 页,引言,第 4—7、8—15 页。
② 参见〔美〕罗伯特·吉尔平:《全球政治经济学:解读国际经济秩序》,杨宇光、杨炯译,上海世纪出版集团 2013 年版,第 1—2 页。

剧,特别是以美国和欧盟为代表的发达国家和地区内部劳工权益保护的呼声不断高涨的背景下,发达国家和地区与发展中国家和地区仅仅从自身特定时空中的短期利益出发,对劳工权益保护问题和自由贸易与投资协定提出针锋相对的意见。在国际经济和贸易领域中,最终形成了以美国和欧盟为代表的发达国家和地区主导的自由贸易与投资协定劳工条款机制。相关缔约方对于自由贸易与投资协定劳工条款承担的均是国际条约义务,在形式上似乎满足了"法制化"的要求,但是,正如本书第二章分析的,该等自由贸易与投资协定劳工条款在适用的过程中存在政治性、单边性、不确定性和非民主性等突出问题,不仅增加了相关自由贸易与投资协定中处于弱势地位的发展中国家和地区承担违反劳工条款国家责任的风险,而且在相当程度上损害了该等国家和地区的自主发展权,最终有损于全球范围内提升劳工权益保护水平和推动实现"社会正义"的核心目标,无疑距离"法治化"的要求还有相当的距离。

应该说,"基于现实和未知的动态利益平衡机制"可以相对客观而准确地解释自由贸易与投资协定劳工条款的动因,并作为完善其有效性和公允性的基础。与此同时,要想精准地在自由贸易与投资协定中处理缔约方之间的劳工权益保护问题仍然存在众多不确定性,这是由自由贸易与投资协定作为国际条约这一法律机制本身的相对稳定性所决定的。中国的传统文化提供了解决这一问题的可能路径。中国著名社会学家费孝通先生在其八十寿辰聚会上总结出了"各美其美,美人之美,美美与共,天下大同"的多元文化交流共存的主张。同时,中国传统文化对于拥有长期共同目标但同时存在短期利益冲突的,往往主张通过增进相互了解、加强协商沟通、寻求"最大公约数"的方式予以解决;即便存在重大分歧,也主张秉持《论语》中"己所不欲,勿施于人"的态度。"协调"一词中文出自明代冯梦龙《东周列国志》第四十七回:"凤声与箫声,唱和如一,宫商协调,喤喤盈耳。"一般是指和谐一致、配合得当,用于多个主体有机互动,有效配置和利用资源,正确处理内外部关系,创造良好的环境与条件,以实现共同目标。牛津词典对"协调"的英文"coordinate"赋予了与中文类似的含义,即将(复杂活动或组织)的不同要素融入和谐或高效的关系中[bring the different elements of (a complex activity or organization) into a harmonious or efficient relationship]。推动实现自由贸易与投资协定劳工条款的"法治化",中国文化中的前述理念可以在"协调"一词中得到高度体现,具有重要的积极价值,可以有效解决当前美国和欧盟等发达国家和地区主导的自由贸易与投资协定劳工条款适用中出现的挑战和问题。

因此,在设定和适用自由贸易与投资协定劳工条款的过程中,加强缔约方之间的协调,以体现前述动态利益平衡机制的"法治化"(即在促进国际经济与贸易往来的基础上争取实现缔约方共同确定的劳工权益保护的"社会正义"目标),取代按照特定占据实力地位的强国和地区要求的无差别适用的"法制化"(即以主导国家和地区国内法律与政策以及劳工权益保护水平单方设定标准,并要求其他缔约方遵循适用中存在不确定性的劳工条款),具有相当的必要性和正当性,笔者将其称为自由贸易与投资协定劳工条款的"协调适用论"。

(二)自贸协定劳工条款协调适用论的特征

自由贸易与投资协定劳工条款的协调适用论首先强调民主性(或多元化)和公允性,与美国和欧盟在自由贸易与投资协定劳工条款适用中体现出的单边性和非民主性存在鲜明区别,这也是源于"基于现实和未知的动态利益平衡机制"的客观判断。具体而言,需要认清各个国家和地区在发展国际经济和贸易往来的过程中都是休戚与共的,而自由贸易与投资协定劳工条款在适用过程中,对于不同发展阶段和劳工权益保护能力存在差异的国家和地区的地位又是相对不平等的。在国家主权平等的国际法基本原则基础上,任何通过所谓的实力地位或者基于短期利益强行推行其他国家和地区实行不符合本国或本地区情况的劳工条款,都是不可持续和容易产生争议的。当然,作为"社会正义"的重要内容,提升各国和各地区的劳工权益保护水平是全人类的共识。因此,应该加强自由贸易与投资协定缔约方之间在劳工条款适用方面的协调,从完善自由贸易与投资协定劳工条款国际条约法律机制、尊重缔约方本国和本地区宪法与法律以及经济社会发展情况出发,通过"共商共建共享"的方式将必要的劳工权益保护问题纳入自由贸易与投资协定劳工条款进行处理,并以"法治化"的方式明确适用中的协调原则与具体规则,最终实现提升全球范围内的劳工权益保护水平的核心目标。与此类似,通过协调的方式,也可以有效解决中国在适用 CAI 劳工条款以及申请加入 CPTPP 劳工条款谈判中的诸多挑战。可以说,协调适用是自由贸易与投资协定劳工条款实现其制度生命力并彰显国际社会公平性的关键与核心。

自由贸易与投资协定劳工条款的协调适用论同时强调相对确定性,以区别于美国和欧盟在自由贸易与投资协定劳工条款适用中存在的政治性和不确定性问题,这来自于劳工权益保护"法治化"的要求。基于本书第二章的分析,自由贸易与投资协定缔约方在适用劳工条款存在困难时,美国曾单方豁免了其他缔约方的相应责任,但该等做法与自由贸易与投资协定劳工条款所对应的核心劳工标准的要求冲突。与此同时,由于美国和欧盟主导的自由贸易与投资协定劳工条款的规则较为原则,在争议解决中呈现出通过条约解释扩大缔约方义务的现象。对此,协调适用论强调在设立自由贸易与投资协定劳工条款的内容时,应充分考虑各缔约方的劳工权益保护水平与能力,设置合理、公允且可执行的劳工标准,而非要求所有缔约方遵循占据优势地位的特定缔约方的单一标准,使得其他缔约方还没加入相关自由贸易与投资协定,就已经面临着对相关劳工条款的预期违约风险。在此基础上,对于既定的自由贸易与投资协定劳工条款,应充分利用劳工权益保护合作以及磋商等机制,从"解决问题"的角度出发,而非从"惩罚他人"的角度出发,最大限度解决争议。其中,对于技术性的劳工标准问题,还应充分利用 ILO 等权威的专业中立性机构,避免简单诉诸强制性争端解决机制。由此,可以增强自由贸易与投资协定劳工条款及其适用的"法治化"和可确定性,同时也从根本上区别于所谓的特殊论、差别论或者其他用于自由贸易与投资协定缔约方拒绝履行作为"最大公约数"而体现的劳工条款的理由和借口。

在理解和适用协调适用论应对自由贸易与投资协定劳工条款问题时,还需要明确其与既有的劳工权益保护合作机制和磋商机制的区别。缔约方之间的劳工权益保护合作与磋商虽然同样包含了协商、谈判、沟通等"协调"的内容和特征,但其相关机制并没有规定明确的法律责任,并不会直接给自由贸易与投资协定的缔约方带来现实的责任和风险,更多偏向程序性安排。同时,在现有的合作与磋商机制中,亦没有确定基本的法律原则、规则和边界,因此很大程度上留给缔约方之间的政治性判断与决策。协调适用论更多地与劳工标准的设定与执行、保护水平的监督与认定以及争端解决的程序与安排等实体性权利与义务相关,要求缔约方在相对明确的法律原则、具体规则和边界之内就劳工条款的适用寻求最大限度的共识。

最后,协调适用论并不能分析和解决自由贸易与投资协定劳工条款的所有问题。例如,对于各国和各地区已经达成广泛共识和普遍一致实践的部分劳工标准的适用,因为并不存在争议或差距较小,可能没有协调适用论的发挥空间。类似的,根据协调适用论产生的重要基础——"基于现实和未知的动态利益平衡机制",当各国和各地区的国内劳工权益保护水平与压力和国际劳动治理的压力曲线在某一特定时刻实现平衡时,协调适用论也可能无用武之地。当然,可以认为,只要存在自由贸易与投资协定缔约方之间的"利益失衡",当传导至自由贸易与投资协定劳工条款时,就需要协调适用论的支持。

第二节 自贸协定劳工条款协调适用论的核心内容

没有国家或地区会否认以美国和欧盟等为代表的西方资本主

义发达国家和地区应对历史造成的环境保护问题承担责任。同样,相信也没有任何理由去否认以美国和欧盟等为主的西方资本主义在先发展的国家和地区现在大力倡导较高水平的劳工标准多少有些"双重标准"的含义。但是,人类只有一个地球,所有的国家和地区都是不能更换的邻居和伙伴,而"社会正义"和劳动者基本权利的保护经过最近二三百年的发展已经成为人类社会的共识。因此,所有的国家和地区都需要在现有人类历史和文明成果的基础上去看待、探讨和研究自由贸易与投资协定劳工权益保护问题,以促使整个人类社会向前发展,而非止步不前。

在此基础上,不论是 ILO 在过去百年的探索和贡献,还是美国和欧盟等主导的自由贸易与投资协定劳工条款,都有其优势与不足。尽管现有的自由贸易与投资协定中存在磋商、合作等协调性的机制,但总体而言缺乏明确的指导原则,在劳工条款适用的法律解释等场景下存在规则供给不足等缺陷。对此,笔者基于协调适用论的基本理念与内涵,从现有自由贸易与投资协定劳工条款适用的实践经验中去粗存精,提出自由贸易与投资协定劳工条款协调适用论的一般原则和具体规则。

一、自贸协定劳工条款协调适用的一般原则

"法律原则是法律的基础性真理、原理或为其他法的要素提供基础或本源的综合性原理或出发点。"[①]对于自由贸易与投资协定劳工权益保护问题而言,需要在不同国家和地区之间就劳动用工政策与法律问题进行大量协调,带有明显的政治性。因此,在法律层面对其进行规制时,有必要设定相关基本原则,用于指导协调国际关系与权利义务安排。经常被拿来与劳工权益保护问题比较的国际环境保护问题,经过数十年的发展,已经形成"只有一个地球""尊重国家主权和不损害国外环境""可持续发展""预防""共同责任""国

---

① 张文显主编:《法理学》(第五版),高等教育出版社 2018 年版,第 120 页。

际合作"等一系列基本法律原则①,对指导和处理包括自由贸易与投资协定环境保护问题在内的相关事宜提供了重要法律支撑,可以作为国际劳动治理的借鉴。近十年来,习近平主席对于全球经济和贸易合作与全球发展提出了若干重大主张,作出了一系列重要论述,为完善自由贸易与投资协定劳工条款的协调适用提供了理论基础。对此,结合相关国际法基本法律原则、国际规则、国内实践,结合 ILO 以及以美国、欧盟和中国为主的自由贸易与投资协定劳工权益保护问题的实践及其经验与不足,笔者尝试提出以下法律原则,用于指导自由贸易与投资协定劳工条款实践中的协调适用。

(一)尊重主权平等与人类命运共同体原则

互相尊重主权和互不干涉内政是国际法的基本原则。② 对于自由贸易与投资协定劳工权益保护问题,应当尊重国家主权范围内的事项③,主要表现为尊重缔约方选择的社会制度及宪法,以及在自由贸易与投资协定的框架下仅处理与国际贸易与投资相关的劳工权益保护问题。

进一步而言,首先,面对经济全球化带来的挑战以及近年来人类社会发展中遇到的诸多现实问题,中国明确提出了"人类命运共同体"的理念,推动国际治理变革,协调国家和地区之间的关系,并回应经济、社会、文化与各国和各地区人民对于未来国际社会以及人类命运发展的诸多诉求。中国共产党十八大报告对于"人类命运共同体"的含义进行了阐释,即指"在追求本国利益时兼顾他国合理关切,在谋求本国发展中促进各国共同发展"。2017 年 1 月 18 日,习近平主席出席在日内瓦联合国万国宫举办的"共商共筑人类命运共同体"高级别会议,发表了《共同构建人类命运共同体》的主

---

① 参见林灿铃、吴汶燕主编:《国际环境法》,科学出版社 2018 年版,第 55—73 页。
② 参见王铁崖主编:《国际法》,法律出版社 1995 年版,第 41 页。
③ 参见 Kimberly Ann Elliott:《劳工标准与 TPP》,载 C.L.林、〔新加坡〕德博拉·K.埃尔姆斯、〔瑞士〕帕特里克·娄编著:《跨太平洋伙伴关系协定(TPP)——对 21 世纪贸易协议的追求》,赵小波、何玲玲译,法律出版社 2016 年版,第 163 页。

旨演讲,系统阐述了"人类命运共同体"理念。① 尤其需要注意的是,"人类命运共同体"的具体含义,正好诠释了自由贸易与投资协定劳工权益保护问题的实质、面临的挑战以及期待的出路。进一步而言,自由贸易与投资协定中的劳工权益保护问题,或者说劳工条款适用问题,本质上是国家和地区之间的社会公平问题,是在主权原则、国际经贸交往以及"社会契约"的不同传统理念与现实发展中出现的复杂国际问题。近年来,区域和双边自由贸易与投资协定大量纳入劳工条款,从国家和地区政策的角度,理应遵循"人类命运共同体"这一核心理念。

回顾前述历史情景演绎,从人类社会特别是民族国家出现以来的数百年历史来看,无不围绕"有限资源、相对地位、历史调整、终极矫正、国家困境"的周期性循环发展。在"无知之路"上,任何因素的良性突破,都将推动人类文明的进步与社会的发展。例如,工业革命和信息革命的产生,都突破了"有限资源"的限制,大大推动了人类社会的发展;而联合国的成立则是第二次世界大战后维持国际和平秩序以应对"国家困境"的制度创新。反之,则可能导致不同国家和地区之间不停"内卷",持续停滞,甚至带来巨大灾难。对此,人类社会从这一历史规律中可以学习并应该始终努力思考的,可能正如习近平主席提出的"我们从哪里来、现在在哪里、将到哪里去?"的最基本问题。

"和平与发展"是时代的主题,意味着自由贸易与投资协定劳工条款的适用应该有利于维护和平、促进发展,而不能增加猜疑甚至对抗、自私自利,更要避免"最后纠正"的出现;"世界多极化""文化多样化"意味着"相对地位"中多个主体参与"有限资源"的分配,在应对"国家困境"时需要遵循"民主化"和"多元化"的要义,不能也无法"一家独断"。在处理自由贸易与投资协定劳工条款问题并设计相关适用机制时,需要"共商、共建、共享"。"经济全球化深入发

---

① 参见《习近平:共同构建人类命运共同体》,载中国政府网 http://www.gov.cn/xinwen/2021-01/01/content_5576082.htm,访问日期:2022 年 3 月 10 日。

展"表明不同国家和地区及其人民仍然将高度融合,全球资本仍将在自由化的道路上突飞猛进。在"发展鸿沟日益突出"的情形下,分散化的劳工群体与资本的冲突带来的"国家困境"是各个国家或地区共同面临的挑战和必须解决的问题。社会信息化和新一轮科技革命和产业革命正在孕育成长,给突破"有限资源"瓶颈带来希望,减轻自由贸易与投资协定解决劳工权益保护问题的国内民主决策压力。

其次,回到既有的自由贸易与投资协定劳工条款实践,同样体现了尊重主权平等与人类命运共同体原则。ILO 框架下,不论是传统的国际劳工公约与议定书模式,还是推动 1998 年《基本原则和权利宣言》与"体面劳动"计划,都严格体现了尊重成员方主权和同意的国际法原则;即便在美国和欧盟主导的自由贸易与投资协定劳工条款中,列在保护水平首位的也是"支柱一:尊重缔约方本国管治权",即对缔约方主权的尊重。毫无疑问,《ILO 章程》、1998 年《基本原则和权利宣言》以及美国和欧盟主导的自由贸易与投资协定劳工条款中,都明确了通过劳动保护与劳动条件协调,追求"社会正义"的目标,充分体现了"人类命运共同体"的核心理念。

(二)包容与可持续发展原则

1. 包容原则

与国际经济和贸易领域其他众多传统议题不同,劳工权益保护问题在诸多方面都具有深刻的国别性。举例而言,伴随经济全球化的发展,并购、反垄断、数据保护、融资证券、国际贸易甚至民商事争端解决等法律服务领域,在相当程度上都倾向于"一致化"或者"一体化"。因此,美国、英国等少数法律体系高度发达的国家和地区的法学院每年吸引了无数来自世界各国和各地区的青年人前往学习;如有可能,其更会考取英美的律师执业资格,作为职业发展的重要经历与资质。相对而言,尽管各国和各地区在市场经济条件下面对的劳工权益保护问题似乎有众多相似之处,但基于各国和各地区的发展阶段、文化传统等复杂因素,劳动法律和实践在相当程度上却是"国别化"的。如前所述,各国和各地区对于劳动用工,以及接受全球治理或者国际规则对其主权的"渗透"或限制的接受程度存在明显差异,这一现实是客观存在的,也是任何国家和地区发展的必然要求,应该得到尊重。这种不同国家和地区劳工权益保护的不同步,相应地需要留存相当的空间以允许多元化探索与发展,有利于实现互动合作以及成果共享,即对包容性的要求非常高。① 例如,从中国或亚洲的经验来看,中国、日本在内的众多亚洲国家对于劳工权益保护问题倾向更"务实"的做法,即认为没有社会规范是对社会全体成员普遍适用的,而是需要根据具体情况具体分析,并由此安排并确认相关权利义务。②

在国际贸易与投资领域,各国和各地区在全球经济中的繁荣也不是因为各国和各地区的劳动法变得更加相似,而是通过在围绕包括基本人权在内的国际秩序中寻求某种制度优势。③ 具体而言,在瞬息万变的世界,确定基本原则和制定真正不可或缺的最低标准至关重要,同时为企业和员工留下必要的回旋余地。④ 企业可以根据其自身需要选择适合的监管灵活的国家和地区;反之,相关国家和地区可以通过不同类型的监管灵活性赢得在保障基本权利基础上的比较优势,即"相对制度优势"(comparative institutional advantage)。⑤

可以说,在坚持对"理想制度"追求的前提下,允许多种模式共存,通过比较,最终由各国和各地区的劳动者选择其最适合的制度机制,避免任何基于国家优势地位的"复制—粘贴",甚至诉诸经济

---

① 参见毕莹:《"包容":"一带一路"下全球治理的中国软法方案和推进路径》,载《深圳大学学报(人文社会科学版)》2019年第3期。
② 参见花见忠:《战后日本接受现代劳动法了吗?》,载叶静漪主编:《比较劳动法学》,北京大学出版社2018年版,第101页。
③ See Bob Hepple, The Right to Strike in an International Context, *Canadian Labour & Employment Law Journal*, 15 (2), 2009.
④ See Alfred Wisskirchen, The Standard-Setting and Monitoring Activity of the ILO: Legal Questions and Practical Experience, *International Labour Review*, 144(3), 2005.
⑤ See Bob Hepple, *Labor Laws and Global Trade*, Hart Publishing, 2005.

与其他暴力支持,是包容原则的核心要义。

2. 可持续发展原则

1966年《经济、社会及文化权利国际公约》第11条明确规定,作为权利平等的个体,所有人都有权利获得相当的生活水准。1986年12月,联合国大会通过的《发展权利宣言》第1条规定了发展权的人权属性,明确提出发展权是不可剥夺的基本人权。在发展权得到有效保障的情况下,所有人可以平等而有效地参与其所在国家和地区的经济、社会、文化等方面的活动,促进并享受其所在国家和地区在该等领域的发展。同时,发展权也是个人享受其他基本人权的重要条件。2002年约翰内斯堡可持续发展世界首脑会议重申了国际社会对当代及后代所有人的良好生活环境及幸福承担共同责任。2005年世界首脑会议则对消除贫困和可持续发展的重要性进行了重申。其中,改变不可持续的生活与发展方式,维持合理的经济和自然发展基础,是可持续发展的重要基础。同时,发展还被视为自由、进步、正义和创新的前提以及人权的手段和目标。[1] 在此基础上,应当充分认识到各国和各地区的经济、社会、历史、文化以及发展阶段的差异,围绕"以人为本"("以人民为中心")的价值取向,确立对于保障核心劳动权利在内的基本人权的价值追求与推动其实现的紧迫性,同时允许在"平等协商"以及"主权独立"(民族国家对其人民所独有的"社会契约")的基础上,设定切实可行的时间表、过渡期和具体实施方案,避免强推"共同价值"和搞所谓的"道义至上"。

近年来,可持续发展成为国际社会的首要政策目标,代表着满足当代人的需求而不损害后代人的需求,提供了一个协调当前和长期需求的发展模式。社会发展、经济增长和环境保护是可持续发展相互关联和相辅相成的组成部分。可持续发展的目标是通过高水平的环境保护、社会公平和凝聚力实现经济繁荣。联合国于20世纪

---

[1] See M. Bedjaoui, The Right to Development, in M. Bedjaoui ed., International Law: Achievements and Prospects, UNESCO, 1991, pp. 1177-1203.

末采纳了世界环境与发展委员会1987年的报告《我们共同的未来》提出的"可持续发展"理念,即"满足当代的需要,且不危及后代满足其需要的能力的发展"。① 2012年在里约热内卢举行的联合国可持续发展大会推出了被世界各国和各地区共同接受的"2030年可持续发展目标"。联合国《变革我们的世界:2030年可持续发展议程》的17项目标中,第1项为"在全世界消除一切形式的贫困"、第5项为"实现性别平等,增强所有妇女和女童的权能"、第8项为"促进持久、包容和可持续的经济增长,促进充分的生产性就业和人人获得体面工作"(针对经济增长放缓、不平等加剧、劳动力人口不断增加但就业疲软等问题)、第10项为"减少国家内部和国家之间的不平等"、第16项为"创建和平、包容的社会以促进可持续发展,让所有人都能诉诸司法,在各级建立有效、负责和包容的机构"(强调和平、稳定、人权和基于法治的有效治理是实现可持续发展的重要渠道),以及第17项为"加强执行手段,重振可持续发展全球伙伴关系"(只有强调全球合作与伙伴关系,可持续发展目标才能够实现。推动国际贸易,协助发展中国家和地区增加出口,有助于建立以规则为基础的公平、开放、普惠的全球贸易体系)。毫无疑问,和健康、美好的环境一样,"社会正义"也是包括各国和各地区人民在内的所有人类共同追求的目标。基于"社会契约"建立起来的主权国家,理应为此目标采取各种合理手段。因此,追求"社会正义",包括提升全人类(特别是本国和本地区人民)的"体面劳动",可以说是"全人类共同的责任",也是"人类命运共同体"的体现。

3. 共同但有区别原则

"共同但有区别原则"是包容与可持续发展原则的重要组成部分。事实上,"共同但有区别原则"在ILO成立之初就是其重要基础之一。1919年《凡尔赛和约》第405条规定:"劳动大会拟具通用之建议书获公约草案时,对于气候状态不同,及产业组织尚未完全发

---

① See World Commission on Environment and Development, *Our Common Future*, Oxford University Press, 1987, p. 43.

达,或者因其他特别事情,致产业状态极有差异之国。强调了产业状态差异的结果,应有相当之注意,并应提示认为适合此种国情所必需之修正。"①国际环境法关于区别责任的出发点在于当今环境危害很大程度上源于在先发展的国家和地区的历史累积,同时在后发展的国家和地区在承担责任的知识、经验、能力以及技术上存在客观不足。从近二三百年的现代劳动用工史来看,似乎也有着类似的故事逻辑,即在后发展的国家和地区在劳工权益保护等方面的知识、经验、能力与技术同样不足,而美国和欧盟等在先发展的发达国家和地区在当前大力提倡较高标准的劳工权益保护,源于其本国和本地区历史上劳工权益保护从无到有、从低到高的逐步发展,且由其经济社会同步增长提供的物质基础作保障,以及公民和消费者意识觉醒的综合结果。某种程度上,后发国家和地区如果跳过这些阶段,推行高标准的劳工权益保护,可能面临的是没有物质基础和大众政治所支撑的"阳春白雪",最终将损害后发国家和地区的发展权益。

因此,在自由贸易与投资协定中纳入劳工条款并适用时,应当遵循"共同但有区别原则",尤其是"区别原则"。但是,在目前美国和欧盟主导的自由贸易与投资协定劳工条款及其适用中,"区别原则"体现不足。

(三) 负责善治原则

人类追求美好生活的脚步从未也不会停歇。有效应对劳工权益保护问题的关键是各个国家和地区内部法规规制体系的完善、执行和具体管治方法。② 发展中国家和地区之所以反对将劳工权益保护问题纳入自由贸易与投资协定,很重要的一点是发现部分推动自由贸易与投资协定劳工条款的国家和地区所称的劳工权益保护问

---

① 曾炳钧:《国际劳工组织》,社会调查所 1932 年版,第 170 页。
② 参见〔美〕约翰·H.巴顿、〔美〕朱迪斯·L.戈尔斯坦、〔美〕蒂莫西·E.乔思林、〔美〕理查德·R.斯坦伯格:《贸易体制的演进——GATT 与 WTO 体制中的政治学、法学和经济学》,廖诗评译,北京大学出版社 2013 年版,第 150 页。

题,在设定与适用中体现了其本国和本地区内部劳工权益保护问题的治理失败或者失灵。罗伯特·吉尔平指出:"国内收入和国际收入的不平等、不熟练劳工问题、所谓现代福利国家中'下降到最低水平'的生活都不应归咎于经济一体化。在几乎所有情况下,像技术进步、国家政策或者保守主义思想的胜利这样一些其他因素要为这些情况承担主要责任。"① 即将其本国和本地区的矛盾与问题通过自由贸易与投资协定劳工条款转嫁给其他国家和地区,进而要求其他国家和地区承担国际法上的国家责任。因此,有必要确立负责善治的法律原则,避免该类违背本国和本地区的"社会契约",推动"逆向社会倾销"的情形。各个国家和地区首先有责任推动实现其境内个人和民族的发展②,需要认真考虑将劳工权益保护问题纳入自由贸易与投资协定这一框架以求解决所谓的"公平贸易"等问题时,到底是其他国家和地区的劳动法律执行和劳动保护水平问题,还是本国或本地区内政管治的失能和低效问题。③ 例如,当美国"铁锈地带"的产业工人主张发展中国家和地区"抢走了其饭碗"进而导致"不公平贸易"的时候,需要询问:美国"去工业化"的政策是否配套了足够的产业升级转型、传统制造业工人再就业的机会创造,以及能力与技术提升的政策机制与途径。通过确立负责善治原则,有助于避免将失败国家和地区或者国家治理错误和不利后果以劳工权益保护的名义转移到其他国家和地区,侵害其他国家和地区发展权益的不当行为。创新的解决方案,可能更多地与各个国家和地区内部政策改革有关,而非国际贸易规则。④ 对此,诺贝尔经济学奖获得者、美

---

① 参见〔美〕罗伯特·吉尔平:《全球政治经济学:解读国际经济秩序》,杨宇光、杨炯译,上海世纪出版集团2013年版,第333页;Richard Newfarmer & Monika Sztajerowska, Trade and Employment in a Fast-Changing World, OECD, 2012, https://www.oecd.org/site/tadicite/50286917.pdf, pp. 7-57.
② 参见〔荷兰〕尼科·斯赫雷弗:《可持续发展在国际法中的演进:起源、涵义及地位》,汪习根、黄海滨译,社会科学文献出版社2010年版,第56—57页。
③ 参见〔荷兰〕尼科·斯赫雷弗:《可持续发展在国际法中的演进:起源、涵义及地位》,汪习根、黄海滨译,社会科学文献出版社2010年版,第116—117页。
④ See The Warwick Commission, *The Multinational Trade Regime: Which Way Forward? - The Report of the First Warwick Commission,* The University of Warwick, 2007, https://warwick.ac.uk/research/warwickcommission/worldtrade/report/uw_warcomm_tradereport_07.pdf, p. 9.

国哥伦比亚大学经济学教授约瑟夫·斯蒂格利茨(Joseph Eugene Stiglitz)等学者提出了一系列具有建设性的意见。[①]

此外,国际劳工标准的执行相当程度上还依赖各个国家和地区内部法律与司法程序。根据个案的具体情况,通过国际私法规则对受害人进行保护[②],可能发挥远比自由贸易与投资协定劳工条款更为直接的效果,也将有助于相关国家和地区本身的立法、执法与司法完善,从"个案正义"与最终结果的角度来看具有重要的积极意义。

(四)国际合作原则

从"基于现实与未知的利益动态平衡"机制出发,各个国家和地区对于其他国家和地区的劳工权益保护情况,特别是面临的挑战,予以适当关切具有重要意义。在此基础上,寻求最大限度的利益共同点,帮助其他国家和地区有效应对劳工权益保护挑战,是完善全球劳动治理的基础和前提之一,最终又将推动经济全球化下各个国家和地区自身的可持续发展。对此,国际合作作为相关机制的重要原则自然成为应有之义。具体而言,加深与各相关国家和地区以及国际组织的对话,深刻了解相关国家和地区经济社会发展战略及其在劳工权益保护问题上面临的挑战,在加深国际经济和贸易合作的同时,增进政治互信(例如中国与欧盟都认同"可持续发展"的理念)、文化交流,并以深化国际经济和贸易关系为基础,通过技术协助、能力建设、合作研究等,协助相关国家和地区应对自由贸易与投资协定涉及的劳工权益保护问题,争取通过政治性或者相关国家和地区均能接受的方式处理劳工条款争议。从20世纪两次世界大

---

① 参见〔美〕约瑟夫·E.斯蒂格利茨:《让全球化造福全球》,雷达、朱丹、李有根译,中国人民大学出版社2013年版,第245—248页;Dani Rodrik & Stefanie Stantcheva, *Fixing Capitalism's Good Jobs Problem,* Oxford Review of Economic Policy, 2021, 37 (4), pp. 824–837.

② See Erika de Wet, Decentralized Enforcement. of International Labor Standards: The Role of Domestic Courts, in George P. Politakis, Tomi Kohiyama & Thomas Lieby, eds., *ILO 100: Law for Social Justice,* International Labour Office, 2019, https://www.ilo.org/wcmsp5/groups/public/---dgreports/---jur/documents/publication/wcms_732217.pdf, pp. 279–286.

战及之前一轮的经济全球化可以看出,正常运转、开放的国际经济和贸易需要各国和各地区之间,特别是主要经济中心之间进行一定程度的合作,通过广泛协商,以确定良好的监管实践。[1]

可以说,设计对本国和本地区国际贸易和投资以及劳动者权利更为有利的自由贸易与投资协定劳工权益保护问题方案是各个主权国家和地区的选择。[2] 但是,必须注意到,当今世界的劳工权益保护出现了新的变化,特别是在信息化以及人工智能快速发展的背景下,工人群体分散化、利益多样化、技能时新化,基于工业革命大工厂生产以来的传统劳动法律、劳工标准以及劳动保护机制,也应随之予以重新审视并积极创新。针对现行美国和欧盟主导的自由贸易与投资协定劳工条款及其适用,应该围绕前述三项基本原则进行有效协调,改变既有实践的不足。时机成熟时,还应推动联合国、WTO 以及 ILO 的改革,特别是重新审视、梳理并完善国际劳工标准,淘汰不符合当前国际经济和社会发展以及仅体现少数国家和地区意志的不公平规则与标准,共同建立并完善体现"多元化""民主化"和可执行的新规则与标准。

二、自贸协定劳工条款协调适用的主要规则

基于前述理念与原则,结合本书第一章和第二章对于多边全球劳动治理模式以及以美国和欧盟为代表的自由贸易与投资协定劳工条款实践所呈现出来的法律问题及其不足,对于自由贸易与投资协定劳工条款在具体法律规则方面的协调适用,可以重点考虑从以下角度予以完善:

---

[1] See Jeffry Frieden, Michael Pettis, Dani Rodrik & Ernesto Zedillo, After the Fall: The Future of Global Cooperation, Geneva Reports on the World Economy 14, 2012, https://ycsg.yale.edu/sites/default/files/files/geneva_report.pdf, pp. 5-7; Bernard Hoekman & Robert Wolfe, WTO Reform As a Triangular Problem among China, the EU and the US, CESifo Forum, 22 (2), 2021, https://www.cesifo.org/DocDL/CESifo-Forum-2021-2-hoekman-wolfe-wto-march.pdf, p. 13.

[2] 参见李西霞:《全球贸易自由化进程中劳工标准体系的分化与发展》,载《社会发展研究》2015 年第 1 期。

(一)自贸协定劳工条款协调适用的规则基础

1. ILO 确定的核心劳工标准应该作为重要基础

将劳工权益保护问题纳入自由贸易与投资协定本身并非因为其与国际贸易与投资存在直接联系,本质上更多的还是从各国和各地区之间内部劳工权益保护政策的动态协调、挑战谅解和分担的角度确立,即"基于现实与未知的动态利益调整"。因此,应该严格限制自由贸易与投资协定劳工条款所涉及的内容与范围。1998年《基本原则和权利宣言》所确定的核心劳工标准在 ILO 以及美国、欧盟和中国所主导或者参与的自由贸易与投资协定劳工条款中已经得到广泛认可,其所确定的核心劳工标准可以作为自由贸易与投资协定劳工标准的内容,但不宜随意地进一步扩大范围。

在此基础上,基于《ILO 章程》机制以及国际劳工公约的批准机制,应该坚持章程机制的"道义责任"和国际劳工公约的"法律责任"并行,不应随意混淆。特别是,除非经过相关自由贸易与投资协定缔约方基于自愿、公平原则协商一致同意,同时做好劳工条款执行的解释与适用规则说明,否则不应像欧盟—韩国案一样,通过在自由贸易与投资协定中引用1998年《基本原则和权利宣言》等国际组织文件的方式变相地将倡导性的核心劳工标准"转化"为强制性的国际条约义务。

与此同时,考虑到相关核心劳工标准确定时的历史、经济、社会背景与当下各国面对的劳动用工情况存在明显不同,应该还原劳工标准的技术性和工具性本质,由 ILO 通过国际劳工大会等机构对其展开重新评估。例如,各国工人运动大幅衰落,各国和各地区纷纷通过加强劳动基准建设以及人力资源管理等手段,替代传统的结社自由与集体谈判机制,以实现缓解劳资冲突、提升劳动保护等目标。在此基础上,劳动者的有效代表权、企业经营管理参与权、企业利益分配机会、关注个体化劳动者的基本权益保护以及基于身份认同或者行业与职业类型的劳动者的集体行动准则等,都已经超过了发源于工业革命时期大工厂产业工人的结社自由与有效的集体谈判这一劳工标准的范畴。因此,应该重新审议包括结社自由及有效的集体谈判机制的内涵、定义及其适用规则。必要时,甚至可以考虑将第 87 号公约和第 98 号公约从核心劳工公约的名单中去掉。①

2. 强调促进国际经济和贸易关系的主体性和劳工权益保护的从属性

不论是在 WTO 的多边框架下,还是在区域或者双边自由贸易与投资协定中,促进国际经济和贸易往来是自由贸易与投资协定这一机制的本质、核心以及出发点和落脚点。在前述基础上,纳入劳工权益保护问题是基于自由贸易与投资协定缔约方协商一致基础上的从权利和从义务,不能主次颠倒。因此,无论是条款设计、权利义务安排,还是争端解决,都要秉承国际经济和贸易关系为核心的原则予以处理,不能让劳工条款成为相关自由贸易与投资协定的主体。任何情况下,基于劳工条款所产生的责任都不得干扰国际经济和贸易关系的相关安排。

因此,包括中国在内的发展中国家和地区原则上可以继续反对将自由贸易与投资协定劳工条款纳入强制性争端解决机制,因为与劳工权益保护作为从属性事项的性质明显不符。如果因为谈判情况确实需要自由贸易与投资协定劳工条款适用强制性争端解决机制,则应该明确强调缔约方政府间前置性磋商程序的具体规则,通过政府间磋商最大限度地解决争议。最后,任何情况下,如果涉及要求相关国家和地区作为自由贸易与投资协定缔约方基于劳工条款承担经济责任的,应该符合比例原则要求,并明确相关款项必须专门用于改善被指控违反自由贸易与投资协定劳工条款的国家和地区的劳动条件,不得挪作他用。

---

① 参见刘诚:《全球化背景下劳动法面临的挑战及对策》,载《工会理论研究》2008 年第 4 期。

3. 充分利用 ILO 与 WTO 的现有法律机制应对劳工条款的复杂性

联合国及其国际法规则是第二次世界大战后人类文明的创新成果，维护了数十年的和平发展环境。国际经济法律要求缔约方必须基于诚信原则履行国际组织的条约义务和具有约束力的决定。因此，在推动经济全球化下的自由贸易与投资协定劳工权益保护时，也应该基于联合国体系政府间国际组织（特别是 ILO）以及 WTO 的法治保障。对此，中国应该积极参与以 ILO 和 WTO 为核心的自由贸易与投资协定劳工条款的规则制定，以理性的态度参加谈判，以形成对中国以及其他发展中国家和地区较为有利的国际法律规则体系。

具体而言，除了继续保持并积极发挥美国、欧盟和中国参与的自由贸易与投资协定劳工条款争议缔约方政府间前置性磋商机制外，在自由贸易与投资协定劳工条款的争端解决过程中，可以考虑由作为缔约方的相关国家和地区就劳工标准的事实认定自行达成一致；无法达成一致的，应该考虑发挥 ILO 与 WTO 的合作机制，建立自由贸易与投资协定劳工权益保护问题协作框架。在此基础上，当出现自由贸易与投资协定劳工条款争议时，作为缔约方的相关国家和地区可以协商指定事实认定专家小组或者从 ILO 设置的专家库中协商组建专家委员会，要求专家团队根据当事方共同认可的国际劳工标准、本国和本地区适用的劳动法律法规及其他依据，从劳动法律的角度提供事实认定意见。ILO 既有的职能包括定期审查 ILO 成员履行国际劳工公约和推动劳工标准实践的报告、调查等，能够相对有效地应对当前主流劳工条款中关于违反劳工条款义务的"长期或者反复的不当实践"的证明难题，不会产生新的更复杂的程序要求和障碍。ILO 的该等职能在过去超过一百年的实践中已经被世界各国和各地区广泛承认和熟悉，将其纳入自由贸易与投资协定劳工条款的争议解决，只是强调其在个案处理时，将相关报告用作证据或者针对个案进行单独深入的分析和建议，即进一步发挥其技术性、中立性和客观性的作用。经过自由贸易与投资协定缔约方自行认定,或者通过包括ILO在内的第三方认定劳工标准事实问题之后,关于法律认定的部分再行交给特定的自由贸易与投资协定项下成立的争端解决机制审议机构或者WTO争端解决机构,以进一步从国际经济和贸易法的角度作出裁决。

通过前述安排,在具体的自由贸易与投资协定劳工条款争议案件中,ILO侧重于协助当事缔约方进行争议事实的认定,扮演类似于认定是否违反国际劳工标准的"陪审团"角色;而根据特定的自由贸易与投资协定成立的争议解决机构(例如常见的专家小组)或者WTO争端解决机制则侧重于国际经济和贸易法律的裁判,除了从自由贸易与投资协定这一国际条约本身出发认定当事缔约方是否违反自由贸易与投资约定外,原则上并不审查当事缔约方是否在事实层面违反了相关劳工标准,即扮演类似于"法官"的角色。如此一来,将充分发挥ILO和WTO在国际劳工标准和国际贸易和投资领域各自的专业性和权威性,最大限度利用其既有资源与相关国际法律规则机制,更为妥善地应对自由贸易与投资协定劳工权益保护问题的复杂性和专业性。

4. 有效执行应该作为权利义务与责任设定的重要因素

美国和欧盟推动自由贸易与投资协定劳工条款以来,虽然众多发展中国家和地区接受了该等做法,但随之而来的是美国和欧盟对该等发展中国家和地区违反劳工条款的众多指控与争议。从本质上看,发展中国家和地区接受美国和欧盟主导的自由贸易与投资协定劳工条款更多的是基于发展国际经济和贸易关系这一核心目标,作为谈判交易的妥协而接受,从主观意愿上并不代表对相关劳工条款表示高度认可。更为重要的是,该等发展中国家和地区由于技术落后、能力不足、资源缺乏等种种原因,客观上无法有效执行美国和欧盟所主导的"高标准"的自由贸易与投资协定劳工条款,使得该等条款变成了"不可执行"的内容,陷入美国和欧盟与其他发展中国家和地区缔约方之间长期拉锯的困境,一定程度上影响其发展相互之间的国际经济和贸易关系。

从法律角度看,一直以来都存在"应然之法"和"实然之法"的区分。在阿马蒂亚·森的正义理论中,明确提出关于机会能力和"实践理性"的正义的优越性和现实性。应该说,任何美好的愿望或者制度设计,如果最终无法在现实中落地,那也无非就是一种"梦境"罢了。在此基础上,美国和欧盟主导的带有"格式合同"印迹的自由贸易与投资协定劳工条款必然会面临执行中的重大挑战。

因此,应该鲜明主张,在充分考察各国和各地区劳动用工实际情况后,基于必要的、最小的和适度的原则确立各缔约方在自由贸易与投资协定劳工条款项下的权利义务与责任安排,反对任何形式的"格式合同"。

(二)自贸协定劳工条款协调适用的实体性规则

1. 强调比例原则

比例原则是宪法和行政法的重要原则,对于规制公权力的行使具有重要意义。实践中,随着对比例原则的广泛认可,其也开始进入其他法律领域,作为平衡权利、义务与责任关系的重要规则。比例原则一般认为包括适当性、必要性与狭义比例原则三部分。其中,适当性主要是指手段必须适当;必要性又称最小损害原则,是指应当采取损害最小的手段;狭义比例原则则要求手段所增进的利益与其所造成的损害成比例。在此基础上,近年来,部分学者还关注公权力行为的目的正当性与比例原则的关系[1],其中刘权明确提出"行为的目的正当性"应该纳入比例原则。[2] 在国际经济法的语境中,比例原则也已得到广泛认可与应用。例如,《马拉喀什建立WTO协定》序言中,载明在促进贸易自由化的同时,兼顾可持续发展等其他目标。在美国—棉纱案的上诉机构报告中,第一次明确提到了比

---

[1] 参见张明楷:《法益保护与比例原则》,载《中国社会科学》2017年第7期。
[2] 参见刘权:《目的正当性与比例原则的重构》,载《中国法学》2014年第4期。

例原则。①

　　针对自由贸易与投资协定劳工条款及其适用的比例原则,同样可以考虑四重结构,即适当性、必要性、合乎比例以及目的正当性。具体而言:第一,纳入自由贸易与投资协定的劳工标准的范围及其实施强度是否合乎比例原则？例如,尽管被广泛推崇的1998年《基本原则和权利宣言》确定了"结社自由与有效的集体谈判",但是对于没有批准第87号公约和第98号公约的自由贸易与投资协定缔约方而言,除非自由贸易与投资协定明确将其纳入条约义务,否则通过针对自由贸易与投资协定的条约解释将其推定作为缔约方的强制性义务存在适当性、合乎比例和目的正当性的疑问。第二,自由贸易与投资协定劳工条款的执行与监督是否符合比例原则？当因为履行劳工条款而产生争议时,所涉及的个案、其产生的对其他缔约方的贸易损害以及由此可能导致违约方所应承担的责任,应该符合比例原则的要求。从美国—危地马拉案来看,美国仅仅依据5个个案,且没有实质证据证明该等个案对美国和危地马拉双边贸易关系的影响,就提出缔约方存在违约并要求承担贸易制裁的后果,无疑不符合比例原则的基本要求。

　　WTO争端解决机制的实践中,也体现了对于多边国际贸易与投资协定和缔约方国家主权的平衡。考虑到劳工权益保护本身属于一国主权管辖范围内的事项,将其纳入自由贸易与投资协定有其复杂的因素,是全球化或者个别国家和地区对于其他缔约方管治权的"渗透",故而更应审慎处理,最大限度地尊重主权国家本身的管治权,使得保护水平"支柱一:尊重缔约方本国管治权"落到实处,而非变成随意使用不减损规则的"障眼法"。

　　2. 明确"贸易保护主义"的证明责任并作为法律责任阻却事由

　　1998年《基本原则和权利宣言》正文第5条明确规定:"不得将劳工标准用于贸易保护主义之目的,并且本《宣言》及其后续措施中

---

　　① 参见韩秀丽:《论WTO法中的比例原则》,厦门大学出版社2007年版,第114、223—224页。

的任何内容不得被援引或者被以其他方式用于此种目的。"在美国和欧盟所主导的自由贸易与投资协定劳工条款中,"不得用于贸易保护主义"往往也作为相关发展中国家和地区接受美国和欧盟方案的重要条件,将其作为在保护水平条款下履行相关劳工标准的平行条款。但在实践中,1998 年《基本原则和权利宣言》正文第 5 条似乎没有得到充分的重视,更多的关注被不减损规则所吸引。对此,根据 VCLT 第 31 条和第 32 条关于国际条约约文解释的基本规则,同时维护相关自由贸易与投资协定缔约方的权利义务平衡,有必要明确将"不得用于贸易保护主义"作为任何一方要求其他缔约方承担"违反劳工条款"义务,特别是涉及国际法律责任的前提。具体而言,主张其他缔约方违反劳工条款的,应该证明其主张符合"不得用于贸易保护主义"的条件,否则即便被指控方确实违反了自由贸易与投资协定劳工条款,因指控方发起指控本身违反了前述协定证明义务,因而构成被指控方承担条约责任的阻却事由。

3. 引入格式合同规则

我国台湾地区将格式合同称为"定型化契约"。根据台湾地区民法学者王泽鉴的观点,"定型化契约"主要是一个当事人为了同时或者在未来一段相对较长的时间内,与特定或不特定的多个其他当事人缔结契约方便,故提前单方制作的统一标准的契约。其他当事人可以选择签订或者不签订,但通常不会重新或单独对事前准备的标准契约进行修改。"定型化契约"一般出现在日常消费领域,甚至不时与另一方的垄断地位关联,因此一般消费者可能不会关注或者没有足够对等的议价能力进行谈判。可以看出,"定型化契约"与通常契约所强调的"缔约自由"有重大差异。因此,从诚实信用和公平的角度,要求提供该等格式合同的一方"依明示或者其他合理适当方式,告知相对人欲以定型化契约条款订立契约,并使相对人了解条款的内容"。只有通过如此的"明确及充分告知与说明",才能使相关条款成为具有约束力的契约。在此基础上,出现争议时,还应该作出"有利于消费者之解释"。对于条款是否违反诚实信用原则和显失公平,应该根据具体案件的性质、缔约的目的与宗旨、契约内容、交易习惯等综合判断后决定。① 对于普通民商事合同的谈判而言,各国和各地区的民法通常遵循"当事人意思自治"原则。即便存在事实上的差异,基于平等民事主体的判断与前提,一般公权力不做主动矫正,而关于格式合同的特别干预则是相对少有的例外。

尽管在自由贸易与投资协定谈判中,缔约方均为主权独立的国家或者独立关税区,根据国际法享有平等的地位,但正如同所有的合同谈判一样,总是基于各种原因导致缔约方之间的谈判地位和能力存在差异。事实上,如前所述,就目前所缔结的自由贸易与投资协定劳工条款而言,绝大部分遵循的是美国和欧盟推行的模式,其基于美国和欧盟长达数十年甚至上百年对此问题的国内法探索,在近三十年形成了一系列完整的理念、规则与实施机制,并通过实践对该等条款如何发挥作用及其影响积累了丰富经验。相对而言,全球其他大部分国家和地区长期以来对此问题讳莫如深,自然不会有同等或者类似的知识、实践与资源积累,面对美国和欧盟所主导的谈判文案时,大多处于讨论订立格式合同的境地。当然,必须承认的是,作为主权独立的国家或者地区,其在就自由贸易与投资协定劳工条款进行谈判时,并非都是"接受或者离开(take it or leave it)"的二选一模式。这就涉及另一个问题,即主导并提供自由贸易与投资协定劳工条款的一方是否以及在多大程度上向其他缔约方分享相关条款的含义及其实践经验,以帮助其他缔约方准确理解该等条款的法律含义,并作出合理与公平的决定。实践中,在其他传统和更具经济价值的条款达成一致的前提下,不排除提供该等条款的一方以"方便"的理由将相关格式内容塞入自由贸易与投资协定,劳工条款作为其他谈判交易的对价或者"搭便车"的结果,导致相对一方对此问题的忽视。

目前,从公开渠道来看,对于提供自由贸易与投资协定劳工条款谈判文本一方的说明义务没有以法律的形式明确。事实上,在欧

---

① 参见王泽鉴:《民法概要》(第二版),北京大学出版社 2011 年版,第 144—147 页。

盟—韩国案中,针对欧盟和专家小组提出关于引用国际组织文件构成了《欧盟—韩国自由贸易协定》下劳工标准的强制性义务的主张,韩国就基于其缔约时对此并未认可而强烈反对。纵观美国和欧盟主导的自由贸易与投资协定劳工权益保护问题处理方式,无法不对韩国的该等遭遇感到不公,因为从《欧盟—韩国自由贸易协定》相关约文的表述和内容来看,其是欧盟政策主张及签订类似自由贸易与投资协定的"标准文本",带有明显的格式合同痕迹。遗憾的是,在欧盟—韩国案的专家小组审议中,并没有出现关于格式合同的有力论述。

因此,从诚实信用和公平原则出发,应该针对自由贸易与投资协定劳工条款明确格式合同规则,要求提供约文谈判草案的一方履行全面的解释与说明义务,提供机会给其他缔约方咨询与讨论,并以书面形式留存达成共识的内容,锁定针对该等条款缔约时的真实意思表示。在此基础上,如果出现难以确定的争议,应该考虑作出针对格式合同提供一方相对不利的解释。

4. 设置金钱性责任抵免

抵销权是形成权,因一方意思表示而生效。一般认为,债的抵销需要满足互负债务、给付种类相同、均届清偿期以及非不能抵销等条件。[①] 马克思主义学说认为,劳动并非商品,这一理解也被1944年《费城宣言》所采纳。但是,在美国主导的自由贸易与投资协定劳工权益保护问题治理模式下,缔约方最终可能因为违反自由贸易与投资协定劳工条款而被施以经济性制裁。正如前文分析,在现有的主流自由贸易与投资协定劳工条款中,保护水平等缔约方义务基本可以认为是双务的。因此,不论是在单一的自由贸易与投资协定劳工条款争议案件中,还是缔约方之间存在分别处理的多个劳工条款争议案件,最终所施加的经济性制裁应该允许抵免。如此安排,一方面有助于实现司法经济的目标,另一方面也可以从客观上督促缔约方善意履约,并谨慎使用贸易制裁手段。

---

① 参见王泽鉴:《民法概要》(第二版),北京大学出版社2011年版,第239—241页。

(三) 自贸协定劳工条款协调适用的程序性规则

1. 增加同时履行抗辩权

根据合同法基本原理,当事方均负有履约义务的合同,可以被视为双务合同。同时履行抗辩权是"在没有先后履行顺序的双务合同中,一方当事人在对方当事人未履行或者履行不符合约定的情况下,享有拒绝对待给付的抗辩权"①。一般而言,同时履行抗辩权包含同一合同互负债务、债务履行没有先后顺序、债务均已届期以及一方不履行债务或者履行不符合约定等要件。

作为当今自由贸易与投资协定劳工权益保护问题主流的美国和欧盟模式,保护水平实际上设定了缔约方之间的双务义务,集中体现为"支柱二:确保高标准执行——A. 积极作为"和不减损规则,即所有缔约方都需要有效执行本国和本地区的劳动法,并遵循不减损规则的相关要求,符合同一合同互负债务以及债务履行没有先后顺序的条件。同时,除了缔约方明确约定过渡期或者附条件履行的情形外,劳工条款义务应当在自由贸易与投资协定生效后即可履行,且处于持续状态。因而,只要出现关于自由贸易与投资协定劳工条款的争议,即应视为符合债务均已届期的要求。

众所周知,劳工权益保护涉及的事项极为庞杂,即便限缩在1998年《基本原则和权利宣言》所确定的核心劳工标准范畴,也会因为各国和各地区的具体情况存在显著差异。因此,如果 A 国指控 B 国在甲事项上出现违反自由贸易与投资协定劳工条款的情况,并要求 B 国承担违约责任(特别是强制争端解决下对应的贸易制裁等),则 B 国应当可以基于 A 国同样在甲事项或者其他事项上违反自由贸易与投资协定劳工条款予以抗辩,从而行使同时履行抗辩权。

该等安排的潜在疑虑可能在于是否有将劳工权益保护问题"商品化"或者"交易化"的问题,及其从价值和正当性上是否适合引入

---

① 王利明主编:《民法》(第九版),中国人民大学出版社2022年版,第117—120页。

同时履行抗辩权。笔者认为：首先，劳工权益保护问题本质上属于缔约方内政，即国家主权行使范围。因此，缔约方对其公民是否履行了作为普遍原则和追求的"社会正义"或者"体面劳动"的义务，最主要和最根本的应该留给国内的民主决策或者大众政治予以判断。其次，作为自由贸易与投资协定的一部分，劳工条款虽然在一定程度上向国际机制让渡了一国国内劳工权益保护排他性的管治权，但这种让渡是限于该机制下的执行承诺、争议调查与评估以及国际责任，并不当然地要求或者强制缔约方调整本国劳工权益保护政策与实践。尽管潜在的经济制裁和"道义压力"可能会产生间接的影响，但并非直接发生作用。最后，在此处引入同时履行抗辩权的目的还在于限制某些缔约方不当使用劳工条款，特别是强制性争端解决机制，将自身的内部管治失灵或者无效产生的矛盾转移为其他缔约方的国际义务，而怠于对本国或本地区内部劳工权益保护核心问题的处理，甚至干涉别国内政，达到保护主义的目的。举个简单的例子，美国是将劳工条款纳入强制性争端解决机制的主要推手，当其广泛地利用这一机制对自由贸易与投资协定其他缔约方提起劳工条款争议时，其国内却被认为大量存在强迫劳动、就业歧视等违反核心劳工标准的问题；而其推动其他国家和地区劳工权益保护水平提高的"道义"基础——"公平贸易"，也未能彻底掩盖本国政府对于经济发展迟滞和劳动用工结构性转型等内部问题的管治缺失。

2. 允许设置过渡期等灵活机制

作为现代法治国家，即便缔约方通过缔结自由贸易与投资协定就劳工条款及其适用作出承诺，但对于相关问题的国内执行，仍然应当尊重国家主权平等原则，按照各缔约方本国或本地区的实际情况，通过修改宪法、法律或者相关实践等方式"转化"或者"纳入"本国或本地区的法治体系。同时，基于国内稳定考虑或者需要集中资源解决其他更为急迫的问题等因素，应该允许缔约方适当调整履约安排。例如，越南为加入 TPP/CPTPP 的劳动改革争取到了七年的义务履行过渡期。同时，自由贸易与投资协定的缔约方通过双边换文或者谅解备忘录等更为灵活的方式,也可以实现对自由贸易与投资协定相关条款进行特殊约定。例如,马来西亚通过双边换文的方式在一定时期内获得了将结社自由排除适用强制性争端解决机制的效果。因此,针对特定劳工条款的执行与适用设置过渡期等灵活机制,对于妥善处理自由贸易与投资协定劳工权益保护问题具有重要意义。

第五章 自贸协定劳工条款协调适用论于中国的适用

第一节 自贸协定劳工条款协调适用论于中国适用的概述

一、自贸协定劳工条款协调适用论于中国适用的意义

中国的内外部环境与条件要求必须接受并适用自由贸易与投资协定劳工条款。首先，中国进一步开放与发展的外部环境发生了重大变化。改革开放以来，特别是加入WTO以后，中国通过深度参与经济全球化，经济社会发展取得了巨大成就。但是，鉴于美国和欧盟等原来积极主张"自由贸易"的发达国家和地区在当下的"未知之路"上遭遇了国内民主决策的困境，中国继续按照原来的方式发展的外部环境已不存在。其次，中国提出的若干重大理念提供了政策协调空间。近年来，中国在国际社会积极倡导建立"人类命运共同体"，党的十九大和二十大旗帜鲜明地指出"以人民为中心"，并提出"共同富裕"的目标，有助于推动自由贸易与投资协定劳工条款的协调发展。尽管各个国家和地区之间以及一国与他国公民之间没有订立任何形式的"社会契约"，但从各个国家和地区及其人民长远发展的利益考虑，自由贸易与投资协定劳工条款及其适用体现了各个国家和地区之间"命运休戚与共"、重大问题和重大机遇"共建共商共享"的"人类命运共同体"的深刻内涵。自由贸易与投资协定劳

工条款以促进"社会正义"和"公平"为目标,围绕核心劳工标准不断提升劳工权益保护水平,与"以人民为中心"和"共同富裕"是完全一致的。最后,规范化的严格机制有利于倒逼中国进一步改革。相对于理念性的政策协调与沟通,一定程度的规范化、法治化有助于推动各个国家和地区提升劳动条件和劳动保护水平。中国经过四十多年的改革开放,已经初步建立了以《劳动法》《劳动合同法》《就业促进法》《劳动争议调解仲裁法》和《社会保险法》为核心的劳动与社会保障法律体系。但在实践中,仍然存在"有法不依""执法不严",以及针对不断出现的新问题现有法律无法提供有效保护等问题,针对制约劳动保护与劳动条件改善的相关体制机制改革也已进入深水区和攻坚区。因此,适当借助ILO、美国和欧盟等发达国家和地区的较高标准,以及规范相对清晰的自由贸易与投资协定劳工条款的外部刺激,有助于倒逼中国国内攻坚克难,实现进一步开放与发展的战略目标。

中国在劳工权益保护方面的挑战以及美国和欧盟主导的自由贸易与投资协定劳工条款适用中的问题,需要中国基于协调适用论推进全球劳动治理的完善与"法治化"进程。诺贝尔和平奖获得者、美国罗斯福政府国务卿、被誉为"联合国之父"的科德尔·赫尔(Cordell Hull)曾指出:"一个大国集团确实对新世界以及我们的原则、财产和生活方式都有设计。这些大国的所有军事行动、官方行为和言论都证实了他们的认识,即我们也被纳入他们统治世界的计划。我们的自由和财富不可避免地让我们成为他们力量机器的磁铁。"[1]与1949年中华人民共和国成立之初,或者是1978年刚刚揭开改革开放序幕时相比,中国融入国际贸易与投资体系的深度和广度已大为不同。特别是在推行"一带一路"倡议和"人类命运共同体"理念的背景下,中国已经不能回避或者仅仅消极应对国际贸易与投资中的劳工权益保护问题。在WTO新一轮改革与谈判陷入僵

---

[1] See Cordell Hull, The United States and the World Situation, American Society of International Law Proceedings 35, First Session, 1941, p. 11.

局的情况下,美国和欧盟等主导的自由贸易与投资协定劳工条款近年来已经得到快速发展,初步建立了系统性的机制体系,并积累了相关经验。与过去相比,中国的劳动用工标准与保护水平已经处于国际中游偏上,产业结构的调整也逐步摆脱严重依靠廉价劳动力的比较优势,同时逐渐成为对外重要投资国和世界最大消费市场。中国目前是全球128个国家的最大贸易伙伴,其中许多国家已经接受或者参与了美国和欧盟倡导的国际贸易与投资劳工权益保护规则体系,在未来的合作中,难免会影响中国与该等国家和地区的经贸往来。从策略的角度来看,与其被动"接招","不得不接受"相关规则,中国不如"主动出招",针对自由贸易与投资协定劳工条款适用相关规则尚不完备的现状,在其发展过程中积极参与讨论并主动设置议题,结合经济全球化挑战以及中国自身发展需求,在本国政治、经济和社会特点的基础上,推动建立并完善相关国际和国内法律规则,最大限度维护自身可持续发展。在维持"基于现实与未知的动态利益平衡"中,推动积极有效地协调适用相关自由贸易与投资协定劳工条款,并积累经验,发挥中国的建设性作用。

二、自贸协定劳工条款协调适用论于中国适用的改革对策

(一)建立对自由贸易与投资协定劳工条款的正确认识

中国早在2005年与智利签订双边自由贸易协定时,即已经改变了过去反对将劳工权益保护问题纳入自由贸易与投资协定的主张。在全球劳动治理动态平衡的过程中,中国应当充分发挥数千年历史积累下来的历史观以及看待与处理问题的长期性和系统性优势,在深刻洞见"全球化不可能三角"在"未知之路"上的动态利益平衡,主动面对当下经济全球化所面临的困难和不断恶化的外部发展环境,坚持进一步改革开放,以推动建立"人类命运共同体"的魄力和决心,大力宣扬对自由贸易与投资协定劳工权益保护问题的历史主

义、现实主义和发展主义观点，并遵循协调适用论分析并执行相关自由贸易与投资协定劳工条款，最终促使各国和各地区回到理性、务实和国际协作的层面，通过共同努力和充分的政策协调，基于既有国际法体系，充分借助 ILO、WTO 等多边机制，实现全球劳动治理改革。

在这一过程中，中国可以妥善利用在长期经济发展战略计划（如"五年计划"）以及脱贫（如"精准扶贫"）方面积累的话语优势和国际范围内的普遍认可，引领各国和各地区朝着共同目标，精准施策、合作为本，按计划执行，不断完善自由贸易与投资协定劳工权益保护全球治理模式，突出协调适用理念。同时，借机学习包括 ILO、WTO 等政府间国际组织、其他国家和地区乃至非政府组织在相关领域的优势经验，倒逼并推动中国经济社会，特别是劳工权益保护的发展完善。总而言之，面对自由贸易与投资协定劳工条款及其适用问题，中国应该将其视为挑战与机遇并存，是利大于弊的进一步发展的必然要求。

（二）调整完善劳工权益保护问题相关法律法规

对照 1998 年《基本原则和权利宣言》所确定的核心劳工标准，中国目前制定了相关法律法规保护劳动者权益。例如，在结社自由与有效的集体谈判方面，出台了《工会法》《劳动法》《劳动合同法》《集体合同规定》《工资集体协商试行办法》等；在禁止强迫或者强制劳动方面，《劳动法》和《刑法》等法律中均有体现；在禁止最恶劣形式的童工方面，除《劳动法》外，《未成年人保护法》也进行了具体规定；在消除就业或者职业歧视方面，则集中体现在《就业促进法》《妇女权益保障法》《残疾人保障法》的相关规定中。同时，对照 CPTPP 所包含的可接受的工作条件，中国在最低工资、最高工时和劳动安全卫生方面也有相关立法。

但是，如果与相关国际劳工公约的规定，特别是以美国和欧盟等发达国家和地区的类似规定或实践相比，中国在落实这些国际劳工标准方面仍然存在一定差异。总的来看，原则性和宣示性相对较多,在强制性和可执行性上存在进一步提升的空间。举例而言,中国已于2013年废止劳动教养制度,并于2022年批准加入了ILO禁止强迫或者强制劳动的两项核心劳工公约。虽然中国现行法律与禁止强迫或者强制劳动的相关国际公约规定的精神和原则是一致的,但与上述两项国际劳工公约的条款规定相比,中国《刑法》《监狱法》等相关国内法的规定特别是在具体执行方面尚存在一些冲突,需要进一步修订或在实践中改进。例如,司法实践中,监狱服刑人员存在劳动休息权未得到妥善保障、工伤待遇明显低于普通公民、缺乏劳动报酬方面的具体规定、对劳动生产过程中的人身安全没有规定、没有限制"超时、加班"的具体法律规定、监狱企业不具备公共属性且使用监狱劳动并非必要等问题。[1]

对此,中国应当考虑全面梳理相关国际劳工公约,借鉴其他国家和地区的有益经验,根据本国实际情况,细化并调整相关国内法律实践。同时,考虑制定专门的《劳动基准法》《反就业歧视法》(或者《公平就业法》)、《集体协商法》等,修改《工会法》《劳动法》中限制相关劳工标准执行的内容,条件成熟时形成《劳动法典》,为中国应对并实施相关自由贸易与投资协定劳工条款奠定坚实完备的法律基础。

(三)切实增强劳动法律执行

中国已经初步建立了相对完善的劳动与社会保障法律体系,但在实践中存在诸多执行问题。例如:《劳动合同法》明确规定签订两次固定期限劳动合同后,第三次除非员工不同意续签,原则上均应签订无固定期限劳动合同。对此,全国多地的实践存在不同程度的差异,没有按照《劳动合同法》的规定执行。《社会保险法》规定,用人单位应该在劳动者入职之日起30日内为其缴纳社会保险,且缴费基数原则上应为员工上年度本人月平均工资。但是,实践中用人单

---

[1] 参见孙刚、李彪:《"五大改造"新格局下监狱服刑人员劳动权利法律保障研究》,载《黑龙江省政法管理干部学院学报》2020年第6期。

位未能及时、足额缴纳社会保险是多年来广泛存在的现象；对照1998年《基本原则和权利宣言》确定的核心劳工标准，虽然中国批准了关于消除就业或职业歧视的两项核心国际劳工公约，且在《就业促进法》中明确规定了反对就业歧视，同时《妇女权益保障法》《残疾人保障法》等都明确了妇女和残疾人的公平就业权利，但实践中妇女和残疾人遭受就业歧视的现象并不少见。

因此，为了更好地应对自由贸易与投资协定劳工条款及其适用问题，中国应当进一步加强劳动用工领域的执法，做到"有法必依""执法必严"，避免因为执法问题导致被要求承担国际条约项下的责任，阻碍中国参与全球劳动治理。

（四）积极探索中国特色的劳工权益保护举措

中国应推动国内法律法规与实践的积极发展，为国际社会认可甚至借鉴中国方案提供客观、可信的实践样本。例如：深入改革并完善中国特色的一元化工会体制，使其能够充分、有效且全面实现《宪法》《工会法》及《中国工会章程》所赋予的作用，切实保护劳工权益，提升劳动保护水平，以向国际社会证明中国工会体制的正当性和有效性，减少关于严格执行ILO结社自由与有效的集体谈判标准的压力甚至必要性。

进一步而言，探索建设分类分层的劳动者代表和权益维护模式，在推行统一劳动基准的基础上，对议价能力较强的高级管理人员侧重参照民事法律制度管理，减少倾斜性保护；对于传统劳动关系项下员工，在权利争议有效保障的同时，通过完善前述中国特色的集体协商及民主参与机制实现利益争议目标，特别是扩大对非全民所有制企业职工民主参与的法律要求；对于非传统劳动关系员工，特别是平台员工，探索通过地区或者行业性的工会，提升劳动者参与国家、行业和企业经济发展利益的有效性。

在实施前述探索时，可以充分利用遍布中国各地的自由贸易区和经济开发区先行试点，待经验成熟后再考虑是否全面推广，以保证改革的稳定。

(五)加快批准相关国际劳工公约并主动参与全球劳动治理改革

鉴于中国已经批准了 ILO 八项核心劳工公约中的六项,对于结社自由与有效的集体谈判以及其他国际劳工标准,中国可以依据经济社会发展水平,逐步批准,以增强在面对自由贸易与投资协定劳工条款及其协调适用中的主动性。

作为最大的发展中国家,中国应该秉持客观、公正的立场,充分利用在国际组织中的优势,推动在多边论坛组织讨论自由贸易与投资协定劳工权益保护问题,学习并主动设置相关议题,通过辩论参与议题和规则的制定,变被动论证接受为主动提供方案,制定符合发展中国家经济发展水平、分阶段、可实施和有针对性的自由贸易与投资协定劳工条款。在保证全球各国和各地区劳动者享有 ILO 提倡的基本劳工标准和劳动保护的基础上,尊重各国和各地区基于国家主权及本国经济、社会等发展实际情况与需要,确定并采纳合理的劳工标准与保护水平。坚持、强调并考虑提升 ILO 在处理劳工条款及其适用过程中应有的作用,打破美国和欧盟等发达国家和地区对自由贸易与投资协定劳工条款规则和标准的垄断,推动全球劳动治理民主化。

(六)推动企业参与劳工权益保护问题治理

企业特别是跨国企业的社会责任伴随着经济全球化劳资矛盾的不断升高而受到广泛关注。资本的全球化使得跨国公司可以轻易地选择对其最为有利的国家和地区进行发展,进而在某种程度上削弱了劳动者基于传统工会与集体谈判对跨国企业的制衡,即传统的平衡机制"失灵了"。此时,尽管主权国家可以通过立法等方式加强对跨国企业的监管,但现实中基于国家和地区经济发展利益等其他因素的制约,仍然呈现出"软弱无力"的状态,使跨国企业成为经济全球化最大的赢家和超国家实体。

工作守则运动、企业社会责任等是过去数十年发展起来平衡跨国企业前述权力扩张的重要机制,跨国企业凭借其在国际市场中的优势地位,通过对订单的约束和控制,使得其行为守则、企业社会责任的相关要求与执行具备了相当程度的强制力。[①] SA8000 和 ISO26000 是数量庞大的自愿性管理标准和生产守则的代表,其标准主要源于 ILO 的相关公约以及联合国的有关人权公约。虽然跨国企业采用该等标准有助于提升国际贸易与投资中的劳工标准,但也有工人群体担心该等自愿性标准可能代替主权国家的劳动法和 ILO 的劳工标准。[②] 应该说,这样的担心有些"刺破面纱""终极追问"的含义。一方面,必须承认,从公司行为守则、企业社会责任等自愿性标准的产生来看,其本身就是跨国企业为了实现减少政府干预、回应消费者诉求、改善公共形象等"自利性"目标。另一方面,前述出发点的"自利性"并不必然排斥方式和结果的"利他性"。事实上,虽然该等自愿性标准常常将自由结社和集体谈判排除在外,但其同时也并没有也无法否认主权国家以及 ILO 推行自由结社和集体谈判的国际劳工标准。如果通过该等自愿性标准可以实现通过自由结社和集体谈判所能达成的目标,拘泥于自由结社和集体谈判这一机制本身可能就有些"本末倒置"了。同时,该等自愿性标准的要求一般比跨国企业具体生产经营所在国家和地区的标准更高,客观上可以视为对主权国家劳动法律的重要补充,相比于自由贸易与投资协定劳工条款的广泛争议,以及批准加入国际劳工公约的冗繁程序,该等自愿性标准无疑具有相当的灵活性和可执行性。

除此之外,前述工作守则运动、企业社会责任均没有强制性的法律约束力。在中国与欧盟达成的 CAI 中对此也有明确约定,即承诺推动发展企业社会责任。在此基础上,中国可以考虑:第一,通过立法的方式明确要求企业承担社会责任,主要体现为对相关劳动法律法规的严格遵守和执行,并考虑将其与荣誉奖励和其他政府优惠条件挂钩;第二,鼓励企业推行高于中国法律法规水平的劳工标

---

① 参见李西霞:《全球贸易自由化进程中劳工标准体系的分化与发展》,载《社会发展研究》2015 年第 1 期。

② 参见佘云霞:《谁需要 SA8000》,载《工会理论与实践》2004 年第 6 期。

准,通过对话与合作的方式,推动企业分享并推广劳动用工的"最佳实践",提升整体劳动保护水平,并适时将成熟的做法转化为法律规定;第三,执行国际反双重征税和反避税的"双支柱"机制,将跨国企业基于生产、服务和消费的收入按比例投入中国的劳动保护;第四,当中国因任何企业的个案被其他自由贸易与投资协定缔约方要求承担违反劳工条款的义务时,相关企业应当参与处理应对。特别是对于跨国企业而言,中国可以借助其在全球范围内应对类似事项的经验与资源,保护自身国家利益。

(七)大力推进国际劳动法律研究与人才队伍建设

不论是 ILO 的监督机制还是美国和欧盟主导的自由贸易与投资协定劳工条款,都需要大量熟知国际贸易与投资规则、掌握国际劳工标准内涵与机制、了解劳动用工法律与实践、能够使用英文甚至多语言工作的专家与人才。特别是在 CPTPP 等有关劳工专章的争端解决部分专门规定了专家组参与解决争端,包括寻求独立专家、协商当事国选定的专家的意见,并可以通过调停、调解等方式处理等内容。因此,相关国家和地区对于前述专业人才的储备与发展极为重要。

中国目前符合前述条件的人才总体上是非常短缺的。一方面,源于中国长期反对将劳工权益保护问题与自由贸易与投资协定挂钩,因而在实践中缺乏研究与实务的客观需求和主观动力,因此也缺少资源投入;另一方面,对于其他法律领域,中国的劳动用工法治建设总体起步较晚,国内存在大量现实问题需要解决。考虑到劳动法作为传统国内法领域,许多学者对于其"国际化"本身存在疑问;对于国际法领域的学者、学生和实务人员而言,这一领域的"冷僻"和复杂性也缺乏吸引力。

但无论如何,在中国进一步开放和积极参与全球劳动治理的背景与趋势下,必须立即着手加快相关人才储备和专家库建设,推动专门研究和实践,以满足对该领域人才与知识的急迫需求。

第二节　自贸协定劳工条款协调适用论于中国主要挑战的适用

协调适用论并非将自由贸易与投资协定劳工条款的所有内容都交由缔约方之间通过谈判与沟通的方式处理，这也是当前美国和欧盟主导的自由贸易与投资协定劳工条款机制所不允许的。协调适用论强调的是在劳工条款的设定中，特别是劳工标准、保护水平与争端解决层面，应当尽量做到：事前的平等协商中，寻找缔约方在劳工权益保护方面当前水平与共同目标的"最大公约数"；劳工条款达成后的适用过程中，应当通过协调适用论的基本法律原则和相关具体规则，以相对确定的"法治化"方式寻求劳工条款适用的正当性、公允性和有效性，最大限度避免基于某些缔约方的所谓实力地位而对劳工条款进行单方政治性解释或任意自由裁量。对于中国而言，协调适用论对于结社自由与罢工权标准的适用同样具有突出价值。中国可以从本国宪法、国际劳动法以及比较法等角度出发，主张自由贸易与投资协定劳工条款在该问题上的妥协；与之对应，为了满足缔约方之间的"最大公约数"，中国也应作出相应改革与调整。

一、中国工会体制对自贸协定劳工条款的协调适用

如前所述，工会、结社自由与集体谈判是基于特定经济、社会与政治条件的历史性产物。纵观美国和欧盟主导的自由贸易与投资协定劳工标准、美国和欧盟等资本主义国家和地区的工会以及中国特色的社会主义工会，除了政治属性存在明确差异（前者是基于维护资本主义制度而产生的，而后者则是为夺取政权并维护工人阶级的领导地位而服务的）外，仍然具有众多共同点。例如，作为集体劳动权，制度的重要目标在于团结维护劳动者的合法权益，促进劳动

者更为公平地参与经济发展利益分享等。对于具体的国家和地区而言,工会体制及其具体制度必然体现出前述差异性和共同性不同维度的结合,根据本国和本地区的具体国情,以反映并满足本国和本地区工人阶级的需要,并与具体的政治、经济与社会环境保持契合。[1] 应该说,从发展的角度来看,同其他所有人类发明创造出来的制度机制一样,工会体制及其具体制度不存在任何完美的模式,市场经济的制度基础也并非独一无二。[2] 因此,应该着重评价制度的设立初衷、目标与实践效果之间的关系,是否能够持续地满足政治、经济、社会以及劳工群体的需求,是否提供了劳工群体选择自由与幸福生活的能力。按照这一标准,对于协调适用相关自由贸易与投资协定劳工条款有关结社自由的标准,可以得出以下初步结论:

(一)继续维持中国特色一元化工会具有合理性

1. 传统的"结社自由"面临现实挑战

ILO 所提倡的结社自由与有效的集体谈判劳工标准,核心在于劳工群体可以按照自己的意愿以及组织的章程自由组建或者加入集体组织,从事章程所规定的活动,国家不应限制或剥夺工人的该等权利。这一理念无疑是好的,特别是对于处于传统劳动关系中的个体劳动者而言,团结权增强了其与用人单位之间的议价和维权能力,可以更好地保护个体劳动者的合法权益,并提升劳动保护水平,促进社会的总体进步。但实践中,一方面,许多案例研究表明,美国等长期推崇"结社自由"的资本主义国家正在忽视有关结社自由的法律,包括非法解除从事工会活动劳动者的现象普遍存在。[3] 相当程度上,这是与资本主义国家是由资产阶级统治、总体上

---

[1] 参见常凯:《劳权论——当代中国劳动关系的法律调整研究》,中国劳动社会保障出版社 2004 年版,第 230 页。
[2] See Dani Rodrik, Feasible Globalizations, 2002, https://drodrik.scholar.harvard.edu/files/dani-rodrik/files/feasible-globalizations.pdf, p. 5.
[3] 参见佘云霞:《国际劳工标准:演变与争议》,社会科学文献出版社 2006 年版,第 346—351 页。

维护资产阶级利益的本质属性所决定的。因此,虽然相关资本主义国家和地区名义上推崇"结社自由与有效的集体谈判",但从结果来看却并没有实现有效维护劳工集体劳动权的效果。另一方面,由于经济全球化的快速发展,资本在全球自由流动,企业为了减少工会活动对经营管理的影响,也采取各种措施改善与员工之间的关系。例如,美国自 1960 年代以来,建立了主要依靠行政部门执行的最低劳动标准的监管模式,以及司法强制力保障个体权利的权利模式(如《反歧视法》),完善了工作场所治理;自 1970 年代以来,美国的集体劳动立法就陷入相当程度的停滞,工会入会率不断下降,围绕个体劳动者基本权益保障的雇佣法在相当程度上取代了以工会和集体谈判为核心和重要特征的传统劳动法。[1] 新的科技与产业,也使得劳工群体利益分化,基于工业革命以来的传统工厂大生产集体行动模式明显式微。工会的衰落同时催生了诸多集中于服务劳工现实生活需要的职工中心兴起,该等机构并不强调作为劳工的组织性代表身份与企业进行集体谈判,而侧重向其成员提供诸如就业指导、困难帮扶等互助性服务,满足了劳工的实际需求,一定程度上也削弱了传统工会的吸引力,成为近年来美国劳动法与劳动关系领域关注的重点。[2]

因此,即便赋予核心劳工标准所要求的"结社自由",包括美国在内的许多资本主义国家和地区,结社自由与有效的集体谈判也在不同程度上失去了第 87 号公约和第 98 号公约通过前后所发挥的作用,成为一个理念美好但又似乎有些过气的机制。

2. 中国现有工会体制在"党的领导"和"人民民主专政"下具备合理性

从中国的实际情况来看,不论是历史和传统,还是中华人民共和国人民民主专政的社会主义政体,以及《宪法》所确立的相关机

---

[1] See Cynthia Estlund, Rebuilding the Law of the Workplace in an Era of Self-Regulation, in Brian Bercusson & Cynthia Estlund eds., *Regulating Labor in the Wake of Globalization*, Hart Publishing, 2008, p. 89.

[2] 参见阎天:《美国工会怎么了?》,载《文化纵横》2020 年第 2 期。

制,在过去、现在以及可预见的未来都决定着中国共产党和政府需要扮演不同于资本主义国家的社会关系管控与协调角色。同时,与ILO基于资本主义制度倡导"结社自由与有效的集体谈判"不同,中国并没有经历西方资本主义国家和地区从工人群体通过抗争主张权益到国家完善制度与法律实现"产业和平"的进程。与之相反,中国是先有了国家和政府对劳动关系全面的控制,然后再出现市场经济条件下的劳动者和用人单位争议等问题。因此,完全可以通过完善立法、设立争议解决路径、以工人个人利益为中心等体制化予以化解,即中国和资本主义国家和地区的"国家建构"的宏观阶段不同[①],故而也与ILO所强调的"劳—资—政"三方基本并行的前提预设不同。在中国,"劳—资—政"三方应该是具有"上—下"两层构造,"上层"是政府以及中国共产党的领导,"下层"才是劳动者和用人单位两方。同时,在"上层"的架构里面,由于国家是工人阶级领导的,作为"上层"的政府对于"下层"的劳动者和用人单位的关系,还包含了在宏观层面中国工人阶级作为整体借助于政府、法律以及相应的实践进行自我管控的含义,体现了工人阶级总体对国家主权的行使。由此产生的结果就是,与西方国家集体谈判中的"超然"和秉持"劳资自治"不同,中国是"国家主导",劳动者和用人单位都需要"服从国家的直接指导"[②]。例如,有学者调研发现,除严格执法外,中国的党政机关通过要求企业成立党组织、建立党领导的工会、设立企业内综合治理点、进行政治身份安排、开创和谐企业创建、组织评比活动等"软性调控",平衡劳资关系,提前化解劳资纠纷。[③] 这些做法,在以欧美为代表的西方资本主义国家是完全看不到的,也没有反映在"结社自由与有效的集体谈判"核心劳工公约中,一定程度上甚至与其冲突,但在中国的实践中却发挥了维护劳

[①] 参见陈峰:《国家、制度与工人阶级的形成——西方文献及其对中国劳工问题研究的意义》,载《社会学研究》2009年第5期。
[②] 参见闻效仪:《改革开放四十年之集体协商与集体合同研究:历史演进、制度执行与类型化趋势》,载《中国人力资源开发》2018年第10期。
[③] 参见游正林:《对中国劳动关系转型的另一种解读——与常凯教授商榷》,载《中国社会科学》2014年第3期。

动者合法权益、维持和谐的劳动关系的重要作用。

因此,只要中国工会能够切实实现《宪法》《工会法》《劳动法》及《中国工会章程》所赋予的职责与功能,特别是代表并保护劳动者的合法权益,那么即便没有 ILO 所定义的"结社自由与有效的集体谈判",鉴于工人群体的权益得到了有效维护,劳动保护持续提升,似乎就没有任何客观需要引进特定的"结社自由与有效的集体谈判",在一定程度上也体现了习近平主席所要求的"制度自信"。

(二) 工会体制缺陷及中国进一步发展需要调整工会机制

1. 现有工会"双重属性"未能有效维护劳动者权益

从现实主义法学的角度来看,如果国家规制集体劳动关系的目的在于经济稳定和社会发展,工会结社和集体谈判就不一定是绝对的道路。[①] 遗憾的是,在一定程度上,目前中国工会在维护职工权益等方面并没有很好地实现《宪法》《工会法》《劳动法》及《中国工会章程》所规定的职责与功能,许多地方存在走形式、脱离职工和官僚主义等问题。[②] 举例而言,笔者作为专业的劳动法律师,服务的对象主要是世界 500 强在华企业、央企以及大型国有企业和民营企业。在过去超过十年的法律专业服务过程中,涉及企业客户要求提供关于集体谈判的咨询或者项目服务的需求寥寥可数。然而,在这期间,中华全国总工会带领各级地方工会发起了多次推动集体协商的活动,从统计数据看也取得了不错的集体合同签约比例。众所周知,集体协商或者美国和欧盟等资本主义国家和地区所称的集体谈判是极为复杂的专业活动,往往需要专业的劳动法律师介入,从包括谈判议题的设定、谈判过程的组织与参与、集体合同的起草,到后续可能涉及的集体行动与争议处理,乃至政府协调沟通。中国现有的《集体合同规定》《工资集体协商试行办法》等内容,都对相关程序

[①] 参见阎天:《美国集体劳动关系法的兴衰——以工业民主为中心》,载《清华法学》2016 年第 2 期。

[②] 参见闻效仪:《改革开放四十年之集体协商与集体合同研究:历史演进、制度执行与类型化趋势》,载《中国人力资源开发》2018 年第 10 期。

进行了极为复杂的规定。即便有用人单位需要审阅并修改集体合同文本,该等文本一般也主要由地方基层工会统一制作并提供,内容基本上都是相关法律法规的转述甚至直接摘录,很少体现出协商或者谈判的痕迹。

对于中国工会在实践中存在的相关工作形式化和官僚化问题,已有很多学者进行了论述,主流观点认为,这些问题在一定程度上源于工会的"双重属性"。根据现行的《工会法》和《中国工会章程》的规定,一方面,作为工人阶级领导的社会主义国家政权的组成部分,中华全国总工会及其各级工会需要在宏观层面维护中国工人阶级的总体利益,主要体现之一就是维护中国共产党领导的国家政权稳固、社会秩序稳定以及经济良好发展。从这个维度而言,考虑到基于西方资本主义结社自由与有效谈判的传统集体劳动权的行使,将允许工会及工会活动具有针对资方的明显对抗性,特别是罢工权的行使,从结果看必然会在一定程度上产生影响社会稳定和经济发展的效果,进而有损于工人阶级领导的社会主义中国的总体利益。因此,从宏观的总体利益角度出发,中华全国总工会及其各级工会倾向于借助国家和政府的力量,通过加强协调等非对抗方式,化解劳动者与用人单位之间的矛盾,试图平衡双方之间的权利和利益。另一方面,从微观的角度来看,尽管每一个普通劳动者都受益于工人阶级领导的社会主义中国长期稳定发展带来的利益,工人阶级的总体利益对于数以亿计的普通劳动者而言是相对遥远和模糊的概念。特定的劳动用工场景中,劳动者与用人单位仍然存在各种各样的矛盾与冲突,这是劳资关系在经济和社会层面所固有的矛盾。对此,劳动者个体以及特定的劳动者群体对于工会维护其具体权益的要求就必然出现。如前所述,考虑到劳动者个体在具体劳动关系中的相对弱势地位,行使集体劳动权就对其争取并维护自身现实权益具有重要意义。为了达成该目的,工会不得不面临在具体的劳资关系中是否采取针对企业的一切合法和合理行为,包括对抗性行为。由此,将使中国工会处于一种"左右为难"的境地。①

又例如,2008年《劳动合同法》实施以来,劳动者的维权意识不断提升,各地劳动争议仲裁委员会和法院的劳动争议案件数量多年持续增加。为此,许多地方法院探索成立了专门的劳动法庭。用人单位单方解除劳动合同争议属于高发的案件类型,因其往往所涉利益较大,受到用人单位的广泛重视。根据《劳动合同法》的规定,用人单位单方解除劳动合同的,必须有法定情形。同时,《劳动合同法》第43条还规定,用人单位作出单方解除劳动合同决定的,应当以书面形式提前通知工会。工会收到用人单位的解除意见后,原则上应该进行合法性和合理性审查;经过审查认为用人单位的单方解除违反法律、法规规定或者劳动合同的,工会应该提出意见,要求用人单位纠正其错误行为并向工会反馈。从立法的意图来看,该条规定体现了重视工会在维护劳动者合法权益方面的功能。但是,《劳动合同法》没有规定违反前述规定的法律责任,亦没有明确此处的工会是指用人单位内部工会还是地方工会,更没有确定如果没有企业工会的用人单位是否"当然豁免"该条款的要求或有其他替代性安排。因此,实践中《劳动合同法》第43条基本属于"僵尸条款",鲜少发挥作用。姑且不论有的用人单位基于《劳动合同法》第43条没有明确法律责任,所以根本不会就单方解除劳动合同的决定事先通知工会,或者出现劳动争议时与作为公司实质上的"内部机构"的工会补充一下手续即可;即便用人单位履行通知工会的手续,实践中也几乎很少有工会站在劳动者权益保护的立场提出实质性的反馈。为了解决工会在维护职工权益方面独立性不足的问题,在20世纪90年代初由深圳蛇口工会开创了"上代下"模式及其演进做法(如"借权维权"的义乌模式、"参与群体性事件预警处置"的大连模式、"上级工会选派企业工会主席"的沈阳模式等),上级地方工会均积

---

① 参见程延园:《"劳动三权":构筑现代劳动法律的基础》,载《中国人民大学学报》2005年第2期。

极扮演了代表基层职工维权的角色。① 总体而言,中国现有的工会体制在有效维护具体的劳动者权益这一职能上还存在明显缺陷。

近年来,随着中国劳动立法、执法和司法的不断完善,劳动者的基本权利保护方面取得了长足进步。在此基础上,劳动者已不满足于仅仅享有基本的劳动权利保护,开始越来越多地希望更公平地分享其所在用人单位的经济发展成果,即劳动者的诉求从基本权利诉求转向利益诉求。② 在此情形下,从中国工会维护工人阶级整体利益的角度考虑,可能在具体的劳动者和用人单位之间并不倾向于支持劳动者的相关利益诉求,特别是该等诉求被认为有损于用人单位长期利益和社会稳定等更为宏观的价值和利益判断时。如果工会按照前述逻辑和判断行事,就很可能导致不响应或者消极响应劳动者的相关诉求,使得有效的集体协商无法开展,进而在这一特定的劳动用工环境中,劳动者对于工会产生不满和不信任。更进一步而言,鉴于中国工会均带有浓厚的政治职能,还存在将相关矛盾转移到政府的风险,从而丧失了政府在劳动者和用人单位之外有效协调劳动关系的空间。从结果来看,如果工会无法积极响应劳动者关于分享经济发展利益的具体诉求,甚至依托政府压制该等诉求,客观上也与国家明确的"以人民为中心"和促进"共同富裕"的理念冲突。

综上所述,中国工会"双重属性"的困境,主要是基于中国工会普遍的政治性,在维护工人阶级领导的社会主义中国的总体利益和维护具体劳动关系中的特定劳动者个体或群体的部分利益之间的矛盾。

2. 社会主义市场经济条件下部分劳动者难以通过现有工会维权

新中国成立伊始与改革开放后的社会经济条件发生了巨大变

---

① 参见闻效仪:《"上代下":工会改革逻辑与多样化类型》,载《社会学评论》2020年第5期。

② 参见乔健、郑桥、余敏、张原:《迈向"十二五"时期中国劳动关系的现状和政策取向》,载《中国劳动关系学院学报》2011年第3期。

化,特别是在经历了"市场经济"到底"姓资"还是"姓社"的争论之后,这是与苏联和中国改革开放之前的工会背景和理论完全不同的,最显著的特点是从计划经济转向社会主义市场经济。在社会主义市场经济条件下,除了代表工人阶级领导的国家所有的全民所有制经济以及代表部分集体组织所有的集体所有制经济外,还有个人与特定群体所有的私营经济(包括不属于中国人民所有的外国资本的外资经济)。中国政府基于工人阶级领导的人民民主专政的政体性质,可以要求该等非全民所有制经济性质的企业在劳动法律法规规定标准的基础上不断提升劳动保护水平,维护职工权益。但是,基于市场经济规则,政府这只"有形的手"所能发挥作用的空间会面临极大挑战。例如,基于"结社自由"的自愿原则,从《工会法》《劳动法》及《中国工会章程》的角度,没有强制性要求私营经济企业必须建立工会以及开展企业职工民主等内容。实践中,除国有企业外,众多私营企业,包括外资企业并不会主动建立工会,建立工会的企业数量是有限的。因此,在该等企业内部,关于劳动者与用人单位之间的利益分享,主要依靠企业与员工之间的直接协商。近年来,地方工会曾经多次推动私营企业特别是外资企业组建工会,都在不同程度上受到抵制。与此类似,在国家和地方层面,职工代表大会制度和企业民主管理制度对于不同所有制企业的要求存在明显差异,总体趋势是将非全民所有制企业排除在相关规定之外,或者只适用于倡议性而非强制性条款。

因此,从宏观角度来看,前述某些安排符合"结社自由"的精神,更有利于鼓励、吸引并促进私有,特别是外资经济在中国的发展。对于工人阶级"当家作主"的社会主义中国而言,实现了民主、法治和经济社会发展的总体平衡,有利于包括所有劳动者群体在内的中国人民物质生活水平的总体提高。但是,回到微观层面,对于非全民所有制的企业职工个体或者具体企业的职工群体而言,他们在个人切身利益的劳动关系中,仍然具有从属性的地位,较之于用人单位相对弱势,因此无法避免与用人单位之间存在的利益冲突。① 现有相关规定与实践,在一定程度上使得具体的劳动者个体难以通过组建工会、展开集体谈判等企业民主机制有效维护自身权益。

最后,对于根据《工会法》与《中国工会章程》建立工会的非全民所有制企业而言,特别是外资企业,也会存在一个疑问,即中国工会所确定的"上级工会领导下级工会"的体制的影响。从理念上来看,鉴于上级工会代表中国工人阶级整体,那么对于用人单位而言,在集体协商中其面对的将不是一个力量与其大致相当的谈判对手,企业变成了与国家进行对抗的弱势一方。对此,基于中国特殊的"劳—资—政"的上下两重结构,有学者明确指出,中国的集体协商的目的体现出来的更多并非劳动者与用人单位之间的利益博弈,而是党和政府参与甚至主导的与资方的讨价还价,将社会层面的劳资自治转化为法律与制度规制。② 从这个角度来看,显然并不符合市场经济以市场的力量为主进行资源调控的基本要求,不利于中国进一步发展多种所有制经济。

3. 新时代下的进一步开放可能需要改革现有工会体制

在认清中国工会制度特性的基础上,中国还将面临具体的政策选择到底是倾向于与"国际接轨"还是坚持"中国特色"。二者并不一定是互斥的关系,但起码会影响最后具体模式的选择。例如,虽然ILO的"结社自由"是基于西方资本主义国家和地区历史实践的制度创造,但由于资本主义国家和地区在全球范围内占据主流,因此其有更大的可能性被认定为"国际公认的劳动权利",这是无法忽视的客观现实。同时,如前所述,鉴于中国是ILO的创始会员国,并且在ILO和其他相关自由贸易与投资协定中对于1998年《基本原则和权利宣言》进行了反复认可,可能被认定为同样接受了ILO关

---

① 参见周长征:《WTO的"社会条款"之争与中国的劳动标准》,载《法商研究》2001年第3期。
② 参见吴清军:《集体协商与"国家主导"下的劳动关系治理——指标管理的策略与实践》,载《社会学研究》2012年第3期。

于"结社自由"的论述与规则,从而产生某种国际法上的义务。在此基础上,除非中国能够进一步阐明对此问题的不同态度,或者通过完善自身工会体制在保护劳工权益等方面的实践,表明其的确是一个更为有效的制度选择,否则在当前美国和欧盟等发达资本主义国家和地区大力推进包含第 87 号公约和第 98 号公约所规定的"结社自由"在内的自由贸易与投资协定劳工条款的背景下,中国想要进一步开放并融入世界经济体系,甚至参与全球治理,若仅仅依靠"独善其身",挑战将是非常巨大的。

从结果来看,只有一个工会与"结社自由"并不冲突。只有当法律强制规定只允许一个工会的情况下,才构成对第 87 号公约的违反。也就是说,如果某个国家和地区只有一个工会是由于工人的自愿选择,那么也符合"结社自由"要求。① 第 87 号公约关于"结社自由"的核心目的在于保障劳动者有选择参与或者不参与以及参与哪个工会的自由权。②

(三) 协调适用论下可能的调整路径

有学者指出,如何认识"结社自由"的重要因素之一是观念问题。③ 因此,对于"结社自由"的不同理解也就导致了不同的制度选择。应该说,工会本质上涉及民主问题。阎天在对美国集体劳动关系进行介绍时,特别提到相对于第二次世界大战期间纳粹推行的"企业共同体"模式(即取缔工会,废除集体谈判,建立劳资关系各方共同参与的"德意志劳动阵线")在集体劳动关系上的工具性成功④,战后美国《国家劳动关系法》赋予其认可并推行的工会结社和集体谈判新的"民主"价值,而工会内部的民主(即工会民主)以及劳

---

① 参见王家宠:《国际劳动公约概要》,中国劳动出版社 1991 年版,第 43 页。
② See International Labour Conference 81st Session, Freedom of Association and Collective Bargaining, International Labour Office, Geneva, 1994, https://www.ilo.org/public/libdoc/ilo/P/09661/09661(1994-81-4B).pdf, p. 42.
③ 参见周少青:《中国的结社权问题及其解决:一种法治化的路径》,法律出版社 2008 年版,第 27—32 页。
④ 参见邓白桦:《纳粹德国"企业共同体"劳资关系模式研究》,同济大学出版社 2012 年版,第 31—32 页。

动者集体与企业的集体谈判(即劳资民主)共同构成了"工业民主"。① 从日本来看,战后联军政权将工会作为推动日本民主化发展的工具,在经历激烈冲突的工会运动后,温和派工会与政府、用人单位合作,确定了加强雇佣关系稳定、通过联合磋商促进沟通、企业经营利益公正分享的日本合作型劳动关系"三原则"。② 从毛泽东到习近平,中国共产党在发展马克思主义中国化与中国特色社会主义思想时,对于民主的性质进行了非常经典的论述。例如,毛泽东在1957年2月27日《关于正确处理人民内部矛盾的问题》的讲话中指出,民主是一种具体的"手段",是为"经济基础服务的",是"相对的,不是绝对的,都是在历史上发生和发展的"。③ 2021年12月4日国务院新闻办公室发表的《中国的民主》白皮书也提出"民主是历史的、具体的、发展的","民主……是要用来解决人民需要解决的问题的"。④ 基于前述分析,结合自由贸易与投资协定劳工权益保护实践以及中国工会当前面临的挑战,中国工会体制或可以进行下述调整:

1. 坚持一元化工会体制,推进效能改革

ILO结社自由委员会《决定汇编》第475条指出:"工人有权建立自己选择的组织,这尤其意味着在完全安全的氛围中,有效组成独立于现有组织和任何政党组织的可能性。"但是,考虑到中国并未批准第87号和第98号公约,且《ILO章程》和1998年《基本原则和权利宣言》是否构成国际习惯存在疑问,中国从现有国际法的角度仍然可以坚持一元化工会体制。在此基础上,核心在于中国工会如

---

① 参见阎天:《美国集体劳动关系法的兴衰——以工业民主为中心》,载《清华法学》2016年第2期。
② 参见〔日〕荒木尚志:《日本劳动法》(增补版),李坤刚、牛志奎译,北京大学出版社2010年版,第155—164页。
③ 参见毛泽东:《关于正确处理人民内部矛盾的问题(1957年2月27日)》,载央视网 http://www.cctv.com/special/756/1/50062.html,访问日期:2022年3月10日。
④ 参见中华人民共和国国务院新闻办公室:《中国的民主》白皮书,载中国政府网 http://www.scio.gov.cn/zfbps/32832/Document/1717206/1717206.htm,访问日期:2022年3月10日。

何有效地实现维护职工权益,切实体现"以人民为中心"和"共同富裕"目标,特别是促进维护国家总体利益和特定劳动关系中的具体劳动者个人或群体利益的有效平衡,进而在进一步开放和国际化的过程中实现中国特色一元化工会体制的正当性和合理性论述,避免由此成为发展的障碍。

仅从自由贸易与投资协定的角度来看,1952年第35届国际劳工大会通过的关于工会运动独立性的决议可能为中国继续要求承担相应的政治职能提供了国际法依据,同时避免工会多元化可能引发的政治和社会动荡风险。具体而言,该决议明确提及:稳定、自由和独立的工会运动是良好劳资关系的必要条件,有助于改善每个国家和地区的总体社会条件;应该尊重并认识到工会运动和政党之间的关系在不同的国家和地区存在差异;工会与任何政党或实体的政治联系或者政治行动受制于每个国家和地区本身的情况。在前述基础上,该决议进一步指出:"1.工会运动的根本和永久使命是工人的经济和社会进步……5.工会根据其各自国家的法律和惯例,并根据其成员的决定,与政党建立关系,或者采取宪法政治行动,以实现其经济和社会目标,这种政治关系或者行动的性质不应该损害工会运动的持续性或者其社会和经济职能,无论该国发生何种政治变化。"[①]可以看出,根据该决议,从ILO的角度而言,任何工会及其活动的核心和本质都是维护和提升工人的合法权益,带有鲜明的经济性和社会性;同时,在前述功能和价值得以保障的前提下,并不过分关注各国和各地区基于实际情况以及本国法律法规的规定是否以及如何赋予工会特定的政治含义或功能。如本书第二章所论述的,国际劳工大会作为ILO的最高权力机关,其作出的该等决议,在相当程度上应当被视为ILO成员对此问题达成的共识,具有一定的约束力。

[①] International Labour Conference, 35th Session, Resolution of 1952 Concerning the Independence of the Trade Union Movement, in International Labour Conference 81st Session, Freedom of Association and Collective Bargaining, International Labour Office, 1994, https://www.ilo.org/public/libdoc/ilo/P/09661/09661(1994-81-4B).pdf, Appendices Ⅱ.

作为工人阶级领导的人民民主专政的社会主义国家,中国工人阶级通过人民民主的方式确定了中国《宪法》的相关内容,包括坚持"中国共产党的领导"以及"工人阶级领导的人民民主专政"等内容。作为中国工人阶级总体的代表,中华全国总工会及其各级工会的一元化工会体制,可以被解读为符合 ILO 关于工会运动独立性的决议的要求。因此,中国可以基于国家主权平等独立的国际法原则以及《宪法》《工会法》《劳动法》和《中国工会章程》的现有工会体制论述,继续维持一元制工会体制。同时,从效能上,特别是在特定劳动关系中维护具体劳动者或群体权益方面,改革现有工会体制面临的现实问题。2021 年 7 月 16 日发布的《中国工运事业和工会工作"十四五"发展规划》提及"坚定不移走中国特色社会主义工会发展道路,以保持和增强工会组织和工会工作政治性、先进性、群众性为主线","将自觉接受党的领导作为工会根本政治原则","坚持维权维稳相统一"等内容。① 从现状看,其强化了坚持一元化工会体制的同时推进工会效能改革的路径。

2. 突出基层工会的社会经济功能

聚焦工会经济性职能的主张由来已久,但同样存在争议。最早的论述可以追溯到俄国十月革命前,即关于工会"中立性"的讨论。彼时,列宁认为这一观点是"资产阶级的阶级利益"的体现,是让工会"与社会主义断绝一切联系"。② 如前所述,在中国工人阶级成为国家的主人之后,与革命年代以夺取政权的"阶级斗争"的中心任务不同,中国工会的核心目标转为团结、组织并教育广大工人阶级参与社会主义建设。但不论是革命时期还是中华人民共和国成立至今,从工会制度本身的工具性价值来看,其核心还在于保护劳动者的合法权益,通过团结形成对于资方相对平等的议价能力。作为一种制度工具,工会及由此产生的集体谈判或中国所称的集体协

---

① 参见中华全国总工会:《中国工运事业和工会工作"十四五"发展规划》,中国工人出版社 2021 年版。
② 参见〔苏联〕马尔科夫:《苏联工会——为布尔什维克党政策忠实的和积极的推行者》,工人出版社 1950 年版,第 3 页。

商，包括后文论及的罢工，在法律框架下，其本质上是通过一系列法律与制度规则规范劳资冲突，追求"产业和平"，客观上维护既有国家与政治秩序，这一工具特性应该说并不区分"姓资"还是"姓社"。在社会主义市场经济条件下，市场这只"无形的手"应该作为主体发挥资源配置的积极作用，政府这只"有形的手"应该扮演必要的调控角色。因此，工会及有效的集体协商，对于进一步发展社会主义市场经济是有益的制度工具，有助于彰显"以人民为中心"的理念和"共同富裕"的目标。

同时，中国《宪法》等法律明确规定"中国共产党领导"，在中国现有的制度体系中，这一规定完全可以保证适当分离工会政治性职能之后党和国家对于工人阶级的领导以及中国工人运动的合法、有序和积极发展，这是中国特色社会主义的本质特征决定且赋予的天然优势。即便对于全民所有制企业而言，近年来国有企业改革的方向体现了国家作为出资人与企业管理人的相对分离，也不存在所谓相对独立的工会活动将会针对国家和政府的问题。

非常重要的是，作为劳动者的代表，任何工会组织的成立及其活动，都需要遵守中国相关法律法规的规定。任何带有政治性或者非法目的的所谓"工会"，都应该依法予以处理。事实上，这也符合国际实践。例如，日本《工会法》明确工会的主要目的是维持与改善劳动者的工作条件以及提高劳动者的经济地位，因此主要以政治或者社会运动为目的的工会被认为是不合格的[1]；英国工会法律虽然对工会的定义极为宽泛，但工会"必须直接涉及与用人单位的谈判"，进而仅以罢工或者施加政治影响的机构将不被视为工会，也就不适用针对工会的特殊保护。[2] 根据新加坡《工会法》，登记机构认为申请组织的目的、规则或者章程非法或者与《工会法》相关条款存在冲突的，或者申请登记的组织可能用于非法目的等情形的，政府

---

[1] 参见〔日〕荒木尚志：《日本劳动法》（增补版），李坤刚、牛志奎译，北京大学出版社2010年版，第122页。
[2] 参见〔英〕史蒂芬·哈迪：《英国劳动法与劳资关系》，陈融译，商务印书馆2012年版，第291页。

部门有权拒绝登记;已经登记的工会组织,存在前述类似情形的,将被依法取消或者撤销登记。任何未依法登记的工会组织,将作为非法组织予以取缔,并追究相关人员的法律责任。①

因此,仅从自由贸易与投资协定劳工权益保护的角度,为了解决维护工人阶级领导的社会主义中国的总体利益和维护具体劳动关系中的特定劳动者个体或群体的部分利益之间的矛盾,基于1952年ILO关于工会运动独立性的决议,在依靠中国《宪法》关于"人民民主"以及"中国共产党领导"等规定的基础上,可以考虑通过修订《工会法》和《中国工会章程》,将中国工会的政治性职能适当分解。具体而言:

根据中华全国总工会的历史及其积累的作为党联系群众的纽带的丰富经验和资源,突出强调其国家层面或者下沉至省市一级的地方工会为"党的群众性管理组织",代表国家在总体上维护工人阶级整体的合法权益。通过开展具体工作,以政治宣传、职工教育等方式支持和服务劳动者和各类工会,包括引导基层工会和企业工会理性与科学维权,以及在宏观上适当向企业施加构建和谐劳动关系的压力。② 同时,针对工人自发集体行动不可控的特点③,为保证社会安全,还可以协助党和政府监督工会活动和工人自发集体行动,保证工会和劳动者在宪法、法律及工会章程的范围内行使其职能,维护合法权益。此外,通过前述工作,中华全国总工会及其所属机构应协助将职工利益体现到各级党政目标体系中,从具体问题及时转化为制度高效处理。④

ILO所强调的"结社自由"产生于工业革命大生产时期,其历史作用在资本主义国家集中体现在产业工人群体的团结以维持"产业

---

① See Trade Unions Act 1940(Chapter 333), https://sso.agc.gov.sg/Act/TUA1940, 访问日期:2022年2月27日。
② 参见闻效仪:《集体合同工作中的行政模式以及工会困境》,载《中国党政干部论坛》2013年第5期。
③ 参见常凯:《劳动关系的集体化转型与政府劳工政策的完善》,载《中国社会科学》2013年第6期。
④ 参见任小平、许晓军:《"双重受托责任"下的中国工会维权机制研究——以工会介入"盐田国际"罢工事件为例》,载《中共福建省委党校学报》2008年第10期。

和平";在社会主义国家则集中体现为夺取政权以及协助党和政府团结工人阶级发展生产,这些历史背景与当前的经济社会条件,特别是劳动用工情况存在明显差异。同时,为了解决中国工会现实中应对特定劳动关系中具体劳动者及其群体的权益诉求有待提升的问题,应该考虑强化以企业和行业工会为核心的基层工会的经济性和社会性职能,将企业和行业工会的政治性职能适当分解到地方工会。例如:在传统劳动关系下,适当允许劳动者自发组织企业工会,在具体的企业层面突出维护具体劳动者及其群体的现实劳动权益,开展企业层面的集体协商;对于平台经济等相对灵活的从业人员,通过完善劳动基准立法等方式予以保护权益,同时辅以行业或者地区工会为主推动集体劳动权发展。与此同时,由地方工会对前述基层工会及其活动进行监督、指导和服务等。

进一步举例,中国可以基于现有《劳动法》《工会法》和《集体合同规定》等相关法律法规,明确在具体的用人单位层面,当劳动者人数符合一定比例(比如一半以上)时,可以允许该等劳动者团体自行拟定工会章程,在本用人单位范围内以工会的名义开展相关活动,并向中华全国总工会体系下地方工会进行报备。该等由用人单位劳动者自行组建的工会,应当符合《宪法》《工会法》和《中国工会章程》中关于尊重"党的领导"以及尊重并严格执行《宪法》《工会法》等法律法规的规定,不得从事任何政治性或违法性活动。在此基础上,该等基层企业工会可以在用人单位内部作为工会会员的代表,发起并参与同用人单位的集体协商,涉及的内容应限于《集体合同规定》等规定的劳动报酬、工作时间、休息休假、劳动安全卫生、职业培训、保险福利等涉及自身工会会员切身利益和权利的经济社会性事项。与此同时,该等基层企业工会的工作还应明确侧重以利益争议的参与和处理为主。对于涉及自身工会组织的某个或者某些劳动者与用人单位之间的权利争议,应当按照《劳动合同法》等法律法规规定的监督和引导职能为主,即应对用人单位可能涉嫌违反相关法律法规、侵害所在工会会员合法权利的情形和行为,及时提出意见和建议;如果用人单位和劳动者的权利争议无法通过协商、调解或者其他非对抗性的方式妥善处理,该等基层企业工会应依法支持并引导劳动者通过提起劳动仲裁、诉讼或者向劳动监察部门等主管部门投诉等方式妥善解决,避免出现破坏正常劳动用工环境与秩序的情形。

此外,地方工会可以考虑适当调整过去直接深度介入用人单位日常劳动用工具体事项的做法,对符合前述要求,在合法的工会章程和法律规定范围内组建的基层企业工会,探索进行放权和赋能并重。所谓放权,即在法律、法规及其按规定报备的工会章程范围内,允许基层企业工会根据实际情况开展相关工会活动,包括代表工会会员发起和参与集体协商,乃至组织符合法律认可情形和程序的集体行动;所谓赋能,则是地方工会应该充分利用与党和政府的紧密联系,继续突出中国工会"党联系群众的纽带"作用,对由用人单位劳动者自发组建的基层企业工会进行相应培训,包括但不限于党和国家政策方针(特别是涉及劳动用工方面的内容)、劳动法律法规(特别是基层工会开展工会活动的实体和程序要求)、劳动者及其工会参与用人单位经营管理的民主决策等方面的"最佳实践"等;必要时,还应组织用人单位和该等基层企业工会与用人单位或所在地区、行业的其他用人单位、劳动者权益保护社会组织、政府相关劳动用工主管机构等相关方展开社会对话,增进相互之间的沟通与了解,为该等基层企业工会更好地实现维护具体劳动者的合法权益提供有力支持。更为重要的是,相对于美国和欧盟等西方资本主义发达国家和地区的"结社自由",该等基层企业工会虽然更多地聚焦于维护工会会员的合法权益,但仍旧需要关注并遵从中国共产党的相关政策要求,这根植于中国《宪法》的规定。相较于之前的传统中国工会工作模式,为了突出基层企业工会的维权职能,特别是增加一线劳动者对于工会活动更强的"获得感",这种政治性的把握需要通过地方工会的赋能机制得以保证和实现。与之配套,还需要国家和政府特别是地方政府,通过修改、制定和完善《工会法》《集体协商法》等,确立更为清晰的基层企业工会开展活动的前提、条件和要求,包括地方工会以及地方政府在特定情形下如何更为有效地介入处理基层企业工会与该用人单位之间的僵局。通过前述安排,相信可以有效释放基层企业工会的活力,特别是增强普通一线劳动者对于工会维护其权益的信任感、归属感和参与感,同时保证该等获得更多自主性的基层企业工会在党的领导以及《宪法》和其他相关法律法规的引导下,不会产生任何影响国家与社会整体经济发展的问题。

任何工会改革方式,都可以充分发挥中国在过去改革中积累的良好制度经验,即设立或者指定"试验区"以及推行分阶段、分步骤的改革计划,发扬"摸着石头过河"的探索精神,赋予相关主体立法权或者变通适用法律法规的权力,及时总结经验后,再考虑是否全面推广。

最后,鉴于中国已经申请加入 CPTPP,结合中国《宪法》确立的基本原则以及中国的实际情况,在适用于中国的劳工条款的设定和谈判中,中国应该尽量坚持一元化工会体制属于中国社会主义制度的固有组成部分,是《宪法》所规定的人民民主专政政体中承担社会管制与协调职能的专门机制。对此,可以主张《ILO 章程》以及 CPTPP 中均基于尊重 ILO 成员方和 CPTPP 缔约方宪法的考虑,设置了"联邦国家"的特殊例外规定;按照公平、平等和一致的原则,应当尊重中国《宪法》赋予中国工会的特殊组织体制。同时,明确指出中国未批准加入关于结社自由与有效的集体谈判的核心劳工公约,是基于国际劳工公约自愿批准的原则,其关于结社自由与有效的集体谈判的规定对中国并不具备当然的法律强制执行力。虽然作为 ILO 的成员,中国认可 1998 年《基本原则和权利宣言》所确定的核心劳工标准,但 1998 年《基本原则和权利宣言》仅具有宣誓性和倡议性,中国所认同的"结社自由与有效的集体谈判"体现为中国政府在 2001 年批准《经济、社会及文化权利国际公约》对该公约第 8 条第 1 款(甲)项关于自由组织和参加工会的规定发表的声明(即对该项将依据《宪法》《工会法》《劳动法》等法律的有关规定办理)。同时,如前所述,关于结社自由与有效的集体谈判的核心劳工公约在其制定时主要体现了当时资本主义发达国家和地区的经济社会情况以及制度实践,没有充分反映其他包括中国在内的发展中国家和地区的意见,且近年来在实践中出现了众多问题,没有积极实现维护劳工权益、促进劳动保护的目的。因此,严格按照第87号和第98号公约以及ILO结社自由委员会对结社自由与有效的集体谈判进行解释,要求中国全面接受,不符合国家主权平等的国际法原则。对此,要尽量争取其他缔约方承认中国工会体制的特殊性与正当性。

二、中国对罢工权在自贸协定劳工条款中的协调适用

罢工权作为"劳动三权"受到广泛重视,其被认为必不可少的一个重要实践和制度前提在于:劳资双方在集体谈判的过程中,如果谈判陷入僵局,作为向用人单位施加压力迫使其作出让步,以打破僵局完成集体谈判的重要工具。罢工可以说是劳动者在法律框架下所能采取的集体谈判中争取并维护自身权益的最终武器。对于罢工权,学界一般认为其属于劳动权、基本人权[1],或同时属于宪法权利[2]。根据ILO的统计,截至2015年,至少有97个成员在宪法中明确保护罢工行动,150多个成员在一般立法中纳入了对罢工行动的规定,也有部分成员的法院通过判例法的形式明确了罢工权。[3]

如本书前面论及的结社自由,罢工权所依赖的制度背景在资本主义国家和社会主义中国存在天然的差异,这种差异主要是政府的角色和集体权利在社会主义国家行使的法理基础所决定的。一方

---

[1] 参见常凯:《罢工权立法问题的若干思考》,载《学海》2005年第4期;常凯:《关于罢工的合法性及其法律规制》,载《当代法学》2012年第5期;周永坤:《"集体返航"呼唤罢工法》,载《法学》2008年第5期。

[2] 参见陈乃新、颜常:《罢工权的劳动力权属性研究——兼论罢工权的合宪路径》,载《南华大学学报(社会科学版)》2009年第1期。

[3] See ILO, Background Document for the Tripartite Meeting on the Freedom of Association and Protection of the Right to Organize Convention, 1948 (No. 87), in Relation to the Right to Strike and the Modalities and Practices of Strike Action at National Level, 2015, https://www.ilo.org/wcmsp5/groups/public/---ed_norm/---relconf/documents/meetingdocument/wcms_344248.pdf, pp. 23-25.

面,根据马克思主义学说,在资本主义国家和地区,政府代表着资产阶级的利益。在劳资冲突中,工人阶级保留罢工这一具有强大经济威慑力的权利不仅有助于劳资利益平衡,也间接地通过法律制度在一定程度上消解了工人阶级对于资本主义制度以及国家的矛盾,减少工人阶级革命的风险。同时,不论是推行自由主义还是福利国家制度,资本主义政府在集体谈判与争议解决过程中的角色都相对更为超然,即介入程度相对有限,因此更突出了罢工这一压力手段的重要性。与之相反,在社会主义国家,列宁认为,工人的利益"主要不是靠罢工(但决不是一概不采用这种手段),而是用向工人阶级国家机关申诉的方法去维护"[①]。在中国,国家和政府本身就代表全体工人阶级而非资产阶级的利益,这一逻辑贯穿中国政府与工会等相关制度。实践中,可以看到政府推动建立和谐劳动关系以及深度介入处理劳资冲突的诸多案例。因为从经济发展与社会稳定的角度,政府无法容忍罢工这一极具经济伤害性和社会影响力的情形出现。那么,罢工权这一机制是否有必要和需要在中国适用呢?国际经验的主要内容之一,是没有哪两个国家在管制罢工方面是相同的,也没有系统和明确的国际准则。关键还在于评估其存在是否能够保证制度目的的实现,即保障集体谈判及其背后通过集体行动追求的工人群体权益。在市场经济条件下,个别劳动关系向集体劳动关系转型是劳动关系发展的必然要求,取决于各方利益博弈的结果。[②] 其中,政府作为监管方对于集体劳动关系的态度,特别是集体劳动关系对于经济发展与社会秩序的影响的评估,具有重要影响。

对此,本书已在关于中国工会体制改革的相关分析中提及了更有效的工会(团结权)以及罢工权对于集体协商的重要意义和现实价值,其核心在于有利于解决现有工会体制和集体协商无法切实保护劳动者权益并满足劳动者不断增长的要求参与经济发展利益分享的诉求。现实中,以"群体性事件"为名的罢工近年来层出不

[①] 《列宁文稿》(第四卷),人民出版社 1978 年版,第 311 页。
[②] 参见常凯:《劳动关系的集体化转型与政府劳工政策的完善》,载《中国社会科学》2013 年第 6 期。

穷,政府主导的干预虽然有利于维护社会稳定,但因为对于该等事项的处理严格来讲缺乏法律依据,呈现"非法罢工"和"非法处理"的灰色地带,并非一种常态化和法治化的路径。当然,这里的"非法"并不等同于"违法",主要是指缺乏完备的、具有针对性的法律依据,由此缺少了稳定性、可预见性和规范性,容易引起更大的矛盾与纠纷。总体而言,为了解决前述现实中的矛盾与需求,可以回归到罢工权的技术性和功能性目的上,即作为集体协商的压力手段,将党和政府置于宏观指导和方向引领的位置,同时建立系统完善的法律规则,从实体和程序上规范罢工。

对于ILO而言,各国基于各自社会、政治和经济环境而产生的法律可以具体规制产业行动,也因此呈现不同的特点。[①] 对于结社自由、集体谈判以及罢工,第87号公约和第98号公约允许成员方根据情况对军队、警察以及公务员的适用进行限制。同时,罢工目的应该限于正当目的,比如增进劳工正当权益、改善劳动条件、提升劳工经济地位,包括经济性罢工、不当劳动行为罢工等;而政治目的的罢工是不允许的。罢工还不得危害用人单位生命健康和财产安全,不能破坏生产设施,不能强迫他人参与罢工,应该满足"最后手段原则"、冷却期与及时向政府和企业报告与通知罢工等要求。[②] 此外,罢工应当包含工会领导、以缔结集体合同为目的、符合比例原则、最后手段、正当目的、非暴力、公共利益约束等要件。[③] 这些规定,在其他国家的法律法规与实践中也得到了广泛应用。例如,在德国,宪法、劳资法、工厂组织法、刑法等在不同维度明确规定政治性罢工是违法的,禁止国家法意义上的公务员参与罢工,同时罢工需要符合比例原则等。[④] 在日本,罢工虽然在集体谈判中可以作为

[①] See Janice R. Bellace, Back to the Future: Freedom of Association, the Right to Strike and National Law, *King's Law Journal*, 27(1), 2016.
[②] 参见周长征:《全球化与中国劳动法制问题研究》,南京大学出版社2003年版,第69—75页。
[③] 参见黄越钦:《劳动法论》,政治大学劳工研究所1992年版,第340—349页。
[④] 参见〔德〕雷蒙德·瓦尔特曼:《德国劳动法》,沈建峰译,法律出版社2014年版,第481—492页。

"最后手段",但其应该围绕集体交涉强化产业自治,因此"野猫罢工"和政治罢工是不受法律保护的,同时暴力行为也被禁止。[①]

因此,尽管众多国家和地区将罢工权作为公民的基本权利纳入本国或本地区宪法,也有中国学者建议对《宪法》第 37 条的人身自由进行扩大化解释[②],但是考虑到修改《宪法》的重大性和复杂性,更可行的方式或许是考虑通过以下途径变通认可并规范罢工权问题:一是制定专门的《集体争议法》,对包括罢工权和闭厂权在内的集体争议行动统一进行规范[③];二是通过修改《工会法》《劳动法》和《劳动争议调解仲裁法》,增加罢工权的相关内容;三是修改《集会游行示威法》,以与中国针对 ILO 关于"结社自由"投诉案件审查的回复保持一致;四是通过立法或者司法解释,将《工会法》第 28 条关于"停工、怠工"的表述解释为包含罢工,并由此设定相关规则。总体而言,前述四种方式中,最后一种相对简单。不过,鉴于许多发展中国家和地区的实践证明,过分强调罢工权和结社自由对工会和劳工权利的维护有时可能存在危害[④],因此需要对罢工权的适用情形和程序予以明确限制,并配合《劳动基准法》以加强对权利争议的有效处理,最终将罢工权的行使确定无疑地限缩在合理且不影响公共利益的争议范畴之内。

从历史上来看,包括美国和欧盟等在内的发达市场经济国家和地区的经验都已经表明,为了有效地规制工人集体行动,在法律法规框架下组织工会和开展工会活动具有重要价值和意义。在法律法规框架下,合法的工会组织通过开展法律允许的工会活动,可以有效地团结广大劳动者,合理地表达诉求,并经过集体谈判(包括作为必要的、最终压力手段的罢工)等方式推动劳动关系的和谐或者说西方所称的"产业和平",同时极大限度地压缩甚至消灭任何法律

---

① 参见〔日〕荒木尚志:《日本劳动法》(增补版),李坤刚、牛志奎译,北京大学出版社 2010 年版,第 140 页。
② 参见王锴:《论我国宪法上的劳动权与劳动义务》,载《法学家》2008 年第 4 期。
③ 参见常凯:《罢工权立法问题的若干思考》,载《学海》2005 年第 4 期。
④ 参见刘诚:《全球化背景下劳动法面临的挑战及对策》,载《工会理论研究》2008 年第 4 期。

框架之外的、缺乏组织纪律甚至严重危害社会的工人集体活动。因此,通过有效地承认、保障以及监督集体劳动权的行使,对于任何国家和地区而言,都可以从客观上维持经济社会的有序发展,同时有效地控制工人运动中的无序化、暴力化和政治化倾向。

结　　论

基于各国和各地区政治、经济、社会和文化等历史与发展的差异,两次世界大战后,以美国和欧盟为首的资本主义发达国家和地区将其本国和本地区处理劳工权益保护问题的经验,包括结社自由与有效的集体谈判等,通过ILO推行国际劳工标准等方式嵌入持续至今的国际秩序,构成了当前全球劳动治理的基础。但是,随着时间的推移,当经济全球化给美国和欧盟等资本主义发达国家和地区带来内部民主决策方面的压力时,针对劳工权益保护问题,其又推动了区域及双边自由贸易与投资协定劳工条款的实践。

本书深入分析了占据当今主流的美国和欧盟主导的自由贸易与投资协定劳工条款的缘起、理论争议以及实践中存在的问题。对劳工标准、保护水平及争端解决的实践情况进行分析,回顾1998年《基本原则和权利宣言》的历史,指出其本身属于国际组织的宣示性文件,因而不具备国际法上的强制约束力。但是,基于《ILO章程》机制,其又获得了针对ILO成员某种实质层面的约束力。尽管如此,国际劳工公约只有在获得批准后才具有法律约束力的一般规则并没有改变。结合美国—危地马拉案和欧盟—韩国案,根据VCLT第31条和第32条的条约解释规则,发现实践中存在单边性、不确定性和扩大义务解释等问题,例如,将在自由贸易与投资协定中重申对协定外国际组织文件的承诺,可能被认定为缔约方将该等宣誓性承诺"转化"为国际条约义务。

在前述基础上,笔者认为中国适用美国和欧盟主导的自由贸易与投资协定劳工条款的主要障碍在于:中国特色的一元化工会体制以及罢工权。经过分析,一方面,中国的现行工会体制和对罢工权的沉默,均有深刻的历史和政治原因,具有合理性;另一方面,从该等制度的工具性价值以及中国进一步发展所面临的现实挑战来看,需要对现状予以调整。具体而言,可以通过适当分解基层工会的政治性职能、认可罢工的经济属性,以法治的方式进行处理。

　　基于对自由贸易与投资协定劳工权益保护问题本质的深刻洞察,笔者认为,工业革命以来,随着经济全球化的不断发展以及劳资矛盾的加剧,各国和各地区之间以及其内部采取了一系列应对措施,对外用于调整国家和地区之间的相互关系,维持有利于各国和各地区经济社会发展以及良性竞争的、相对稳定的国际秩序,对内则是巩固本国和本地区既有制度,维护国家、政府及其人民之间的"社会契约"。美国和欧盟主导的自由贸易与投资协定劳工条款无法从根本上解决"全球化不可能三角"理论所指出的困境,核心在于随着时间的变化,任何国家和地区发展的内外部环境、主客观条件以及相互关系都可能发生变化。

　　因此,为了在无政府的国际社会中实现良性竞争,从历史和发展的角度,任何国家和地区基于其在国际经济和贸易关系中的优势地位而单边、强行地推动任何标准与规则,都缺乏正当性和有效性,对自由贸易与投资协定劳工权益保护同样如此。虽然美国和欧盟主导的自由贸易与投资协定劳工条款以国际条约的形式规范了缔约方之间对于劳工权益保护的义务与责任,实现了某种程度的"法制化",但没有实现真正意义的"法治化"。对此,应该采取"基于现实与未知的动态利益平衡"的观点考虑,通过协调的方式解决劳工条款的设定及适用问题,在具体法律原则与规则的框架下,加强对不同缔约方(特别是发展中国家和地区)情况的关切,以协调适用的方式实现自由贸易与投资协定劳工条款的"法治化"并促进"社会正义"目标的实现。

　　应该说,自由贸易与投资协定劳工权益保护问题,特别是本书着重论述的劳工条款适用,是非常复杂的综合性问题,本书远远不能就所有要点予以分析。笔者从2013年攻读硕士期间开始接触这一研究领域,深刻感受到该领域随着中国参与经济全球化的深度和广度的增加,从"冷僻"逐渐走向"热门"。因此,对于本书没有涉及的其他问题或者研究角度,包括但不限于合作模式、联系机构、制裁措施、具体劳工标准与我国法律的深度比较、ILO 与 WTO 的改革与协作等,相信会在未来看到越来越多的研究成果,推动中国在这一领域的发展。

参考文献

一、中文文献

(一) 著作类

1. 常凯:《劳权论——当代中国劳动关系的法律调整研究》,中国劳动社会保障出版社 2004 年版。
2. 常凯主编:《劳动关系学》,中国劳动社会保障出版社 2005 年版。
3. 陈乐民主编:《西方外交思想史》,中国社会科学出版社 1995 年版。
4. 邓白桦:《纳粹德国"企业共同体"劳资关系模式研究》,同济大学出版社 2012 年版。
5. 顾昂然:《社会主义法制建设与立法工作》,中国政法大学出版社 1989 年版。
6. 韩秀丽:《论 WTO 法中的比例原则》,厦门大学出版社 2007 年版。
7. 黄越钦:《劳动法论》,政治大学劳工研究所 1992 年版。
8. 刘华:《美欧社会倾销论实质研究——反倾销实践的新动向》,中国商务出版社 2014 年版。
9. 李浩培:《条约法概论》,法律出版社 2003 年版。
10. 《列宁文稿》(第四卷),人民出版社 1978 年版。
11. 刘敬东:《人权与 WTO 法律制度》,社会科学文献出版社 2018 年版。
12. 王利明主编:《民法》(第九版),中国人民大学出版社 2022

年版。

13. 梁西:《梁著国际组织法》,杨泽伟修订,武汉大学出版社2011年版。

14. 李西霞:《自由贸易协定中的劳工标准》,社会科学文献出版社2017年版。

15. 林灿铃、吴汶燕主编:《国际环境法》,科学出版社2018年版。

16. 林燕玲主编:《国际劳工标准》,中国劳动社会保障出版社2007年版。

17. 倪世雄:《当代西方国际关系理论》(第二版),复旦大学出版社2018年版。

18. 强世功等:《超越陷阱:从中美贸易摩擦说起》,当代世界出版社2020年版。

19. 邱少晖:《二十世纪中国工会法变迁研究》,中国政法大学出版社2013年版。

20. 秦亚青编:《西方国际关系理论经典导读》,北京大学出版社2009年版。

21. 佘云霞:《国际劳工标准:演变与争议》,社会科学文献出版社2006年版。

22. 唐鑛主编:《企业劳动关系管理》,首都经济贸易大学出版社2011年版。

23. 王家宠:《国际劳动公约概要》,中国劳动出版社1991年版。

24. 王铁崖主编:《国际法》,法律出版社1995年版。

25. 王泽鉴:《民法概要》(第二版),北京大学出版社2011年版。

26. 许崇德:《中华人民共和国宪法史》,福建人民出版社2003年版。

27. 叶静漪主编:《比较劳动法学》,北京大学出版社2018年版。

28. 周长征:《全球化与中国劳动法制问题研究》,南京大学出版社2003年版。

29. 张乃根:《条约解释的国际法》,上海人民出版社 2019 年版。

30. 周少青:《中国的结社权问题及其解决:一种法治化的路径》,法律出版社 2008 年版。

31. 曾炳钧:《国际劳工组织》,社会调查所 1932 年版。

32. 中国工运研究所编写组:《中共工会简史》,中国工人出版社 2020 年版。

33. 中华全国总工会:《中国工运事业和工会工作"十四五"发展规划》,中国工人出版社 2021 年版。

34. 郑丽珍:《跨国劳动监管制度的重构》,社会科学文献出版社 2014 年。

35. 赵维田:《世贸组织(WTO)的法律制度》,吉林人民出版社 2000 年版。

36. 张文显主编:《法理学》(第五版),高等教育出版社 2018 年版。

37. 张新宝:《侵权责任法》(第五版),中国人民大学出版社 2020 年版。

38. 〔德〕雷蒙德·瓦尔特曼:《德国劳动法》,沈建峰译,法律出版社 2014 年版。

39. 〔法〕卢梭:《社会契约论》,何兆武译,商务印书馆 2003 年版。

40. 〔法〕托马斯·皮凯蒂:《21 世纪资本论》,巴曙松等译,中信出版社 2014 年版。

41. 〔荷兰〕尼科·斯赫雷弗:《可持续发展在国际法中的演进:起源、涵义及地位》,汪习根、黄海滨译,社会科学文献出版社 2010 年版。

42. 〔美〕博登海默:《博登海默法理学》,潘汉典译,法律出版社 2015 年版。

43. 〔美〕丹尼·罗德里克:《全球化的悖论》,廖丽华译,中国人民大学出版社 2011 年版。

44. 〔美〕汉斯·摩根索:《国家间政治:权力斗争与和平》,徐昕、郝望、李保平译,北京大学出版社 2006 年版。

45. 〔美〕罗伯特·吉尔平:《全球政治经济学:解读国际经济秩序》,杨宇光、杨炯译,上海世纪出版集团 2013 年版。

46. 〔美〕罗伯特·基欧汉:《霸权之后:世界政治经济中的合作与纷争》(增订版),苏长和、信强、何曜译,上海人民出版社 2016 年版。

47. 〔美〕米尔顿·弗里德曼、罗丝·D. 弗里德曼:《自由选择》,张琦译,机械工业出版社 2020 年版。

48. 〔美〕迈克尔·C. 哈珀等:《美国劳动法:案例、材料和问题》,李坤刚译,商务印书馆 2015 年版。

49. 〔美〕约翰·H. 巴顿、〔美〕朱迪斯·L. 戈尔斯坦、〔美〕蒂莫西·E. 乔思林、〔美〕理查德·R. 斯坦伯格:《贸易体制的演进——GATT 与 WTO 体制中的政治学、法学和经济学》,廖诗评译,北京大学出版社 2013 年版。

50. 〔美〕约瑟夫·E. 斯蒂格利茨:《让全球化造福全球》,雷达、朱丹、李有根译,中国人民大学出版社 2013 年版。

51. 〔日〕阿部照哉、池田政章、初宿正典、户松秀典编著:《宪法(下)——基本人权篇》,周宗宪译,中国政法大学出版社 2006 年版。

52. 〔日〕荒木尚志:《日本劳动法》(增补版),李坤刚、牛志奎译,北京大学出版社 2010 年版。

53. 〔苏〕马尔科夫:《苏联工会——为布尔什维克党政策忠实的和积极的推行者》,工人出版社 1950 年版。

54. C. L. 林、〔新加坡〕德博拉·K. 埃尔姆斯、〔瑞士〕帕特里克·娄编著:《跨太平洋伙伴关系协定(TPP)——对 21 世纪贸易协议的追求》,赵小波、何玲玲译,法律出版社 2016 年版。

55. 〔印〕阿马蒂亚·森:《正义的理念》,王磊、李航译,中国人民大学出版社 2013 年版。

56. 〔英〕史蒂芬·哈迪:《英国劳动法与劳资关系》,陈融译,商务印书馆 2012 年版。

57. 〔英〕韦伯夫妇:《英国工会运动史》,陈建民译,商务印书馆

1959 年版。

58.〔英〕伊恩·布朗利:《国际公法原理》,曾令良、余敏友等译,法律出版社 2007 年版。

(二)论文期刊类

1. 毕莹:《"包容":"一带一路"下全球治理的中国软法方案和推进路径》,载《深圳大学学报(人文社会科学版)》2019 年第 3 期。

2. 陈步雷:《罢工权的属性、功能及其多维度分析模型》,载《云南大学学报(法学版)》2006 年第 3 期。

3. 陈乃新、颜常:《罢工权的劳动力权属性研究——兼论罢工权的合宪路径》,载《南华大学学报(社会科学版)》2009 年第 1 期。

4. 陈峰:《国家、制度与工人阶级的形成——西方文献及其对中国劳工问题研究的意义》,载《社会学研究》2009 年第 5 期。

5. 常凯:《罢工权立法问题的若干思考》,载《学海》2005 年第 4 期。

6. 常凯:《关于罢工的合法性及其法律规制》,载《当代法学》2012 年第 5 期。

7. 常凯:《劳动关系的集体化转型与政府劳工政策的完善》,载《中国社会科学》2013 年第 6 期。

8. 常凯:《WTO、劳工标准与劳工权益保障》,载《中国社会科学》2002 年第 1 期。

9. 曹艳春:《劳动者罢工权初论》,载《燕山大学学报(哲学社会科学版)》2002 年第 2 期。

10. 程延园:《"劳动三权":构筑现代劳动法律的基础》,载《中国人民大学学报》2005 年第 2 期。

11. 程延园、谢鹏鑫、王甫希:《我国集体争议处理制度:特点、问题与机制创新》,载《中国人民大学学报》2015 年第 4 期。

12. 陈志阳:《多双边贸易协定中的国际核心劳工标准分析》,载《国际贸易问题》2014 年第 2 期。

13. 鄂晓梅:《以劳工标准为基础的单边贸易措施与 WTO 规

则——贸易壁垒的新趋向及发展中国家的对策》，载《环球法律评论》2010年第2期。

14. 逄先知、李捷：《一篇重要的马克思主义理论著作的诞生——〈关于正确处理人民内部矛盾的问题〉形成过程（上）》，载《党的文献》2002年第4期。

15. 刘诚：《全球化背景下劳动法面临的挑战及对策》，载《工会理论研究》2008年第4期。

16. 刘敬东：《人权保护还是贸易保护——劳动权的视角》，载《国际经济法学刊》2010年第2期。

17. 罗凯天：《TPP劳工条款及其对中国的影响与应对研究》，载《中国劳动关系学院学报》2015年第3期。

18. 刘权：《目的正当性与比例原则的重构》，载《中国法学》2014年第4期。

19. 刘荣刚：《彭真与1982年宪法的制定》，载《人大研究》2004年第9期。

20. 刘铁民、张华俊、耿凤：《国际核心劳工标准发展动态及其发展趋势调研报告》，载《劳动保护》2002年第3期。

21. 李西霞：《全球贸易自由化进程中劳工标准体系的分化与发展》，载《社会发展研究》2015年第1期。

22. 李西霞：《自由贸易协定中劳工标准的发展态势》，载《环球法律评论》2015年第1期。

23. 林燕玲：《TPP中劳工标准对中国劳动关系的影响和对策研究》，载《中国人力资源开发》2016年第5期。

24. 刘中伟、沈家文：《跨太平洋伙伴关系协议对东亚生产网络的影响与中国应对》，载《太平洋学报》2013年第1期。

25. 缪剑文：《劳工神圣与贸易自由——WTO劳工标准之争及其法律评析》，载《上海大学学报（社会科学版）》1999年第1期。

26. 乔健、郑桥、余敏、张原：《迈向"十二五"时期中国劳动关系的现状和政策取向》，载《中国劳动关系学院学报》2011年第3期。

27. 任小平、许晓军：《"双重受托责任"下的中国工会维权机制研究——以工会介入"盐田国际"罢工事件为例》,载《中共福建省委党校学报》2008年第10期。

28. 孙刚、李彪:《"五大改造"新格局下监狱服刑人员劳动权利法律保障研究》,载《黑龙江省政法管理干部学院学报》2020年第6期。

29. 沈根荣、张维:《国际劳工标准问题及其最新发展》,载《国际商务研究》2004年第3期。

30. 沈威卫:《国际劳工标准纳入WTO体系之分析》,载《法制与社会》2011年第3期。

31. 佘云霞:《经济全球化与"体面的劳动"》,载《工会论坛》2001年第6期。

32. 佘云霞:《谁需要SA8000》,载《工会理论与实践》2004年第6期。

33. 佘云霞:《中国入世与国际劳工标准》,载《中国党政干部论坛》2003年第7期。

34. 佘云霞、刘晴:《推行体面劳动的全球趋势》,载《江汉论坛》2008年第10期。

35. 佘云霞、傅麟:《国际社会对贸易自由化与国际劳工标准的辩论》,载《工会理论与实践》2001年第6期。

36. 佘云霞、汪培:《自由贸易协议谈判中的国际劳工标准问题》,载《国际经贸探索》2009年第2期。

37. 沈志华:《中国对东欧十月危机的反应和思考——"波匈事件与中国"研究之二》,载《史学月刊》2007年第1期。

38. 万鄂湘、黄赟琴:《国际人权条约的特点及其解释的特殊性——以迪亚洛案为例》,载《武汉大学学报(哲学社会科学版)》2012年第6期。

39. 王锴铠:《论我国宪法上的劳动权与劳动义务》,载《法学家》2008年第4期。

40. 王天玉:《劳动者集体行动治理的司法逻辑——基于2008—2014年已公开的308件罢工案件判决》,载《法制与社会发展》2015 年第 2 期。

41. 问清泓:《关于罢工权的反思》,载《江汉论坛》2004 年第 7 期。

42. 王冉冉:《新贸易保护主义的利剑——试论 WTO 议题新焦点"劳工标准"》,载《对外经贸实务》2000 年第 4 期。

43. 王学秀:《劳工标准之争——WTO 劳工标准与国际贸易问题》,载《国际贸易》1997 年第 3 期。

44. 吴清军:《集体协商与"国家主导"下的劳动关系治理——指标管理的策略与实践》,载《社会学研究》2012 年第 3 期。

45. 王全兴、倪雄飞:《论我国罢工立法与罢工转型的关系》,载《现代法学》2012 年第 4 期。

46. 闻效仪:《集体合同工作中的行政模式以及工会困境》,载《中国党政干部论坛》2013 年第 5 期。

47. 闻效仪:《改革开放四十年之集体协商与集体合同研究:历史演进、制度执行与类型化趋势》,载《中国人力资源开发》2018 年第 10 期。

48. 闻效仪:《"上代下":工会改革逻辑与多样化类型》,载《社会学评论》2020 年第 5 期。

49. 叶静漪、魏倩:《〈经济、社会和文化权利国际公约〉与劳动权的保护》,载《北京大学学报(哲学社会科学版)》2004 年第 2 期。

50. 阎天:《美国工会怎么了?》,载《文化纵横》2020 年第 2 期。

51. 阎天:《美国集体劳动关系法的兴衰——以工业民主为中心》,载《清华法学》2016 年第 2 期。

52. 游正林:《对中国劳动关系转型的另一种解读——与常凯教授商榷》,载《中国社会科学》2014 年第 3 期。

53. 郑春荣:《论欧盟社会政策的困境与出路》,载《社会主义研究》2010 年第 3 期。

54. 周长征:《WTO 的"社会条款"之争与中国的劳动标准》,载《法商研究》2001 年第 3 期。

55. 张龙平:《"从众"的全球劳工治理:1919 年华盛顿国际劳工

大会与中国》,载《学术研究》2017 年第 11 期。

56. 郑丽珍:《从 TPP 到 TTIP:美欧 FTA 劳动标准规则的融合趋势及对中国贸易法治的启示》,载《国际经济法学刊》2016 年第 3 期。

57. 郑丽珍:《劳动标准纳入区域自由贸易协定的机制分析》,载《国际经济法学刊》2013 年第 1 期。

58. 郑丽珍:《劳动标准与贸易和投资协定挂钩的历史演进、当代特点与未来趋势》,载《现代法学》2016 年第 6 期。

59. 张明楷:《法益保护与比例原则》,载《中国社会科学》2017 年第 7 期。

60. 朱廷珺:《劳工标准问题多边化:进程、争论及应对》,载《当代亚太》2003 年第 4 期。

61. 周永坤:《"集体返航"呼唤罢工法》,载《法学》2008 年第 5 期。

62. 翟志勇:《八二宪法的生成与结构》,载《华东政法大学学报》2012 年第 6 期。

(三)学位论文类

1. 戴德生:《国际贸易体制中的劳工标准问题研究》,华东政法大学 2007 年博士研究生学位论文。

2. 李凌云:《劳动权保障的国际标准及其发展趋势》,华东政法大学 2008 年博士研究生学位论文。

3. 佘云霞:《国际劳工标准:演变与争议》,外交学院 2005 年博士研究生学位论文。

(四)网页资料及其他

1. 国际劳工局:《国际劳工组织理事会适用规则汇编》,载 https://www.ilo.org/wcmsp5/groups/public/---ed_norm/---relconf/documents/meetingdocument/wcms_663005.pdf。

2. 联合国贸易与发展会议:《贸发会议 50 周年:简史》,载 ht-

tps://unctad.org/system/files/official-document/osg2014d1_en.pdf。

3. 毛泽东:《关于正确处理人民内部矛盾的问题》(1957年2月27日),载央视网 http://www.cctv.com/special/756/1/50062.html。

4. 毛泽东:《在中国共产党第八届中央委员会第二次全体会议上的讲话》(1956年11月15日),载中文马克思主义文库 https://www.marxists.org/chinese/maozedong/marxist.org-chinese-mao-19561115.htm。

5. 《共同构建人类命运共同体》,载中国政府网 http://www.gov.cn/xinwen/2021-01/01/content_5576082.htm。

6. 全球化社会影响世界委员会:《一个公平的全球化:为所有的人创造机会》,https://www.ilo.org/public/chinese/standards/relm/ilc/ilc92/pdf/rep-wc.pdf。

7. 《习近平同中华全国总工会新一届领导班子成员集体谈话并发表重要讲话》,载中国政府网 http://www.gov.cn/xinwen/2018-10/29/content_5335515.htm。

8. 《习近平:在经济社会领域专家座谈会上的讲话》,载新华网 http://www.xinhuanet.com/politics/leaders/2020-08/24/c_1126407772.htm。

9. 《中共中央关于加强和改进党的群团工作的意见》,载中国政府网 http://www.gov.cn/xinwen/2015-07/09/content_2894833.htm。

10. 中华人民共和国国务院新闻办公室:《中国的民主》白皮书,载中国政府网 http://www.scio.gov.cn/zfbps/32832/Document/1717206/1717206.htm。

11. 中央文献研究室:《八大之后毛泽东对正确处理人民内部矛盾问题的思考》,载人民网 http://dangshi.people.com.cn/n/2013/1128/c85037-23681854.html。

12. 《全国人大常委会关于批准〈经济、社会及文化权利国际公约〉的决定》,载《人民日报(海外版)》2001年3月1日。

13. 叶静漪:《进一步完善社会重要领域立法》,载《学习时报》2021年3月31日。

二、英文文献

(一) 著作类

1. Anthony E. Cassinatis, *Human Rights Related Trade Measures under International Law: The Legality of Trade Measures Imported in Response to Violations of Human Rights Obligations Under General International Law,* Martinus Nijhoff Publishers, 2007.

2. Bob Hepple, *Labor Laws and Global Trade,* Hart Publishing, 2005.

3. Bob Hepple, *Social and Labor Rights in a Global Context,* Cambridge University Press, 2005.

4. Brian Bercusson & Cynthia Estlund eds., *Regulating Labor in the Wake of Globalization,* Hart Publishing, 2008.

5. Kimberly Ann Elliott & Richard B. Freeman, *Can Labor Standards Improve Under Globalization?* Institute for International Economics, 2003.

6. Tonia Novitz, *International and European Protection of the Right to Strike,* Oxford University Press, 2003.

7. Philip Alston, *Labor Rights as Human Rights,* Oxford University Press, 2005.

(二) 论文期刊类

1. Alfred Wisskirchen, The Standard-Setting and Monitoring Activity of the ILO: Legal Questions and Practical Experience, *International Labour Review,* 144(3), 2005.

2. Bob Hepple, The Right to Strike in an International Context, *Canadian Labor & Employment Law Journal,* 15(2), 2009.

3. Carol Riegelman, War-time Trade-union and Socialist Proposals, in James T. Shotwell, ed., *Origins of the International Labour Organization,* Columbia University Press, 1934.

4. Charlie Lyons & False Hopes: Why a Renegotiated North American Free Trade Agreement Will Violate Conventions 87 and 98 of the International Labour Organization, *American University International Law Review*, 34 (1), 2018.

5. Cordell Hull, The United States and the World Situation, American Society of International Law Proceedings 35, First Session, 1941.

6. Dani Rodrik, Labor Standards in International Trade: Do They Matter and What We Do About Them, in Robert Lawrence, Dani Rodrik & John Whalley, eds., *Emerging Agenda for Global Trade: High Stakes for Developing Countries*, Johns Hopkins University Press, 1996.

7. Dani Rodrik, How Far Will International Economic Integration Go?, *Journal of Economic Perspectives*, 14 (1), 2000.

8. Dani Rodrik & Stefanie Stantcheva, Fixing Capitalism's Good Jobs Problem, *Oxford Review of Economic Policy*, 37 (4), 2021.

9. David A. Gantz, C. Ryan Reetz, Guillermo Aguilar－Alvarez & Jan Paulson, Labor Rights and Environmental Protection under NAFTA and Other US Free Trade Agreements [with Comments], *The University of Miami Inter-American Law Review*, 42 (297), 2011.

10. David Kucera, Core Labor Standards and Foreign Direct Investment, *International Labour Review*, 141 (1-2), 2002.

11. Desiree LeClercq, The Disparate Treatment of Rights in U.S. Trade, *Fordham Law Review* 90 (1), 2021.

12. Edward Phelan, The Contribution of the ILO to Peace, *International Labour Review*, 59(6), 1949.

13. Gary S. Fields, International Labor Standards and Decent Work: Perspectives from the Developing World, in Robert J. Flanagan & William B. Gould IV, eds., *International Labor Standards: Globalization, Trade, and Public Policy*, Stanford University Press, 2003.

14. Margaret McMillan & Íñigo Verduzco, New Evidence on Trade and Employment: An Overview, in Marion Jansen, Ralf Peters & José Man-

uel Salazar-Xirinachs, eds., *Trade and Employment: From Myths to Facts*, International Labour Office, 2011.

15. M. Bedjaoui, The Right to Development, in M. Bedjaoui ed., International Law: Achievements and Prospects, UNESCO, 1991.

16. James J. Brudney, The Right to Strike as Customary International Law, *The Yale Journal of International Law*, 46 (1), 2021.

17. Janice R. Bellace, Back to the Future: Freedom of Association, the Right to Strike and National Law, *King's Law Journal*, 27(1), 2016.

18. John R. Commons, Institutional Economics, *American Economic Review*, 21, 1931.

19. Jose M. Salazar-Xirinachs, The Trade-Labor Nexus: Developing Countries' Perspectives, *Journal of International Economic Law*, 3 (2), 2000.

20. Kevin Banks, Trade, Labor and International Governance: An Inquiry into the Potential Effectiveness of the New International Labor Law, *Berkeley Journal of Employment & Labor Law*, 32 (1), 2011.

21. Kevin Kolben, The New Politics of Linkage: India's Opposition to the Workers' Rights Clause, *Indiana Journal of Global Legal Studies*, 13 (1), 2006.

22. Philip Alston, Core Labor Standard and the Transformation of the International Labor Rights Regime, *European Journal of International Law*, 15(3), 2004.

23. Philip Alston, Facing Up to the Complexities of the ILO's Core Labor Standards Agenda, *European Journal of International Law*, 16 (3), 2005.

24. Philip Alston, Labor Rights Provisions in US Trade Law-Aggressive Unilateralism?, in Lance A. Coupa & Stephen F. Diamond, *Human Rights, Labor Rights and International Trade*, University of Pennsylvania Press, 1996.

(三)网页资料及其他

1. Bernard Hoekman & Robert Wolfe, WTO Reform As a Triangular Problem among China, the EU and the US, CESifo Forum, 22 (2), 2021, https://www. cesifo. org/DocDL/CESifo-Forum-2021-2-hoekman-wolfe-wto-march.pdf.

2. Cathleen D. Cimino-Issacs, Worker Rights Provisions and U.S. Trade Policy, Congressional Research Service, July 16, 2021, https://crsreports.congress.gov/product/pdf/R/R46842.

3. CFA, Compilation of Decisions of the Committee on Freedom of Association (6Th Edition), 2018, https://www.ilo.org/wcmsp5/groups/public/---ed_norm/---normes/documents/publication/wcms_632659.pdf.

4. Charles Oman, Policy Competition for Foreign Direct Investment: A Study of Competition among Governments to Attract FDI, OECD, 1999, https://www.oecd.org/investment/mne/2089936.pdf.

5. Dani Rodrik, Feasible Globalizations, 2002, https://drodrik.scholar.harvard.edu/files/dani-rodrik/files/feasible-globalizations.pdf.

6. Drusilla K. Brown, International Trade and Core Labor Standards: A Survey of the Recent Literature, OECD, 2000, https://www.oecd-ilibrary.org/docserver/677200103808.pdf?expires=1646210217&id=id&accname=guest&checksum=563714F30066C2D3FC836234BDE477A9.

7. Emmanuel Reynaud, The International Labor Organization and Globalization: Fundamental Rights, Decent Work and Social Justice, International Labour Office, 2018, https://www.ilo.org/wcmsp5/groups/public/---dgreports/---inst/documents/publication/wcms_648620.pdf.

8. Erika de Wet, Decentralized Enforcement. of International Labor Standards: The Role of Domestic Courts, in George P. Politakis, Tomi Kohiyama & Thomas Lieby, eds., *ILO 100: Law for Social Justice*, International Labour Office, 2019, https://www.ilo.org/wcmsp5/groups/public/---dgreports/---jur/documents/publication/wcms_732217.pdf.

9. EU-US Transatlantic Trade and Investment Partnership: Trade and Sustainable Development Initial EU Position Paper, https://trade.ec.europa.eu/doclib/docs/2013/july/tradoc_151626.pdf.

10. Fair trade—trade-related sustainability assurance schemes, https://eur-lex.europa.eu/legal-content/EN/TXT/?uri=legissum%3Adv0004.

11. Havana Charter for An International Trade Organization, The Warwick Commission, The Multinational Trade Regime: Which Way Forward? -The Report of the First Warwick Commission, The University of Warwick, 2007, https://warwick. ac. uk/research/warwickcommission/worldtrade/report/uw_warcomm_tradereport_07.pdf.

12. ILO, Background Document for the Tripartite Meeting on the Freedom of Association and Protection of the Right to Organize Convention, 1948 (No. 87), in Relation to the Right to Strike and the Modalities and Practices of Strike Action at National Level, 2015, https://www.ilo.org/wcmsp5/groups/public/---ed_norm/---relconf/documents/meeting-document/wcms_344248.pdf.

13. ILO, Committee on Freedom of Association, https://www.ilo.org/global/standards/applying-and-promoting-international-labour-standards/committee-on-freedom-of-association/lang--en/index.htm#:~:text=As%20a%20result%2C%20in%201951,had%20ratified%20the%20relevant%20Conventions.

14. ILO, Final report of the Meeting: Tripartite Meeting on the Freedom of Association and Protection of the Right to Organize Convention, 1948 (No. 87), in Relation to the Right to Strike and the Modalities and Practices of Strike Action at National Level, 2015, https://www.ilo.org/wcmsp5/groups/public/---ed_norm/---relconf/documents/meeting-document/wcms_349069.pdf.

15. ILO, Minutes of the 121st Session of the Governing Body, 1953, https://www.ilo.org/public/libdoc/ilo/P/09601/09601(1953-121).pdf.

16. ILO, Outcome of the Meeting, Tripartite Meeting on the Free-

dom of Association and Protection of the Right to Organize Convention, 1948 (No. 87), in Relation to the Right to Strike and the Modalities and Practices of Strike Action at National Level, 2015, https://www.ilo.org/wcmsp5/groups/public/---ed _ norm/---relconf/documents/meetingdocument/wcms_346764.pdf.

17. International Labor Conference 104th Session, Conference Committee on the Application of Standards: Extracts from the Record of Proceedings, 2015, https://www. ilo. org/wcmsp5/groups/public/---ed _ norm/---normes/documents/publication/wcms_412826.pdf.

18. International Labour Conference 81st Session, Freedom of Association and Collective Bargaining, International Labour Office, 1994, https://www.ilo.org/public/libdoc/ilo/P/09661/09661(1994-81-4B).pdf.

19. International Labour Conference 85th Session, Report of the Director-General: The ILO, Standard Setting and Globalization, 1997, https://www.ilo.org/public/english/standards/relm/ilc/ilc85/dg-rep.htm.

20. International Labour Office, Advancing Social Justice, Report Ⅳ, International Labour Conference, 105th Session, ILO Publication, 2016, https://www. ilo. org/wcmsp5/groups/public/---ed_norm/---relconf/documents/meetingdocument/wcms_465464.pdf.

21. International Labour Office, Digest of decisions and principles of the Freedom of Association Committee of the Governing Body of the ILO (5th edition), 2006, https://www.ilo.org/wcmsp5/groups/public/---ed_norm/---normes/documents/publication/wcms_090632.pdf.

22. Interim Report-Report No 392, October 2020, Case No 3184 (China), https://www. ilo. org/dyn/normlex/en/f? p = 1000:50002:0::NO:50002:P50002_COMPLAINT_TEXT_ID:4059166.

23. Janice R. Bellace, The ILO and Tripartism: The Challenge of Balancing the Three-Legged Stool, in George P. Politakis, Tomi Kohiyama &Thomas Lieby, eds., ILO 100: Law for Social Justice, International Labour Office, 2019, https://www. ilo. org/wcmsp5/groups/public/---dgre-

ports/---jur/documents/publication/wcms_732217.pdf.

24. Jeffry Frieden, Michael Pettis, Dani Rodrik & Ernesto Zedillo, After the Fall: The Future of Global Cooperation, Geneva Reports on the World Economy 14, 2012, https://ycsg.yale.edu/sites/default/files/files/geneva_report.pdf.

25. Jose M. Salazar-Xirinachs & Jaime Granados, The US-Central America Free Trade Agreement: Opportunities and Challenges, https://www.piie.com/publications/chapters_preview/375/09iie3616.pdf.

26. Kari Tapiola, The teeth of the ILO - The impact of the 1998 ILO Declaration on Fundamentals Principles and Rights at Work, International Labour Office, 2018, https://www. ilo. org/wcmsp5/groups/public/---ed_norm/---ipec/documents/publication/wcms_632348.pdf.

27. OECD, Trade, Employment and Labor Standards: A Study of Core Workers' Rights and International Trade, 1996, https://www.oecd-ilibrary.org/trade/trade-employment-and-labour-standards_9789264104884-en.

28. Richard Newfarmer & Monika Sztajerowska, Trade and Employment in a Fast-Changing World, OECD, 2012, https://www.oecd.org/site/tadicite/50286917.pdf.

29. Robert J. Flanagan, Labor Standards and International Competitive Advantage, 2002, https://citeseerx.ist.psu.edu/viewdoc/download?doi=10.1.1.499.3937&rep=rep1&type=pdf.

30. The Treaty of Peace (Treaty of Versailles) 1919, https://www.foundingdocs.gov.au/resources/transcripts/cth10_doc_1919.pdf.

31. Trade, growth and development Tailoring trade and investment policy for those countries most in need, https://eur-lex. europa. eu/legal-content/EN/TXT/?uri=celex%3A52012DC0022.

32. U.S. Council for International Business, U.S. Ratification of ILO Core Labor Standards, 2007, https://www.uscib.org/docs/US_Ratification_of_ILO_Core_Conventions.pdf.

后　记

众所周知，劳工权益保护一直被视为主权国家国内管辖事项，与国际经贸没有直接联系。自工业革命以来，诸多先发展国家和地区基于各种原因持续主张将劳工权益保护与国际经贸挂钩，以实现"公平贸易"或"社会正义"，但至今未能将其纳入世界贸易组织（WTO）规则这一最重要的多边国际经贸机制。作为替代，近年来在美国和欧盟等主导的区域或双边自由贸易与投资协定中纳入劳工条款已然成为新的趋势。自由贸易与投资协定劳工条款，横跨国际法和劳动法两大法律领域。由于各种原因，我国学术界和实务界对此关注较少，但其正好契合我的专业背景和个人兴趣，因此我很早就将其作为长期关注、研究的问题，并为相关方提供前瞻性建议。

本书集中关注自由贸易与投资协定劳工条款，是我对国际与涉外劳动法的学习、研究和从事实务工作十余年来的重要阶段性成果。本书主要基于我的博士论文修改而成，绝大部分内容是在上海图书馆和若干咖啡店完成的；答辩时正好是在上海因新冠肺炎疫情封城居家的第 54 天；定稿则贯穿了"逃离"上海后的合肥隔离酒店以及令我如饥似渴般呼吸自由空气的三亚海棠湾。细想起来，我的博士学习生涯、本书的研究与写作正好和新冠肺炎疫情同期。由于能力和时间方面的限制，本书仍有诸多问题没有解决，因此原本没有计划很快出版。但考虑到我国已与欧盟完成《中欧全面投资协定》谈判并正式申请加入《全面与进步跨太平洋伙伴关系协定》（CPTPP），其中所涉的劳工条款尚有诸多问题亟待厘清，而本书内容正好契合这一主题，或许可以为相关方提供有益参考，因此，在我的导师叶静漪教授及刘敬东研究员、姜俊禄律师等的鼓励和支持下，本书在最短的时间内得以出版。

本书的完成和付梓不仅对我具有特别的意义，更蕴含了诸多前辈师长的谆谆教诲和无私关爱，特借此机会稍作回顾以表感谢。

我与劳动法结缘可追溯至差不多十八年前，当时我求学于中国劳动法重镇之一的中国劳动关系学院法学院，知名劳动法学者姜颖教授将我领入劳动法领域，让我理解在工作场所这一特定场域内，人的价值和权利的重要意义及其深刻内涵，将我从小关注的话题从抽象转为具象，从朦胧感知化为具体专业，就此让我找到了一生的职业发展方向。这一阶段，我还先后参与了司法部和中华全国总工会的两个国际与涉外劳动法重点科研课题，涉及国际劳工标准在中国的适用以及中资企业境外劳资纠纷法律规制，为后续长期跟踪研究国际和涉外劳动法奠定了坚实基础。

聚焦并锁定国际和涉外劳动法研究与实务，源于在金杜律师事务所劳动法团队长达七年的工作经历。至今我还清晰记得，我律师职业的领路人姜俊禄律师在对我进行面试时，就聊了许多全球化和中国企业国际化的劳动用工问题，指出该领域未来发展的巨大潜力，在我心中埋下了研究国际和涉外劳动法并从事相关工作的种子。此后的法律服务中，我经常面对国际和涉外劳动用工问题，但却发现国内对此领域的关注与研究相对薄弱，进一步坚定了长期投入研究的信心。

在对外经济贸易大学法学院研习国际法时，我得到了硕士研究生导师石静霞教授的悉心点拨，确定将自由贸易与投资协定劳工条款这一相对冷门但日益重要的问题作为持续研究的主题。因此，自2013年起，从国际劳工组织、WTO到相关国家外经贸部门和知名研究机构，我在该领域积累了数百万字的第一手珍贵资料，成为国内最早系统跟踪研究《跨太平洋伙伴协议》(TPP，CPTPP前身)劳工条款的劳动法律师。

开启博士学习之初，我的导师叶静漪教授基于其广阔的视野以及对国际劳工标准和比较劳动法的长期研究，积极支持我继续深化自由贸易与投资协定劳工条款的研究，从选题、框架、结构到具体写作,提供了宝贵的意见和建议,给予我极大的支持和包容。由于选题的复杂和其他条件的限制,我在研究和写作过程中不时陷入茫然无措的境地,甚至多次几乎是"推倒重来",但叶老师总是不吝鼓励,始终与我站在一起,坚定我做好研究的决心。

攻读博士学位期间,我有幸参与中国社会科学院国际法研究所刘敬东研究员负责的中国加入CPTPP劳工条款相关重大攻关课题研究,围绕相关部门提出的重大问题,从国际和涉外劳动法角度提供建议并参与起草研究报告,不仅提升了我的理论和对策研究能力,还为本书提供了丰富的实践视角与素材。

在本书的写作过程中,得到了中国政法大学民商经济法学院赵红梅、娄宇、王显勇、杨飞教授组成的集体指导组的悉心指导。作为中国政法大学第一位社会法学博士研究生,我得到了集体指导组老师给予的最大限度的研究空间和支持;特别是赵红梅教授对我博士论文答辩后的修改完善所给予的学术指导,是本书得以成型的重要基础。

此外,还要感谢博士论文答辩委员会特邀专家清华大学郑尚元教授、中国人民大学林嘉教授的指点与肯定;感谢中央财经大学沈建峰教授、中国社会科学院国际法研究所李西霞副研究员、北京大学陈一峰副教授、中国劳动关系学院王贵勤教授和林燕玲教授、温州大学陈步雷教授的信任与指导;感谢我的朋友中国劳动关系学院丁皖婧博士、北京外国语大学武宜萱博士、中国政法大学孙海波副教授的无私帮助。

本书的顺利出版离不开北京大学法学院贾俊玲社会法学术发展基金的支持,希望能不负信任,为推动中国社会法,特别是国际与涉外劳动法的发展贡献力量。北京大学出版社的蒋浩副总编对本书选题的认可以及陈康编辑细致、专业和负责的工作,最终让本书以更好的面貌呈现给读者。

攻读博士学位的三年里,或者说在我学习、研究劳动法并提供法律服务的十余年里,有太多的人给予了我无私信任和帮助,致谢名单可能远远超出想象,容我将这份感激暂存心里,把最后有限的空间留给家人。

  感谢逝去的爷爷奶奶将我抚养长大，你们永远活在我的心中；感谢我的爸爸妈妈，为我营造了自由成长和勇敢做自己的空间；感谢我的爱人和朋友们，没有你们坚定不移的陪伴与支持，无法想象我将如何面对生活中的种种挑战。最后，简短一些：爱你们！

2023 年 4 月 8 日于北京家中